불현듯, 영화의 맛

일러두기

— 책과 신문, 잡지는 『 』, 소설과 글은 「 」, 영화는 〈 〉로 구분했다.
— 인명과 지명을 비롯한 외래어는 외래어표기법에 따라 표기했다. 하지만 중국과 일본의 음식 및
   조리법에 관한 일부 외래어는 일상에서 자주 사용되는 말로 나타냈다.

불현듯, 영화의 맛

새벽 국밥집에서 옛날 영화를 떠올리다

/ 이주익 지음

계단

차례

이수만 SM엔터테인먼트 프로듀서

뭔가를 새로 만들어 낸다는 것은 보람 있
는 일이다. 나는 그동안 숱한 노래와 앨범, 영화와 공연이 새로 만
들어져 나오는 것을 목격해 왔고 나 또한 오랜 세월 그런 작업에
참여해 왔기에 창작의 보람과 어려움 양쪽 모두를 잘 아는 편이
다. 영화를 만드는 이주익 대표가 책을 내게 되었다고 추천의 말
을 부탁해 왔다. 기쁜 마음으로 흔쾌히 수락을 하였고 보내온 교
정지를 읽어 보았다. 역시 그다운 필치로 써 내려가서 술술 재미
있게 읽었다.

이주익 대표와 나는 꽤 오래된 인연이다. 그동안 업무로 여행을
함께 한 곳도 유럽, 아시아, 미주 대륙에 걸쳐 여러 나라인데 그와
함께 다니면 늘 즐겁고 유쾌하다. 그는 머리가 대단히 뛰어난 사람
으로 남들이 못 가진 재능도 가지고 있다. 그런데 나는 자주 그에
게 이백 년은 살 요량으로 인생 계획을 짤 거냐고 질책 비슷한 이
야기도 하곤 하였다. 공부를 많이 하고 경험도 많이 하는 것은 좋

지만 준비 운동만 하다가 체력이 빠져 실제 경기는 제대로 성적을 못 낼까 걱정이라는 뜻에서 한 얘기다. 그가 제작한 〈워리어스 웨이〉 개봉 때는 한국과 미국 양쪽 시사회에 다 참석하였고 그가 〈만추〉를 찍을 때는 시애틀 현장에 가서 격려도 해 주었다. 〈만추〉 시사회 때는 나 말고도 SM 식구들 여럿이 함께 가서 축하를 해주고 성공도 기원해 주었다. 나는 그가 뭘 할지 늘 궁금하고 또 잘 되기를 바라는 사람 중 한 명이다. 그가 가진 많은 재주가 제대로 발휘되면 남들이 못하는 뭔가를 이루어낼 것이라 믿기 때문이다.

몇 년 전부터인가 그는 음식 관련 영화와 드라마를 준비한다고 하였다. 그가 음식에 관해서 이야기를 시작하면 정말로 재미있는 이야기가 끝도 없이 나온다. 음식에 관해 아는 것도 많고 애정도 많은 그가 음식을 다룬 영화와 드라마를 제작하여 크게 성공하기를 기대한다. 이런 기대가 있기에 이번에 나오는 책이 엉뚱한 외도가 아니라 일관성 있는 그의 작업의 일부라고 여기고 기꺼이 축하의 메시지를 보낸다.

이 자리를 통해 이주익 대표에게 한마디를 건넨다.

"이 대표, 그동안 충분히 준비한 만큼 벼르지만 말고, 200살 되기 전에 이제 실제 목표로 하는 결과물을 만들 때가 된 건 아닌지. 어쩌면 계획보다 하나를 잘 만드는 데 더 오랜 시간이 걸릴지 몰라. 4분짜리 노래 한 곡 만드는데 2년 이상 걸리기도 하고, 그 노래 불러주는 팀 만드는데 5년 이상이 걸리기도 하는데 하물며 영화나 드라마는 어떻겠어. 책을 썼으니 이제 그 준비가 된 것이 아닌가 하네. 시간은 의외로 빨리 지나가는 것 같아. 난 언제나 도울 준비가 되어 있다고. 책 정말 재미있게 읽었어요."

김태용 영화감독(〈만추〉, 〈가족의 탄생〉, 〈여고괴담 2〉 등)

영화 〈만추〉를 찍으면서 이주익 대표님과
수개월 동안 시애틀에서 함께 지낼 기회가 있었다. 시나리오 작업
차 같이 LA에서 샌프란시스코까지 여행을 한 것이 시작이었고 촬
영지를 시애틀로 정한 뒤에 준비 기간과 촬영 기간 동안 꽤 긴 시
간을 함께 하였다. 많은 식사를 대표님과 함께 했는데 이 기간 동
안 나도 음식에 대해 많이 배우게 되었다.

매끼 스태프 몇 명과, 때로는 배우까지 포함하여 꽤 여러 명이
시애틀에 있는 이곳저곳 식당을 다니며 다양한 요리를 즐겼다. 그
는 새로운 음식을 대할 때마다 그 음식의 역사적인 유래와 또 발
전을 거듭하여 현재의 모습으로 자리 잡은 이유를 상세하게 설명
해 주었는데 들을수록 재미있었다. 이 책에서도 영화 속에 '숨겨
진 농담'을 이해하면 그만큼 영화를 더 즐길 수 있다는 대목이 있
는데 '아는 만큼 보인다'라는 말이 음식에도 해당된다는 걸 그때
알게 되었다. 평범하게 먹어 넘길 뻔한 한 끼 식사를 대표님의 설

명으로 더 맛있게 즐길 수 있었다.

대본은 초고가 나온 뒤에 몇 번의 수정을 거쳐 촬영 대본으로 완성되는데 이 기간에는 많은 스트레스가 쌓인다. 촬영 준비 기간도 그렇지만, 촬영 기간도 그에 못지 않게 스트레스가 많다. 그럴 때 이 대표님의 맛있는 음식으로의 안내는 적지 않은 위안과 즐거움을 주었다. 뿐만 아니라 음식을 대하는 그의 태도나 그가 해준 흥미로운 이야기들은 영화 〈만추〉의 식사 장면에 녹아들어 가기도 했다. 음식에 대한 지식과 관심이 영화를 한층 풍요롭게 해준 좋은 예라고 하겠다. 개인적으로 맛있게 차린 요리도 물론 그렇지만 소박한 식사라도 한 끼 한 끼를 즐겁게 먹는 게 중요하다는 소중한 체험을 한 기간이기도 했다.

그와 식사를 처음 하는 사람들은 다 놀라는데 이 대표님은 여러 외국어에 능통해서 미국 식당에서 영어를 사용하는 건 당연하지만 일본 식당에서는 일본어로, 중국 식당에서는 만다린과 광둥어를 양쪽 다 구사하며 주문도 하고 그들과 대화를 주고받는다. 나도 그를 알 만큼 안다고 생각했는데 멕시코 식당에 가서 스페인어를 하는 것을 보고 또 놀랐던 기억이 있다. 이런 바탕 위에 쌓인 지식으로 그가 영화와 음식에 얽힌 이야기 보따리를 풀어 놓았으니 재미없을 리가 없다.

　이 책은 영화를 좋아하는 사람과 음식을 좋아하는 사람은 물론이고 그냥 모든 사람에게 일독을 권하고 싶다. 누구나 매일 여러 번 식사를 하며 살아가는데 음식에 관심을 가지는 만큼 그만큼 생활이 더 풍요로워진다고 믿기 때문이다.

나는 음식을 만들거나 음식에 관한 글을 써서 먹고사는 사람이 아니다. 나는 영화 만드는 일을 생업으로 삼고 있는 사람이다. 그런데 음식을 먹는다는 것에 대해서는 어려서부터 관심이 많았다. '맛있는 음식은 왜 맛이 있는 걸까'라는 선문답 같은 질문에 답을 구하려고 꽤나 진지하게 고민도 해보고 이런저런 책도 구해 읽어 보았다. '맛있는 음식을 탐하는 건 바람직한 삶의 자세가 아닌 건가'같은 명제를 놓고도 혼자 많은 생각에 빠지곤 하였다.

여러 문화의 서로 다른 점을 좋아하고 또 비슷한 점을 재미있어 하는 내가 그동안 참 많은 나라를 여행할 기회가 있었고 또 여러 나라에서 살아 보기까지 했으니 팔자에 역마살이 단단히 낀 행운을 고마워하고 있다. 많은 나라의 음식을 알게 될수록 더 또렷이 보이는 게 우리의 음식 문화이기도 하다. 언젠가 책꽂이를 헤아려 보니 미국, 일본, 중국 등에서 사서 읽은 음식 관련 서적이 수백 권이 훨씬 넘었다. 나도 우리의 보다 나은 식생활을 위해 발전의 방향을 제대로 잡고 또 발전의 속도를 앞당기는데 조금이나마 경험과 식견을 보태고 싶다는 마음이 생겼다. 읽고서 모아둔 책들을 보니 나라별로 화려한 도판의 레시피 책도 있지만 아직 한국어로 정확한 번역어가 없는 가스트로노미gastronomy, 조리 공학, 조리 기능학, 임상 요리학 등의 전문 서적도 제법 있었다. 이것 말고도 내용을 보니 단백질과 아미노산, 식품첨가물, 동·식물성 지방, 설탕, 유전자 조작 식품에서 밀집 사육 제도, 곡물의 대량 재배와 유통에 이르기까지 나의 관심은 어린아이 같은 호기심에 이끌려 수습이 안 될 정도로 여러 곳에 퍼져 있다는 걸 알 수 있었다.

그러다가 교보생명에서 운영하는 사이트에 음식에 관한 글을 한 달에 한 번씩 연재할 기회를 얻었다. 연재 3년 차에 출판사로부터 이 글을 바탕으로 책을 엮어 보자는 제안이 들어왔다. 매달 칼럼을 연재할 때보다 심리적으로 부담이 되었다. 책으로 낸다면 아무래도 휘발성이 강한 연재보다는 전체적으로 균형을 잡아야 하는 작업이 필요하다고 느꼈기 때문이었다. 그리하여 모든 꼭지에 새로운 내용을 많이 집어넣고 중복되거나 불필요한 내용을 덜어 냈다. 이런 수정 작업을 거치니 그나마 만족할 만한 글이 나온 것 같다.

처음엔 어깨에 힘이 들어가 고민을 많이 했는데, 어느덧 생각을 바꾸니 마음이 편해졌다. 모든 분야가 다 그렇지만 전공을 하지 않은 사람의 글은 그 권위를 인정받기 힘들다. 대신 자신의 글에 대한 책임에서는 그만큼 부담이 덜 할 수 있다. 이게 아마추어의 불리한 점이자 또 유리한 점이니 '나는 아마추어의 장점을 살려 편하게 쓰자. 그리고 남들과 차별화하여 영화 만드는 사람이 쓸 수 있는 글을 써보자' 늘 이 출발점을 떠올리며 글을 썼다.

국밥과 탕으로 설명하는 한국 음식의 특징, 수라상으로 얘기하는 음식의 전승, 잔치국수로 보는 남과 북 음식의 변화, 해방 후 급변한 한국의 식문화, 메밀과 감자로 보는 식재료 트렌드, 옆 나라 중국과 일본의 요리들, 미국 서민의 점심 메뉴, 유럽의 미식 등 다양한 주제를 글 꼭지마다 거기에 맞는 영화를 찾아 이야기를 했다. 러시아의 황량한 시베리아와 남미의 팜파스 초원을 여행하며 먹고 겪은 경험을 우리가 아는 영화와 엮어 이야기를 풀려니 쉽지만은 않았다.

출판의 소중한 기회를 얻어 새롭게 자료를 찾고 내용을 보완하는 과정은 나 자신도 많이 배우는 시간이었을 뿐 아니라 잊고 있던 기억도 되살리는 즐거운 시간이었다. 엮인 원고를 한번에 읽고 나니 전업으로 글을 쓰지 않는 사람으로서 책을 낸다는 부끄러움과 함께 자부심도 슬그머니 생긴다. 용의 머리를 그리려고 하다가 뱀의 꼬리만 먼저 그려놓은 꼴 같기도 하지만 계속 정진하여 언젠가는 반드시 온전하게 용 한 마리를 완성하겠다고 자신과 약속을 해본다. 책이라는 매체로 미지의 독자들과 만날 기쁨에 마음이 설렌다.

지친 마음마저
따뜻하게 위로한다

〈변호인〉과 국밥 이야기

국밥. 국에다 밥을 말아 낸 모든 음식을 일컫는 대단히 간단한 명칭이다. 우거지를 넣으면 우거지국밥, 소머리 부위를 사용한 건 소머리국밥, 이런 저런 소고기를 사용하면 소고기국밥, 콩나물로 만든 건 콩나물국밥, 굴이 들어갔다고 굴국밥, 돼지를 국물과 내용물의 베이스로 사용한 건 돼지국밥이다. 국밥의 종류도 많고 이름도 다양하다. 그만큼 일정한 조리법에 매이지 않은 자유로운 음식이란 거다.

어느 문화의 음식이든 이름만 보고 내용
을 짐작할 수가 있는 경우가 있는데 음식 문화가 발달하면서 세련
된 이름이 붙기도 한다. 부처님이 담을 넘을 만큼 맛있다고 불도
장佛跳牆, 여덟 가지 보물이 들어갔다고 팔보채八寶菜 같은 중국 음
식이나 닭고기와 계란을 함께 사용했다고 오야코동(親子丼: 부모·자
식 덮밥)이라 이름을 붙인 일본 음식은 먹어보기 전엔 어떤 음식인
지 알 길이 없다. 지역이나 사람 이름을 딴 미국의 필리치즈 샌드
위치나 뢰벤 샌드위치도 마찬가지다. 한국에서는 이 같은 경우로
신선로와 구절판을 들 수 있다. 경우에 따라서는 재료의 모양이나
내용이 조금 거부감이 들 수 있는 경우 다른 이름을 붙이기도 한
다. 중국에서 닭발을 봉황의 발톱鳳爪으로, 개구리를 밭의 닭田雞으
로 부르는 게 그 경우다. 같은 맥락으로 한국에도 고뇌 끝에 나온
이름으로 영양탕이 있기는 하다.

하지만 한국 음식의 명칭은 직설적인 것이 많다. 비단 한국뿐
아니라 어느 문화에서든 사람들이 제일 정감을 느끼고 자주 먹어
도 물리지 않는 음식은 이런 식의 이름을 가진 것들이 많다. 그만

큼 단순하게 먹던 시절부터 오랜 세월 이어져 내려왔다는 의미다. 밥을 국에 말아서 국밥, 밥을 비벼서 비빔밥, 밥을 볶았다고 볶음밥 이런 식이다. 중국의 차오판이나 말레이 반도의 나시고랭이나 한국의 볶음밥이 다 그러하다. 그중에서도 밥이 처음부터 국물에 들어 있거나 따로 나온 밥이라도 국에 말아 먹어야 제격인 음식이 발달한 한국에서 국밥은 매우 특별한 위치에 있다. 그래서 많은 영화에서 국밥을 먹는 장면이 나온다. 배고플 때 맛있게 허기를 채우는 음식으로 국밥이 등장하는 장면은 여러 한국 영화에서 볼 수 있다. 하정우, 황정민, 차태현, 류승범 등 우리에게 익숙한 숱한 연기자들이 큰 숟갈로 국에 만 밥을 풍덩 떠서 후루룩 먹어대는, 요즘 표현 그대로 '흡입'의 명연기를 선보인 바 있다.

──────────── **춥고 허기진 배를 채워 주던 뜨끈한 돼지국밥**

영화 〈변호인〉도 국밥이 맛있게 나오는 작품 가운데 하나다. 천만 명이 넘는 관객의 호응을 받으며 작품성과 흥행, 두 마리 토끼를 모두 잡는 데 성공한 영화 〈변호인〉에서 돼지국밥은 중요한 역할을 한다. 주인공 송우석 변호사(송강호)는 그와 함께 일하는 사무장 박동호(오달수)가 하도 먹다 물려서 나중엔 이런저런 꾀를 낼 만큼 지겹도록 돼지국밥만 찾는다. 한결같이 찾아가는 단골, 부산 어느 시장통의 돼지국밥집을 운영하는 이는

飮食物語 1   지친 마음마저 따뜻하게 위로한다 ────────

최순애(김영애)인데 그의 아들이 시국 사건으로 잡혀가 고초를 겪을 때 그의 변호인이 되어준다.

잘나가는 세무 변호사로 돈 버는 맛을 알게 된 송 변호사가 시국 사건에 관심을 갖게 되고 급기야 자신도 쇠고랑을 차게 되는 인권 변호사로 거듭나는 과정에 돼지국밥이 연결 고리로 작용을 한다. 돼지국밥에는 "정구지(부추)를 많이 넣어 먹어야 맛있다"고 권하며 연신 후루룩거리며 국밥을 먹는 송강호의 연기는 보는 이도 식욕이 동할 만큼 일품이다. 이 영화에서 그가 젊고 가난했던 시절 최순애에게 마음의 빚을 지게 된 것도 이 돼지국밥에 얽힌 사연이라는 설정으로 영화에서 돼지국밥은 그 존재감을 톡톡히 발휘한다.

이 영화는 물론이고 다른 많은 영화에서도 그렇지만 국밥이 등장하는 장면에 나오는 인물과 배경에는 공통점이 있다. 장소가 허름하고 손님들이 서민적이고 주인은 인정이 넘치는 인물이라는 점이다. 이는 앞서 잠깐 밝혔듯이 한국인에게 국밥이 특별한 위치에 있기 때문일 것이다.

─── 한국인을 정서적으로 안정시키는 국밥

어느 나라든 음식 문화에는 '컴포트 푸드 comfort food'라는 게 있다. 타지로 나가 고향이 그리울 때나 몸이 아프거나 컨디션이 좋지 않을 때 떠오르는 음식으로, 실제로 이걸 먹으면 정서적으로도 안정되고 소화가 잘되어 몸이 회복되기도 하는 그런 음식을 말한다. 예를 들자면 대만 사람 가운데는 우육면을 드는 경우가 많고 홍콩 사람들은 완탄면雲呑麵이나 차시우바우叉燒包를 자주 찾는다. 중국 본토는 땅이 넓어 지방마다 다른데 대개 어려서부터 흔히 먹던 음식들이 이 부류에 들어간다. 일본 사람들은 우동, 소바, 미소시루에 오니기리를 친다. 미국 사람들에게는 핫도그와 햄버거가 이에 해당하는데 아플 때 가장 많이 찾는 건 치킨 누들 수프라는 조사도 있었다.

한국인의 컴포트 푸드 상위 순위에는 당연히 국밥이 들어갈 것이다. 전문점들이 많이 생겨서 이제는 독립된 명칭으로 불리지만 사실 설렁탕과 곰탕 역시 국밥에서 파생한 것이다. 귀한 고기 부위뿐 아니라 소뼈나 내장을 같이 넣고 오랜 시간 푹 고아서 밥을 말아 낸 것이 이들의 원형이다. 이건 육개장도 그렇고 해장국도 마찬가지인데 분가하여 성공한 차남처럼 의젓하게 행세를 하지만 종갓집은 다 국밥이라 해야 마땅할 것이다.

────────── 간단하고 소박하게 먹을 수 있는 나그네 음식

그런데 이 국밥이 잘 들여다보면 우리나라의 외식 문화에서 가장 오랜 역사와 전통을 가진 음식이라는 걸 알 수가 있다. 우리나라의 음식 문화는 외식 산업이 대단히 늦

게 발달했다는 게 그 특징 가운데 하나다. 조선 시대에는 여행하는 사람들이 매우 적었고 따라서 유통도 아주 제한적이었다. 도로가 발달하지 못했고 따라서 많지 않은 여행자에게 제공할 숙소나 음식점도 발달할 기회가 없었다. 양반 사회에서 양반들끼리는 요청이 있으면 서로 잠잘 곳과 먹을 것을 제공한다는 묵계가 있어서 먼 길을 떠날 때는 어디 어디를 가면 아무개네 집에서 묵는다는 계획을 세우고 길을 떠나면 되었다.

고전 같은 옛 기록에 나오듯이, 문 앞에서 이리 오너라하고 점잖게 기척을 하면 하인이 나와 누구시냐고 묻고 거기에 내가 한양 사는 아무개인데 하룻밤 이틀 밤을 묵고 갈까 하노라 이렇게 답하면 전해 들은 주인이 안으로 드시라 하여라 식의 프로토콜로 숙식이 해결되곤 했던 것이다. 혹시 수행하는 아랫사람들이 있으면 그들도 함께 신분에 걸맞은 대접을 받았다.

잘 알려진 『춘향전』에 이몽룡이 어사 신분을 숨기고 남루한 모습으로 '이리 오너라' 프로토콜을 행하여 밥을 얻어먹는 장면이 있다. 사회적 묵계이니 어찌할 수는 없지만 마음에 들지 않는 객이니 대접이 좋을 리가 없다. 소박한 밥상을 받고 마파람에 게 눈 감추듯 이몽룡이 밥을 먹어대는 장면은 옛날 사람들에게는 더욱 실감 났을 것이고 또 실감 나서 한층 재미나는 장면이었을 것이다.

그러나 양반이 아니라 중인 이하 계층의 사람이 여행을 할 경우에는 별도리가 없었다. 전국을 누빈 보부상도 그 가운데 하나인데 돈을 내고 잠자리를 구하고 음식을 사 먹어야 했고 거기에 부응하여 생겨난 것이 주막이다. 주막에서는 간단한 음식과 술 한 잔으로 나그네의 여독을 달랠 수가 있었다.

중국의 경우에는 워낙 영토가 넓은 데다 먼 길을 가는 여행자가 많았고 이에 따라 숙식을 제공하는 설비가 많았다. 현대 중국어에서 호텔이라는 의미로 쓰이는 판디앤(飯店: 반점), 지우디앤(酒店: 주점)에 밥하고 술을 제공하는 장소라는 옛 의미가 남아있음을 볼 수 있다. 비슷한 뜻으로 무협 소설과 영화 제목에서 보이는 커잔(客棧: 객잔)이라는 단어는 우리말의 주막과 마찬가지로 이제는 사어가 되어 버려서 오히려 낭만적으로 다가온다.

일본은 도쿠가와 막부가 들어선 후 지방 토호 세력이 세력을 키우는 것을 견제하기 위하여 전국의 다이묘들이 정기적으로 에도(현재의 도쿄)에 와서 지내야 하는 산킨코타이參勤交代라는 제도를 실시하였다. 이에 따라 일본 전역에 많은 도로가 생겨났고 길 위에 뿌려지는 막대한 비용으로 숙박업과 외식업이 발달하게 되었다. 일본의 외식 산업이 수백 년의 전통에 뿌리를 두게 된 것은 이런 에도 시절의 문화에 바탕을 둔 것이다.

추운 겨울에 마른 찬밥은 토렴을 해야

간단하고 소박하게 먹을 수 있는 나그네의 음식으로 발달한 우리의 국밥은 아이러니하게도 전쟁이라는 비극으로 그 명맥을 이어가게 되었다. 한국전쟁 때 피난민이 몰려들었던 부산에서 이것저것 넣고 끓인 국밥을 한 그릇 뚝딱 먹고 훌훌 일어서는 풍습에서 돼지국밥이 유명해졌다고 알려져 있다.

부산 명물 돼지국밥의 특징은 토렴을 하는 것이다. 뚝배기에 밥을 담고 뜨거운 국물을 몇 번이고 되풀이해서 넣는 것이다. 지금은 그게 특별한 노하우 같이도 보이지만 사실 몇십 년 전까지만 해도 전국 어디서나 국밥은 다 그렇게 말았다. 전기 보온밥통이 없던 시절에는 밥을 지어서 따뜻한 온도를 유지하는 시간이 그리 길지 않았기 때문이다. 특히 겨울철같이 추운 날씨에 찬밥을 데워 먹으려면 토렴을 하지 않고는 달리 방법이 없었다.

가정집에서도 점심으로 아침에 지은 밥을 먹으려면 뜨거운 물에 말아 먹는 경우가 많았다. 추운 겨울 길을 가는 나그네가 식당에 들러 뜨거운 국밥을 먹으면 얼었던 몸이 뱃속부터 녹아오는 푸근함이 있었을 것이다. 맛있는 집을 골라갈 여유도 없고 그런 인프라도 없던 시절이니 인테리어에 돈을 들인 곳도 없는 게 역전이나 읍내의 식당이다. "어디 가시는 길이우", "날이 더 추워진다는데" 이런 간단한 수인사와 함께 주모가, 아주머니가, 이모가 말아주는 국밥 한 그릇에는 따스한 온기와 함께 인정도 담겨 있었다.

황석영의 동명 단편소설을 원작으로 한 영화 〈삼포 가는 길〉은 고故 이만희 감독의 마지막 작품이다. 〈만추〉, 〈돌아오지 않는 해병〉 등 한국 영화사에 여러 수작을 남긴 그는 〈삼포 가는 길〉의 편집을 마치고 예고편 작업을 하다가 쓰러져 그만 일어나지 못하고 45세라는 아까운 나이에 세상을 떠났다. 그의 유작이 되어버린 이 작품에는 아침 해장으로 주인공 둘이 국밥을 먹는 장면이 나온다. 이 대목은 감독이 설정과 대사를 원작에서 거의 그대로 가져왔으므로 해당 부분의 소설을 한 구절 인용한다.

영달이는 연탄 난로 위에 두 손을 내려뜨리고 비벼대면서 불을 쪼였다. 정씨가 털모자를 벗으면서 말했다.

"국밥 둘만 말아 주쇼."

"네, 좀 늦어져두 별일 없겠죠?"

뚱뚱한 여자가 국솥에서 얼굴을 들고 미리 웃음으로 얼버무리며 양해를 구했다.

"좌우간 맛있게만 말아 주쇼."

(중략)

"자 국밥이오."

배추가 아직 푹 삭질 않아서 뻣뻣했으나 그런대로 먹을 만하였다.

눈보라가 치는 추운 겨울날 시골에서 선술집을 겸한 식당에 들어가 뜨뜻한 국밥을 얻어먹는 장면인데 주인 여자가 늦어진다고 한 것은 일하는 아가씨가 달아나서 불을 피우는 게 늦어져서다. 옛날엔 가스불이 없을 때 화력을 확보하는 게 큰일이었다. 소설에서 작가는 오래 삶지를 못했으니 배추가 뻣뻣하다고 묘사하였다. 이런 디테일은 영화에서 묘사하기가 쉽지 않은데, 대신 영화의 장점은 다른 데 있다.

주인공 영달(백일섭)과 정씨(김진규)는 정말로 실감 나게 국밥을 먹는다. 그것도 쉬지 않고. 영화는 앵글을 바꿔 편집을 해야 하므로 같은 장면을 최소 두 번은 찍는다. NG라도 나서 다시 찍었다면 엄청 배가 불렀을 텐데 영화에선 참 맛있게 먹는다. 주인 여자가 말을 하며 손으로는 토렴을 하는 장면도 자연스럽게 나온다. 설명 필요 없이 그냥 보여 주기만 해도 되는 건 소설이 갖지 못한 영화만의 장점이기도 하다. 영화는 영상자료원에서 깨끗하게 복원하여 공개하고 있으니 감상을 추천한다.

──────────── **빨간 국밥이냐, 하얀 국밥이냐**

추운 날씨에 차갑게 식은 음식을 데우는 생활의 지혜에서 나온 토렴과 여기에서 발달한 각종 국밥 문화는 화려하고 세련된 메뉴보다는 준비하기도 어렵지 않고 먹기에도

간편한 것을 찾는 전후 한국 사회에서 각종 메뉴로 진화하고 발전
하였다. 크게 분류해 보자면 흰 국물, 빨간 국물류로 나눌 수가 있
겠는데 국밥이라는 이름을 가지고 있는 메뉴에서 콩나물국밥, 돼
지국밥이 흰 쪽이요 소고기국밥, 따로국밥이 빨간 쪽이라 하겠다.
굳이 줄을 세우자면 설렁탕, 곰탕, 소고기무국을 흰 쪽으로, 육개
장, 선지해장국, 콩나물해장국을 빨간 쪽으로 보내야 할 것이고
가운데에서 신분이 애매한 게 우거지국밥쯤 되지 않을까 싶다.

　이렇게 굳이 나눠 보는 이유는 한국 음식이 점점 매워지고 붉어
지는 추세이기에 이쯤에서 국물 음식의 현주소를 한번 적어 보고
싶어서다. 십 년 뒤 혹은 이십 년 뒤 인기 품목에 변화가 올까 궁금
하기도 하다. 고추나 마늘 같은 강한 양념을 많이 쓰면 재료의 기
본 맛이 쉽게 드러나지 않는다. 고기, 뼈, 콩나물 등 기본 재료에서
우러난 맛의 매력으로만 손님을 잡아 두기에는 우리는 강한 조미
료, 감칠맛 조미료의 유혹이 너무도 큰 시대에 살고 있다.

──────────── **다양한 맛만큼이나 영양도 뛰어난 국밥**

　　　　옛사람들이 발효 과학을 몰라도 몸에 좋
은 미생물을 절묘하게 이용하여 장을 담그고 김치를 담가 먹었듯
이 한 사회 집단이 오랜 세월에 걸쳐 다듬고 빚어낸 음식의 내용
은 후대에 분석을 해보면 탁월한 구성을 이루고 있는 경우가 많

다. 국밥에서도 이런 현상은 뚜렷이 보인다.

사람이 활동을 하는 데는 포도당이 필요하고 포도당은 탄수화물에서 나온다. 국밥에는 우선 신진대사와 육체 활동에 불가결한 포도당의 공급원으로 밥이 들어가 있다. 그리고 신체 구성에 필요한 단백질의 보급원으로 고기가 들어 있는데 가난하던 시절에 고급 육고기는 쉽게 먹을 수 있는 것이 아니었다. 그래서 값싼 부산물인 뼈, 내장, 피를 삶고 우려내 먹기 쉽고 부드럽게 조리한 게 국밥의 기본 원리다. 그냥 먹기에는 막상 붙어 있는 근육의 양이 적고 모양도 복잡한 소머리를 삶아서 국밥으로 우려낸 소머리국밥이 그렇고, 쉽게 상하고 보관도 어려운 피를 이용한 선지해장국이 좋은 예다. 뼛속에 들어 있는 골수와 각종 성분을 오랜 시간에 걸쳐 추출해 낸 것이 설렁탕의 원형이다. 그냥 섭취하기에는 질기고 딱딱한 부위를 물에 넣고 오랜 시간 가열하여 근막이나 섬유질을 부수고 끊어내는 과정을 끓이거나 삶는다는 표현과 달리 '고다'(기본형은 좀 낯설게 들린다. '뼈를 고아', '푹 고아서'라는 활용형은 익숙하다)라는 다른 단어로 나타낼 만큼 독립적인 조리법으로 발달하였다.

───────── **곰탕에는 우거지가 들어가야 제맛**

붕어빵 안에 붕어 없고 곰탕 안에 곰이 없다는 우스갯소리도 있지만, 곰이 없는 게 당연한 것이 뭔가를 푹 고아냈다고 '곤 탕'이라고 불리던 게 '곤탕'으로 그리고 한글 표기 과정에서 '곰탕'이 된 게 틀림이 없으니 말이다. 질기고 질긴 힘줄 같은 부위도 잘 고아서 먹기 좋도록 부드럽게 만들어 낸 음식으로 도가니탕이 있는데 지금은 살코기로 만든 곰탕이나 육개장보다 비싼 음식이 되었으니 격세지감을 느끼지 않을 수 없다.

요즘에야 고기로 육수 베이스를 만드는 게 그다지 어려운 일이 아니지만, 얼마 전만 해도 재료가 비싸고 귀한 육고기를 아주 살짝 넣거나 아예 넣지도 못했던 메뉴로 우거짓국이 있다. 우거지란 게 푸른 채소가 부족한 겨울철에 각종 비타민과 미네랄을 섭취할 수 있는 중요한 영양 공급원이었는데, 고기가 부족한 대신 된장을 넣어서 콩 단백질로 육고기 단백질을 대신하였다.

요즈음 현대인의 식단에서 부족하다고 해서 따로 보충제를 먹어야 할 만큼 중요한 게 식이섬유다. 대장암을 비롯하여 각종 암의 발생을 막아 주고 소화에 커다란 도움을 준다는 게 식품에 포함된 식이섬유인데 특히 고기 위주의 서양식 식단에 많이 부족하다고 하여 서양에서는 샐러드 등의 채소 섭취를 사회적으로 적극 장려하고 있다. 우리나라의 각종 국밥을 들여다보면 탄수화물의 공급원으로 밥이 들어가 있고 동물 단백질이나 콩 단백질이 들어가 있을 뿐 아니라 식이섬유, 비타민과 미네랄을 얻을 수 있는 재료가 풍부하게 들어가 있음을 알 수 있다.

선지해장국에는 계절에 따라 우거지, 콩나물, 무 등의 채소가 다양하게 들어가고, 소고기국밥에도 대파, 콩나물, 무 등이 풍성하게 들어가 있다. 육개장에는 대파뿐만이 아니라 고사리, 토란대, 숙주나물 등이 들어가 다양한 맛만큼이나 영양 면에서도 뛰어난 구성을 보여 준다. 영화 〈변호인〉에서 송강호가 돼지국밥에는 부추를 많이 넣어야 맛있다고 설명하듯이 국밥류를 먹을 때 채소가 부족하지 않도록 먹는 습관이 정착하였다. 고기나 뼈 위주로 우려낸 곰탕과 설렁탕에는 파를 듬뿍 넣고 김치나 깍두기를 다른 음식에 비해 많이 먹는 것도, 의식하지는 않았겠지만 각종 영양소를 고루 섭취하려는 경험의 집적에서 나온 결과일 것이다.

───── **국밥과 숟가락은 떼려야 뗄 수 없는 관계**

이렇듯 세계의 다른 문화에서 유례를 찾기 힘들 정도로 국에다 밥을 넣어 먹는 문화가 유난히 발달한 한국에서 함께 발달한 게 숟가락 문화다. 쌀로 만든 밥을 먹는 문화는 아시아를 중심으로 발달했다. 서쪽으로 인도가 있고 거기서 동쪽으로 미얀마, 태국, 베트남, 라오스, 캄보디아, 말레이시아, 인도네시아 등이 밥을 지어 먹는 문화권이다. 그리고 물론 동북아시아에 한국, 중국, 일본이 있는데, 이 세 나라의 공통점은 젓가락을 사용한다는 것이다. 중국에는 우리의 숟가락에 해당하는 사오즈勺子나 탸오껑调羹이라는 도구가 있지만 국물을 먹을 때만 쓰는 보조 도구이지 식사의 메인 도구는 아니다. 일본에는 아예 숟가락이 없어서 모든 음식을 젓가락으로만 먹는다. 매일 먹는 된장국인 미소시루도 입을 그릇에 대고 마신다. 카레라이스나 오므라이스를 먹을 때 사용하는 숟가락은 모양도 그렇지만 이름도 스푼이니 서양에서 새로운 메뉴와 함께 들어와 정착한 것이다.

뜨거운 국물에 국수를 말아 먹는 풍습은 중국과 일본 두 나라에서 모두 발달했다. 중국 음식의 각종 탕면이 그렇고 일본의 우동과 소바가 좋은 예다. 일본 사람들이 즐겨 먹는 메밀 소바는 보통 차게 먹는데 또 그만큼 인기가 있는 게 뜨거운 소바다. 가케소바, 기츠네소바, 다누키소바, 덴푸라소바, 가모난반소바, 니신소바 등이 어느 소바집에 가도 메뉴에서 볼 수 있는 뜨거운 소바들이다. 특히 우동의 경우는 니코미우동, 나베야키우동 등 아주 뜨겁게 푹 끓여 낸 우동이 감기 걸렸을 때나 컨디션이 안 좋을 때 먹는 메뉴로 인기가 있다. 이 모두 국수라서 젓가락만으로도 먹기에 부족함이 없다. 이때 나오는 나무로 만든 숟가락 모양의 도구는 오타마자쿠시ぉ玉杓子 혹은 오타마ぉ玉 등으로 이름이 일정하지 않을 만큼 역사가 짧은데 식기와 조리 도구 구분 없이 하나로 부른다. 이렇게 한반도의 양옆 두 나라에서 숟가락이 없을 만큼 국수는 말아 먹어도 밥은 말아 먹지 않는데 한반도에서는 숟가락이 없는 식사는 상상할 수 없을 만큼 숟가락이라는 존재는 중요하다. 숟가락이 없으면 아예 성립하지 않는 음식 가운데 대표적인 것이 바로 주식인 밥을 국물에 말아 먹는 한반도의 국밥이다.

혹자는 국밥이란 게 난리 통에 얼른 말아 훌훌 먹기 쉽고 여러 사람이 먹을 분량을 한꺼번에 만들기 편해서 불안정한 사회의 가난한 시절에 발달한 음식이라고 말하기도 한다. 음식의 기원에는 원래 다양한 설이 있게 마련이다. 동서양의 많은 음식이 전쟁 시 군량이나 이동과 보관을 위해 고안되고 거기서 발달한 예도 있으니 국밥도 빈궁하던 시절이나 난리 통에 발달했다는 설이 어느 정도 일리가 있다고 할 수 있다. 하지만 그 음식이 영양 면에서 부족하거나 맛이 떨어진다면 소득이 늘고 문화 수준이 높아지면 도태되는 게 자연스러운 현상일 것이다. 국밥의 경우는 그와 반대로 계속 발전하고 진화하고 있다는 게 흥미롭다.

몇 년 전에 서양 음식을 하여 스타가 된 박찬일 셰프가 맑은 국물의 돼지국밥을 만들어 파는 전문점을 내서 언론에도 자주 나오고 인터넷에서도 화제가 된 적이 있었다. 곰탕도 고급 재료를 써서 비싸게 받는 전문점이 늘고 있다. 몇 년 사이에 육개장 전문 브랜드가 여럿 생겨 나서 도심의 고급 오피스빌딩 지하 식당가나 백화점에 속속 입점하고 있다. 외관도 내부도 허름하지만 인심 좋은 할머니의 손맛에 끌려 찾는, 약간은 꼬릿한 냄새가 배어 있어도 구수한 맛에 찾는, 이런 전통적인 이미지에서 벗어나 청결하고 세련된 인테리어에 철저한 위생 관리를 기본으로 각자의 개성과 맛으로 승부하는 국밥 식당이 늘어나고 있는 건 좋은 현상이다. 국밥이 가난한 시절의 임시방편 메뉴가 아니라 맛과 영양 모두에서 훌륭한 음식이라는 걸 반증해 주는 것이기에 더욱 반갑기도 하고.

　사람의 기억도 유전이 된다는 학설이 있다. 맞는지는 확인된 바 없지만 국밥을 보면 그런 것도 같다. 파스타를 먹고 햄버거를 즐기는 요즘 젊은 세대가 투박한 뚝배기에 담긴 혹은 세련된 그릇에 담긴 각종 국밥류를 대할 때에는 옛날에 먹던 이들의 모습을 그대로 보여 주기 때문이다. 그래서 나는 국밥집에 갈 때마다 묘한 노스탤지어를 느낀다. 그러면서 동시에 계속 진화하는 한반도의 국밥 문화가 언젠가는 세계로 퍼져나가는 모습을 상상하며 마음이 설레는 나날을 보낸다.

짜장면은 정말
중국 음식일까

〈김씨 표류기〉와 짜장면

영화 〈살인의 추억〉에 주인공 형사(송강호)와 동료가 취조실에서 짜장면을 시켜 먹으며 당시 인기 TV 드라마 〈수사반장〉을 보는 장면이 나온다. 짙은 갈색의 짜장 소스를 입가에 발라가며 후루룩 쩝쩝 짜장면을 먹어대는 장면은 우리나라 영화를 찾아보면 수십 군데가 넘는다. 범인을 잡고 수사하기에 바쁜 형사와 검사도 짜장면을 시켜 먹고 이들을 피해 도망쳐야 하는 사채업자와 조폭도 짜장면을 시켜 먹는다. 이런 사건을 놓치지 않으려고 취재 경쟁에 나선 기자들도 짜장으로 끼니를 때우는 장면이 낯익은 건 그만큼 이런저런 영화에 많이 등장했기 때문이다.

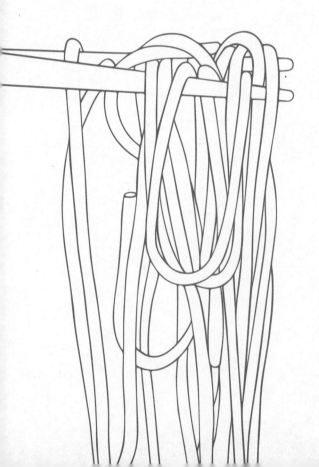

출출한데 짜장면이나 먹을까

〈연애의 온도〉에서 동희(이민기)가 휴일 낮 집에서 눈은 TV의 스포츠 중계 화면에 고정한 채 짜장면을 먹는 장면도 인상적이다. 오랜 연애와 동거에 찾아온 권태기를 넘기려는 영(김민희)이 심각하게 결혼이야기를 꺼내는데 그는 그녀의 진지한 이야기를 후루룩 쩝쩝거리는 짜장 먹는 소리로 넘겨버리고 만다. 짜장면이 평범한 일상의 한 부분이어야 성립되는 대목이다.

〈맨발의 기봉이〉에서 이장(임하룡)은 산꼭대기에서 짜장면을 시켜 먹으며 배달부(공형진)에게 단무지를 더 가져오라고 시킨다. 당구장에서 바닷가에서 공원에서 시켜 먹어 더 맛있는 짜장면이 전국 어디에서나 먹을 수 있는 음식이라는 걸 새삼 실감하게 해주는 장면이기도 하다.

〈김씨 표류기〉에서 원시로 돌아간 상태의 생활을 해야 하는 김씨(정재영)에게 가장 절실하게 그리운 문명의 상징은 짜장면 한 그릇이다. 그는 평생의 위업을 달성하듯 노력을 아끼지 않아 수제 짜장면 한 그릇을 만들어 내고 그걸 한 젓가락 입에 넣는 순간 감격의 눈물을 흘린다. 이 영화는 개봉 당시 그다지 흥행 성적이 좋지 못했는데 시간이 흐른 뒤 외국에 있는 한국 영화팬들로부터 열렬한 지지를 받으며 뒤늦게서야 잊혀진 명작으로 재조명되어 팬들의 안타까움을 사기도 한 작품이다.

───────── **짜장면은 누가 뭐래도 우리나라 음식**

　　　　　　짜장면은 중국 음식점의 메뉴다. 그리고 중국에도 짜장면이라는 음식이 있다. 그러나 그것은 우리가 알고 있는 짜장면과는 다르다. 굳이 국적을 따지자면 우리가 알고 있는 짜장면은 한국의 중국 음식점에서 파는 한국 음식이라고 하는 게 가장 적합한 포지셔닝이 아닐까 싶다. 일본에 있는 카스텔라나 덴푸라를 포르투갈 음식이라고 하지 않고 당연히 일본 음식이라고 여기는 것과 마찬가지다. 돼지고기에 튀김옷을 입혀 딥프라이deep fry를 하고 가늘게 채 썬 양배추에 흰 쌀밥과 미소시루를 함께 내는 메뉴를 일본 음식 돈카츠豚カツ라고 부르는 것도 같은 맥락이다.

　이 짜장면은 중국 산둥반도에서 바다를 건너 한국에 정착한 화교들이 소개한 음식인데 백여 년의 세월 동안 몇 번의 커다란 변화를 겪으며 오늘날 모든 대한민국 사람이 사랑하는 국민 음식으로 뿌리를 내렸다. 관광 진흥 목적으로 조성되긴 했지만 인천 차이나타운에는 오래된 중국 음식점이 몇 개 몰려 있다. 이 가운데 옛날에 유명하던 공화춘 터가 우리나라 짜장면집의 원조라고 부르는 데에는 이견이 없는 것 같다. 음식점을 시작한 해가 1905년이라고 하니 백 년이 넘는 세월이 흘렀다.

역사적으로 한국인의 애환과 추억이 서린 음식인 짜장면이 대중과 가까워지게 된 건 한국전쟁 이후부터다. 미국의 공법 제480호(PL 480)에 의거한 한미잉여농산물협정을 통해 1955년부터 우리나라에 원조 밀가루가 대량으로 들어오기 시작했다. 일제 강점기 청요릿집으로 불리던 중국 음식점에서는 주메뉴로 짜장면, 우동, 울면, 짬뽕을 낮은 가격에 냈고, 이 면류가 대중 음식이 되어 전국에 퍼지게 되었다. 그래도 워낙 모두가 가난하던 시절이라 한동안 많은 사람들에게 짜장면은 입학식이나 졸업식에나 먹을 수 있는 특별한 음식이었다.

이후 쌀의 수요를 줄이기 위해 1970년대부터 정부는 대대적으로 분식을 장려했고 이런 정책에 힘입어 라면이 공급되고 분식 센터가 늘어났다. 한편 한국 정부의 배타적인 화교 정책에 못 견딘 화교들이 대거 한국을 떠나기 시작했고 화교 중심의 중국 요식업계는 점차 한국 사람들이 경영하는 중국 음식점으로 바뀌게 되었다. 그러다 손으로 뽑던 수타면이 기계면으로 바뀌면서 짜장면은 분식집과 고속도로 휴게소에서도 내는 인기 메뉴가 되었고 지금은 학교나 군대의 급식 메뉴로도 나올 만큼 간편한 메뉴가 되었다. 이렇게 사회적 변화와 함께 짜장면은 그 위상과 맛이 몇 단계에 걸쳐 변화하며 오늘날에 이르게 되었다.

그러면 중국 짜장면과 한국 짜장면의 가장 큰 차이는 무엇일까? 중국 사람들은 짜장면 하면 베이징의 그것을 연상한다. 라오베이징짜장면老北京炸醬面이라고 해서 베이징 짜장면이 중국에서는 대표 선수 대접을 받는다. 우리나라 사람들도 가서 먹어본 경우가 적지 않을 터인데, 일단 짜다. 차가운 국수에 갖가지 고명을 넣고 짜장을 얹어 비벼 먹는데 짜장 소스의 양이 우리네 그것보다 훨씬 적다. 많이 넣으면 너무 짜서 오히려 맛이 없다.

한국의 짜장면은 캐러멜 소스를 넣어서 맛이 단 게 특징이다. 아이들도 좋아하는 게 아마도 이 단맛이 나는 짜장 소스로 만들어서 그런 것이라고 여겨진다. 중국 인터넷 검색 포털에 짜장면을 쳐보면 베이징 짜장면, 상하이 짜장면 등 각 지방의 짜장면이 소개되고 한국의 짜장면도 많이 소개된다. 중국 짜장면은 황장黃醬이나 티앤멘장甛麵醬으로 만드는데 한국은 춘장春醬으로 만든다고 되어 있다. 이 춘장을 헤이더우장黑豆醬이라고 소개를 한 곳도 많은데 사실이 아니다. 어쨌거나 짜기만 한 베이징 짜장과 달리 달콤하고 고소한 한국 짜장면의 고유한 맛은 한국에서 나온 춘장 덕인데, 중요한 것은 발효의 차이다. 캐러멜 색소만 넣는다고 달라지는 것은 아니고 원재료, 첨가물, 숙성 방법, 발효 기간 등에서 맛의 차이가 나오는데 자세한 내용은 제조 비법, 영업 비밀의 영역이라 호기심 많은 나도 들여다볼 수가 없었다. 최근 연구에 따르면 이 춘장이라는 단어는 생파를 장에 찍어 먹는 산둥 사람들의 식습관과도 무관하지 않아, 파(葱:총)를 찍어 먹는 장, 그래서 총장葱醬이라고 불리던 것이 한국에 들어와 춘장으로 변화했다고 하는데 그동안의 해석 가운데 가장 설득력이 있다.

이 춘장을 볶은 뒤 양파, 감자, 고기를 넣고 물을 부어 끓이다가 적당량의 밀가루나 전분을 넣어 끓인 것이 짜장이다. 춘장만 볶다가 거기에 직접 양파, 고기 등을 넣고 그냥 볶아내면 그게 간짜장이다. 밀가루, 전분, 물이 안 들어가고 요리하는 시간이 짧아 양파가 기름 막에 싸여 짜장이 배지 않아 하얀 색깔이 그대로 남아 있다. 식감도 짜장의 몰캉몰캉에 비해 간짜장은 사각사각하다. 여기서 '간'은 말랐다는 뜻으로 건조할 건(乾, 약자로 干) 자를 쓴다. 물을 넣지 않고 바싹 볶았다는 뜻이다. 깐풍기干烹鷄, 깐쇼새우干燒蝦 할 때의 '깐'도 다 같은 뜻이다. 한때는 짜장을 몰아내고 전국의 분식점까지 간짜장이 맹렬하게 휩쓸던 시절이 있었는데, 간짜장은 잘해 놓으면 '센 불' 냄새도 좋고 식감도 좋은데, 잘못하면 짜기만 하고 맛은 별로인 어려운 요리다.

우리나라 요리법에서 중국과 가장 대비되는 게 '불'이다. 대비된다고 표현했지만 중국만큼 '발달하지 못했다'고 쓰는 게 솔직한 표현일 것이다. 옛날에 우리나라에서는 부엌에 가마솥을 걸어 장작불로 밥을 하고 밥에 뜸이 들 무렵 아궁이에서 벌겋게 단 숯불을 빼내 화로에 담아 찌개를 보글보글 끓이거나, 고등어자반을 굽

거나, 전을 부치거나 했다. 내가 어릴 때만 해도 시골에 내려가면
가지, 호박, 감자 등은 밥이 끓어 물기가 빠질 때 밥 위에 얹어 쪘
다 꺼내어 양념으로 무칠 건 무치고 그랬다. 아궁이 하나로 한 끼
의 요리가 다 해결된 셈이다. 물론 대가족이라거나 좀 산다는 집
은 아궁이 두 개에 불을 넣어 밥과 동시에 국을 따로 끓인다거나
했지만, '장작불로 가마솥을, 거기서 나온 숯불로 나머지 요리를'
이라는 방법에는 차이가 없었다. 굳이 변호를 하자면 우리나라는
옛날부터 에너지의 낭비 없는 알뜰한 에코 라이프를 실현해온 민
족이라고도 하겠다.

————— 중국 요리의 불맛은 웍의 숨결에서

중국 요리로 돌아가서 전 세계 모든 요리
와 비교할 때 중국 요리의 가장 큰 특징은 한마디로 '불'을 어떻
게 다루느냐에 있다. 많은 요리가 재료를 준비하는 데 시간이 오
래 걸리지 막상 불 위에서 익히는 시간은 불과 일 분도 안 되는 것
이 적지 않다. 오 분이 넘는 경우가 많지 않다. 강력한 화력으로 짧
은 시간에 조리하는 중국 요리의 특별한 맛을 한국 사람들은 보통
'불맛'이라고 부른다. 이 불맛에 해당하는 단어가 실제로 중국에
있다.

우리가 '불맛'이 난다고 하는 이 조리법을 영어권에서는 종종

'스터 프라이stir fry'라고 부른다. 영어권 중국 사람들은 이 조리 방식 고유의 맛을 표현할 때 '웍헤이鑊氣'라는 말을 쓴다. 중국 식당 어디 가도 있는 크고 우묵한 프라이팬을 영어로 'wok'이라고 부른다. 이는 중국 사람들이 미국에 철도를 놓으러 간 1800년대 중반 이후의 노동 이민 시절에 서양에 전해진 단어다. '鑊'이라고 쓰고 '웍'이라고 읽는 게 그대로 전해진 건데, 그 당시 건너간 사람들이 쓰던 광둥어 발음이다. 같은 단어를 북경어로 읽으면 '훠'라고 하는데 북경어로는 이 조리 기구를 차오궈炒鍋라는 다른 단어를 쓴다. 이민 초기에 전 세계로 뻗어 나간 화교들은 남부, 특히 광둥 지방 출신이 많아서 이 '웍'이라는 단어가 세계로 퍼진 것이다. 참고로 일본에서는 이걸 주카나베中華鍋라고 부르고, 유럽권에서는 프랑스어, 스페인어, 이탈리아어, 독일어 등 거의 다 '웍wok'이라고 한다.

그리고 이 웍이 아니면 나올 수 없는 맛의 비결은 바로 웍헤이에 달려 있다고 했으니 영어로 멋들어지게 번역한 것이 'breath of a wok'이요, 우리말로 하자면 '웍의 숨결'쯤 되겠다. 하기는 우리말로 이 웍이라는 글자는 '확'이라고 읽고 뜻은 가마솥으로 풀이하니까 '기氣'라는 말이 익숙한 우리에게는 '솥(냄비)의 기운'이라고 해도 무방하겠다. 이 웍을 이용한 요리의 의미를 과학적으로 분석한 책이 있으니 미국에서 나온 명저 『모더니스트 퀴진』이다.

　　　　　이 책에 나온 '웍헤이'에 관한 설명을 요약
하면 이렇다. 우선 이 웍 요리에 사용되는 가스 버너는 가정용보
다 짧은 시간에 훨씬 많은 프로판가스나 천연가스를 연소시켜 그
화력이 가정용의 25배까지 달하는 것도 있다. 프로판가스를 쓸 경
우 그 불길의 온도는 섭씨 1980도까지 올라간다고 하는데 이런 강
력한 화력이 우선 웍헤이가 생겨나는데 필요한 기본 요소다. 그리
고 웍에서 조리되는 공간을 구역별로 나눠 맨 밑을 전도 구역, 중
간 지역을 응결 구역, 그리고 그 위를 대류 구역으로 나누어 설명
하고 있다.

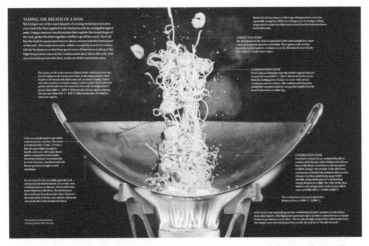

『모더니스트 퀴진Modernist Cuisine』(총 6권) | 네이선 미어볼드 외 지음 | 2011년 출간 | 제2권 48~49쪽

웍의 표면에서는 뜨거워진 금속판에 재료가 직접 닿아 익게 된다. 금속판이 달아오르면 붉거나 오렌지빛을 띠는데 이를 복사 현상이라고 한다. 이때 철판의 온도는 760도에서 815도까지 올라간다. 그 위의 응결 구역에서는 셰프가 웍을 돌려가며 띄우는 재료가 공중으로 올라갔다 내려오며 증기와 닿는다. 증기의 온도는 100도 정도인데 일부가 재료의 표면에 붙어 응결하면서 에너지를 방출해 재료를 익힌다. 그리고 그 위의 대류 구역에서는 아래보다는 온도도 낮고 수분도 적지만 그래도 뜨거운 열이 있어 재료가 천천히 익는다.

이렇게 웍으로 조리할 때는 세 군데의 다른 구역에서 각기 다른 온도로 재료가 익어가는 게 특징이다. 이렇듯 다른 온도에서 조리가 되는 게 가능한 건 셰프가 끊임없이 웍을 튕겨가며 재료를 공중으로 돌리기 때문인데, 그러면 재료는 웍의 둥근 모양을 따라 회전하여 흩어지지 않고 모였다가 뒤집어진다. 식재료가 전도 구역에 머물다가 철판에 눌어붙지 않고 응결 구역에서 고온의 수증기에 의해 익다가 가끔씩 상대적으로 온도가 낮고 건조한 대류 구역으로 노출되곤 하는 게 복합적으로 작용하여 '웍의 숨결'이 살아난다는 이야기다.

그리고 여기에 더해서 공중에 떠 있는 기름 입자가 버너의 불과 만나 새로운 불길을 만들어 웍 안으로 끌려들어 가면서 그슬리거나 태우는 직화구이 효과도 만들어지고 캐러멜화나 마이야르 반응 등 갖가지 작업이 일어나 독특한 맛과 식감을 만들어내는 게 총체적인 '웍헤이'의 묘미라고 한다. 쓰다 보니 우리도 누군가 우리나라 요리에 대해 이렇게 과학적인 분석과 설명을 해주면 좋겠다는 생각이 간절하다.

———————— 남녀노소 누구나 좋아하는 단짠단짠

　　　　　　내가 어렸을 때는 한국에 화력이 센 가스불이 있을 리 만무했다. 그래서 당시의 중국 음식점에서는 연탄을 깨서 유연탄과 섞어 기름으로 버무려 연료를 만드는 게 큰 일이었다. 일종의 코크스를 만든 것이다. 그 반죽을 불 위에 계속해서 얹고 밑에서 재를 꺼내며 풍구로 바람을 집어넣어 파란 불꽃이 나오면 그제야 그 위에서 요리를 했다. 요즈음은 가스불로 하니까 중국집에 취직하면 제일 먼저 접시부터 닦을 것이다. 옛날엔 석탄부터 버무려야 했다. 조그만 아이들이 얼굴에 숯검댕을 바른 채 주방 바깥 뒷마당에서 연탄 깨던 모습은 보기에도 참 안쓰러웠던 생각이 난다. 불이 없으면 요리가 안 되니까 중국집에서 요리 주문을 받는 시간도 정해져 있었다. 요즈음은 스물네 시간 요리가 되고 배달이 되니 참 편하긴 편한 세상이 되긴 하였다.

　맛있는 짜장을 만들려면 라드(돼지기름)를 넉넉히 넣고 거기에 춘장을 넣어 튀기듯 볶아야 한다. 이때 색깔이 까매서 타는지 안 타는지 잘 안 보이므로 조심해야 한다. 언제부턴가 식물성 기름이 몸에 좋고 동물성 기름이 나쁘다는 잘못된 정보 때문에 돼지기름을 쓰지 않게 되면서 국민 건강에 오히려 해가 되고 여러 음식 맛도 없어진 게 안타깝다. 돼지기름은 불포화지방산이 많아 포화지방산으로 만들어진 싸구려 식물성 식용유나 트랜스지방산으로 만든 쇼트닝보다 몸에도 훨씬 덜 해롭고 맛도 좋다는 게 연구를 통하여 속속 밝혀졌으나 여전히 동물성 지방에 대한 거부는 뿌리깊다. 라드가 누명을 벗고 하루빨리 복권이 됐으면 좋겠다.

참고로 집에서 짜장 만들기에 도전하는 분에게 팁을 드리자면 춘장은 영화식품에서 나온 사자표 춘장이 제일 좋다고 한다. 화교 출신의 왕서방네가 삼대째 내려오면서 키운 기업인데 우리나라 춘장 업계의 대표 주자라서 일단 외식하는 짜장면은 사자표 춘장으로 만들었을 가능성이 높다. 주로 덕용으로 제품을 내 가정에서 소량으로 구매하기가 쉽지 않다는 점이 아쉽긴 하다. 요새는 춘장을 볶아야 하는 수고를 덜어 준 볶음춘장도 온라인에서 팔고 있다.

그런데 이렇게 짜장을 만들다 보면 흥미로운 점이 하나 보인다. 한국의 짜장면 소스는 볶은 짜장과 양파, 감자 등의 재료에 물과 밀가루를 넣어 부글부글 끓여서 완성한다. 중국 요리 특유의 불맛을 강조하는 간짜장이 아닌 일반 짜장이 한국식으로 변화해 정착한 것이다. 아이들의 입맛에도 딱 들어맞는 짭짤하면서도 간간이 달콤한 맛이 드러나는 한국의 짜장면은 어느새 독자적인 발전을 한 한국적인 맛을 가지고 세계로 나가려고 워밍업을 하고 있다.

한국 사람은 어딜 가나 짜장면이 그립다

이십몇 년 전 출장으로 프랑스 파리에 갔을 때 이야기다. 일요일에 주재원으로 파리에 몇 년째 나가 있던 친구를 만났다. 점심을 먹으러 가자며 '한림'이라는 한식집으로 안내를 했다. 가는 길에 차 안에서 그가 자랑스럽게 이야기했다. 그 집은 짜장면도 된다고. 지금은 파리에만도 한국 음식점이 수십 군데나 있지만 그때는 참 드물었다. 미국에 있을 적에 경험했던 터라 신기하지는 않았다. 내가 미국에 있던 시절에도 LA나 뉴욕 같은 대도시에는 한국 교포를 위한 한국식 짜장면집이 여러 곳 있었지만 그렇지 않은 중소 도시에는 짜장면집이 있을 리가 없었다. 그런 곳에는 반드시 짜장면을 메뉴에 추가한 한국 음식점이 한 집 이상 있었다. 대개가 인쇄된 메뉴에 손으로 짜장면이라는 글씨가 덧붙여 쓰여 있던 게 기억에 남는데, 한국 사람은 어딜 가나 김치찌개나 설렁탕을 그리워하는 만큼 짜장면도 먹어줘야 하는구나 실감을 하곤 했다. 그런 짜장면이 이제는 인스턴트 식품으로 만들어져 한류 붐을 타고 세계로 퍼져 나가고 있다.

이렇게 막상 한국에서 한국인의 국민 음식이 된 짜장면인데, 세월이 흐르며 수타면이 사라지고 매끈하게 뽑은 기계면이 그 자리를 대치한 건 참으로 아쉬운 일이다. 퇴행하는 음식이 아니라 진화하는 음식으로 짜장면이 다시 한 번 더 변화하기를 기대해 본다.

飲食映畫

———

3

부자들은
뭘 먹고 마실까

〈맨발의 청춘〉의 오렌지 주스

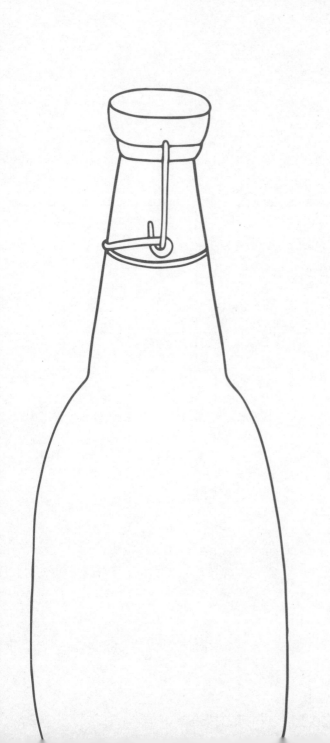

눈물도 한숨도 나 혼자 씹어 삼키며

밤거리의 뒷골목을 누비고 다녀도

사랑만은 단 하나의 목숨을 걸었다

거리의 자식이라 욕하지 말라

그대를 태양처럼 우러러보는

사나이 이 가슴을 알아줄 날 있으리라

1964년 영화 〈맨발의 청춘〉 주제가의 가사다. 이 영화는 당시 대한민국 최고의 미남 스타 신성일과 인기 절정의 여배우 엄앵란이 주연하여 공전의 히트를 기록했다. 위의 가사에서 보듯 뒷골목 건달이 신분상 넘을 수 없는 상류 사회 아가씨와 사랑에 빠진다는 순애보의 이야기다. 미리 밝히고 넘어가자면, 이 영화는 한국 영화사에서 그렇게 자랑할 만한 영화는 아니다. 바로 일 년 전 일본에서 제작된 〈진흙투성이의 순정 泥だらけの純情〉이라는 영화를 그대로 베낀 작품이기 때문이다. 다만 당시의 사회 전반적 상황을 고려하여 이런 표절 또는 번안 작품이 많았다는 부끄러운 과거까지 우리가 인정하고 받아들인다면 그건 그것대로 소중한 영화사적 자료일 것이다.

이 영화를 글의 소재로 꺼낸 것은 영화의 내용이나 오리지널 영화와의 차이를 얘기하고자 함이 아니라 영화에 의도치 않게 담긴 당시의 풍속도가 흥미로웠기 때문이다. 이 영화는 잠깐 이야기했듯이 지체 높은 집의 규수 외동딸과 그걸 넘보아서는 안 될 무식한 뒷골목 건달의 이루어질 수 없는 사랑의 이야기이므로, 스토리 전개상 여러 군데에서 신분과 배경의 차이를 대비하여 보여 주어야 한다. 그리고 세월이 흐른 지금 우리는 그런 의도로 만들어 낸 장면에서 도리어 그걸 만든 당시 사람들의 정서와 상식의 한계를 엿볼 수가 있다.

주인공 요한나(엄앵란)와 두수(신성일)는 행동 양식에서 여러 차이를 보이는데 가장 상징적인 장면이 저녁에 헤어지면서 나누는 대화다. 대사를 옮겨 보면 이렇다.

두수: 이제 집에 들어가면 뭐 하죠?

요한나: 주스를 마시면서 음악 감상을 해요.

두수: 음악 감상? 어떤 곡을 듣죠? 재즈나 샹송?

요한나: 그런 게 아니고 클라식 음악을 들어요. 베토벤의 운명이라든가, 차이코프스키의 고전음악.

두수: 자기는 몇 시에?

요한나: 열 시 반이요. 자기 전에 성경책을 잠깐 읽어요.

두수: 난 아령 같은 걸로 가벼운 운동이나 하고, 그렇지 않으면 위스키를 나발 불듯이 마시면서 권투 잡지나 싸구려 잡지를 보다가 잠이 드는데.

조금은 서글픈 이야기인데 그 당시 영화를 만드는 사람들, 그러니까 감독, 각본가, 카메라맨, 미술 담당 모두 다 부자로 산 사람은 없었던 것 같다. 당시 제작된 많은 영화에서 부자들이 사는 모습은 참으로 현실과 거리가 있어 보인다. 영화가 판타지라서 알고 그렇게 묘사한 게 아니라 본 적이 없으니 상상으로 묘사한 것의 한계가 너무 드러난다는 말이다.

위의 대화에서 나오는 '자기 전에 주스를 마신다'는 이야기가 당시엔 그럴듯했을지도 모르겠다. 전 국민이 다 가난하던 시절, 극소수의 부유층은 클래식 음악을 들으며 주스를 마시면서 잠을 청한다고 영화에 나오면, '참, 우리와는 달리 우아하구나'하고 관객들은 납득을 했을지도 모른다. 이 영화에서 밑바닥 인생이라는 두수가 자기 전에 위스키를 나발 불듯이 마신다는 것도 현실감이 없는 대사지만 이건 영화는 판타지라는 것으로 넘어가 주자. 사실 그 당시는 모두가 사발에 탁주, 그러니까 막걸리를 마시던 시절이었다. 아니 젊은이들은 막걸리조차 마실 돈이 없던 시절이었다.

이 영화에서 둘은 데이트를 하다가 거리의 리어카 행상에서 오렌지를 산다. 당시는 국산은 귤도 없던 시절이라, 일반인들은 언감생심 오렌지나 바나나 같은 열대 과일은 구경도 못 하던 시절에 오렌지를 사서 베어 무는 것도 판타지의 맥락이라면 이해가 간다.

—————— **양식은 어쩌다 한 번 먹는 동경의 대상이었는데**

또 흥미로운 장면은 요한나가 취직자리를 알아보려고 두수를 친척 집에 데려가 소개를 하는 대목이다. 그 당시 한국 사람들에게는 양식에 대한 막연한 동경과 공포에 가까운 두려움이 있었다. 양식은 손에 익은 젓가락이 아니라 쇠스랑 같은 포크와 과도같이 생긴 나이프를 들고 음식을 먹어야 하고 또 거기에는 아주 복잡한 예법이 따른다는 지식이 두려움으로, 또 한편에는 할리우드 영화를 통해서 본 부자 나라 미국 사람들처럼 먹는다는 동경이 동시에 마음 속에 자리잡았던 것이다. 『옛날 옛날 한 옛날에』라는 책을 쓴 이창우는 실제 나이가 이 영화에서 설정한 주인공과 비슷한 또래인데 그는 도시락도 못 싸와서 배를 곯는 아이들이 숱했던 시절에 국민학교(현재의 초등학교) 교과서에 양식을 제대로 먹는 법이라며 포크를 어떻게 쓰고 나이프는 어쩌고 하는 게 나왔고, 또 아이들은 그걸 시험에 나올까 외워야 했다고 지적을 한다.

영화에서 요한나와 두수를 맞이하는 부잣집 친척은 양식을 낸다. 영화가 그리고자 한 건 '부자들은 평소에도 우리와 달리 밥 안 먹고 빵 나오는 양식 먹어요' 같은 느낌이었을 것이다. 그런데 서

글프게도 부자의 식탁이 상상 속의 세계에 머문 것은 미술 담당이나 감독 이하 다른 스태프도 마찬가지였던 것 같다. 과일이 정물화 속의 그것처럼 그릇에 가득 담겨 식탁에 오른 것도 그렇고, 엄청나게 큰 보온병이 올라가 있는 것도 지금 보면 우스꽝스럽다. 두수가 칼질(식탁에서 나이프를 사용하는 걸 옛날엔 칼질한다고 했다)을 하다가 고깃점이 튀어 날아가 건너편 친척의 얼굴에 붙는 건 웃음을 노린 클리셰라고 쳐도 그렇다. 부자들은 점심때에도 고기를 먹는데 그것도 불고기나 갈비구이가 아닌 서양식의 스테이크를 먹는 것이다. 당시 서민들이 상상하기에는 그랬다.

─────────── **밥그릇 크기가 요즘의 세 배**

1960년대 초기에 나온 한국 영화에는 서민들의 먹고 사는 모습이 그런대로 잘 묘사가 되어 있는 편이다. 1961년 한형모 감독의 〈돼지꿈〉이나 같은 해 이형표 감독의 〈서울의 지붕 밑〉 같은 작품이 좋은 예다. 특히 〈서울의 지붕 밑〉에서는 술집에서 술을 먹는 장면이 여러 번 나오는데 한결같이 양은냄비에 끓인 찌개와 빈대떡, 전류가 안주로 상 위에 올라와 있다. 좀 더 거나하게 차린 주안상에는 잡채가 더해지는데 고명보다는 당면이 대부분인 모양새다. 그리고 모든 주점에서는 싸구려 음식점이건 고급 요릿집이건 나무젓가락을 쓴다. 이는 일제의 잔재다. 일본에서는 지금도 고급 요정이나 일반 식당 모두 일회용 나무젓가락을 쓴다. 그러고 보니 우리나라가 이를 낭비로 여겨 모든 식당에서 재활용이 가능한 쇠젓가락으로 바꾼 게 불과 이삼십 년 전의 일이다.

〈서울의 지붕 밑〉에 나오는 식사 풍경에서 눈여겨볼 장면은 두 가지다. 하나는 가장이 따로 혼자서 소반을 받는 장면이다. 동네 터줏대감이자 한의원 원장인 주인공 김학규(김승호)가 식사를 하며 미망인인 딸(최은희)에게 한눈 팔지 말라고 주의를 주는 장면이 나오는데 그의 아내(한은진)와 딸은 겸상을 하고 김학규는 독상을 받아 먹으며 상을 건너 이야기를 주고받는다. 내가 어렸을 때는 시골에 가면 집안의 가장은 소반에 독상을 받았다. 그리고 나머지 식구들은 둥근 밥상에 둘러앉아 반찬을 공유해서 먹었다. 우리가 요새 한정식집에 가면 한 상 가득 반찬을 차려 내오는데 이걸 궁중식이네 왕실 요리네 하고 외국 관광객에게 소개하는 집들도 있다. 하지만 이건 일제 강점기에 요릿집이라고 불리던 변형 음식점에서 내려온 관습이지 우리네 전통과는 무관한 상차림이다.

그리고 두 번째는 밥그릇의 크기다. 요새 우리가 먹는 밥그릇과 비교하면 어마어마하게 크다. 우리의 식생활은 밥 중심에서 갖가지 요리나 반찬으로 비중이 옮겨가며 밥의 양이 계속 줄었다. 당시에는 우리 몸에 필요한 영양소와 활동에 소요되는 칼로리를 밥으로부터 섭취하려니 먹어야 하는 밥의 양이 많을 수밖에 없었다. 같은 해 개봉한 박종호 감독의 〈골목 안 풍경〉이라는 영화에도 비슷한 장면이 나온다. 가장은 독상을 받고 구 남매 아이들이 올망

졸망 둘러앉아 아침을 먹는데 밥그릇의 크기가 요새 그릇의 세 배
는 되는 듯하다. 〈서울의 지붕 밑〉에서는 밥그릇이 사기그릇이고
〈골목 안 풍경〉에서는 놋그릇이란 게 다른데 양쪽 다 요즘 사람들
이 보면 질리지 않을까 싶을 정도로 그릇이 크다. 조선 말 서양에
서 온 선교사들이 찍은 사진들을 보면 1960년대 그릇보다 더 큰
밥그릇에 밥을 담아 먹는 모습도 볼 수 있다. 실제 조선 사람은 밥
을 많이 먹는다는 선교사의 기록도 남아 있다.

———————— 일제 강점기 풍속은 영화가 아닌 소설에서

　　　　　　　　　　우리나라는 조선 시대의 풍습과 문화가 일
제 강점기에 들어온 외래 문화에 의해 단절되고 일제의 영향을 받
아 변형되어 그대로 거슬러 올라가 찾아보거나 복원을 하기가 쉽
지 않다. 영화도 변변하게 남아 있는 게 없다. 그런 의미에서 당시
의 모습을 잘 묘사한 문학 작품은 문화사적인 측면에서도 소중한
자산이다. 채만식의 소설 「태평천하」에 주인공 윤직원 영감이 동
기童妓 춘심이와 놀다가 밤중에 야식을 시켜 먹는 장면이 나온다.

"너, 배 안 고프냐?"
윤 직원 영감은 쿨럭 가라앉은 큰 배를 슬슬 만집니다. 춘심은 그 속
을 모르니까 뚜렛뚜렛합니다.

"아뇨, 왜요?"

"배 고프다머넌 우동 한 그릇 사 줄라구 그런다."

(중략)

"……사주신다믄야 밴 불러도 달게 먹죠."

"그래라, 두 그릇만 시키다가 너허구 한 그릇씩 먹자!"

"우동만, 요?"

"그러먼?"

"나, 탕수육 하나만 ……"

"저 배때기루 우동 한 그릇허구, 또 무엇이 더 들어가?"

"들어가구말구요! 없어 못 먹는답니다!"

"허! 그년이 생부랑당이네! 탕수육인지 그건 한 그릇에 을매썩 허 냐?"

"아마 이십오 전인가, 그렇죠?"

윤직원 영감의 말이 아니라도 계집애가 여우가 다 되어서, 탕수육 한 접시에 사십 전인 줄 모르고 하는 소리가 아닙니다.

탕수육이 예전만큼 귀한 음식은 아니지만 요새도 젊은 학생들 이 사정이 여의치 않으면 짜장면이나 짬뽕만 먹고, 좀 넉넉하다 싶으면 탕수육을 시켜 먹는 건 이 소설이 나온 80년 전과 크게 다 르지 않다. 한국 사람들에게 탕수육은 마음이 풍요해지는 특별한 음식이라는 점에서 그렇다. 한편, 윤직원 영감과 춘심이는 다음날 진고개, 그러니까 지금의 서울 퇴계로와 충무로 사이에 있는 보석

상으로 가서 반지를 산다. 그리고 춘심이 하는 말.

"저어 참, 영감님?"

"왜야?"

"우리 저기 미쓰꼬시 가서, 난쩨 먹구 가요?"

"난쩨? 난쩨란 건 또 무어다냐."

"난쩨라구, 서양 즘심 말이에요."

"서양 즘심?"

"네에, 퍽 맛이 있어요!"

"아서라! 그놈의 서양밥, 말두 내지 마라!"

"왜요?"

"내가 그년의 것이 좋다구 하여서, 그놈의 디 무어라더냐 허넌 디를 가서, 한번 사 먹다가 돈만 내버리구 죽을 뻔하였다!"

"하하하, 어떡허다가?"

"아, 그놈의 것 꼭 소시랑을 펴여논 것처름 생긴 것을 주먼서 밥을 먹으라넌구나! 허 참……"

여기서 '그년의 것'이란 서양 점심, 런치를 이르는 것이요, '그놈의 디'라는 곳은 그릴grill이라 불리는 양식당을 이르는 것이다. 물론 '소시랑을 펴놓은 것'처럼 생긴 건 포크를 말한다. 그리고 '미쓰꼬시'는 지금의 신세계 백화점 건물에 있던 일본 백화점을 말한다. 일본이 개화기에 받아들인 서양 풍물 가운데 우리나라의 식문화에도 들어온 것 가운데 하나가 '그릴'이라는 업태다. 백화점마다 맨 위층에 자리를 잡고 돈가스, 오므라이스, 함박스테이크 같은 것을 제공하였다. 그리고 여행객을 위하여 역 건물에도 들어가 있었는데 지금도 서울역사에는 '서울역그릴'이 있다. 아마 한국에서 가장 오래 명맥을 이어온 양식당이 아닐까 한다. 일제 강점기는 '하이카라'라고 불리기도 하던 모던 보이나 모던 걸이 드나드는 데가 일본 자본이 들어와 차린 백화점의 그릴이었고 그곳에서 '난찌'라고 불리던 메뉴를 먹어 주어야 개화한 사람의 행동에 걸맞은 것 같이 여겨지기도 하던 시절이었다. 식민지 시대의 일그러진 풍경의 하나라고 하겠다.

──────── 이제는 추억 속의 전기 통닭

'시대에 앞서가는' 새로운 풍조가 일반 대중으로 퍼지게 되면 '시대를 풍미한' 사조가 된다. 1960년대 거의 모든 국민이 배불리 먹지 못하던 시절, 식당에 들어가면 주문을 하면서 늘 조건 반사처럼 "양 많이 주세요"를 되뇌던 시절의 판타지가 오렌지주스를 마시고 클래식 음악을 듣는 거였다면 그 이후에는 어떻게 변했을까.

정부가 수출 주도의 경제 성장을 강력하게 밀어붙이면서 도시민의 살림살이는 조금씩 나아지기 시작하였다. 농업 의존형 경제 구조에서 공업 위주로 프레임이 바뀌면서 인구의 도시 집중이 일어나 대도시 주변에 달동네가 형성되기 시작했고 혹독한 노동환경에서 일하는 새로운 노동자 계층이 생겨났는데, 아무튼 경제는 발전하기 시작하였다. 이때 새로 생겨난 음식이 있으니 바로 '전기구이 통닭'이 그것이다.

서울 명동에 '영양센터'라는 집을 효시로 전국 곳곳에서 붉게 달아오른 니크롬선 앞에서 빙글빙글 돌아가는 꼬치에 꿴 통닭의 모습은 풍요의 상징이었다. 봉급날이 되면 가장은 고소한 내음이 풍기는 통닭집 종이 봉투를 들고 집으로 들어가고 아이들은 그런 아빠를 맞으며 환호하는 풍경이 1970년대를 대표하는 모습 가운데 하나다. 닭이라 하면 백년손님이나 되어야 잡아서 대접하는 귀한 음식이었고 먹는 법이라야 찹쌀 넣고 푹푹 고아 국물에 고기 몇 점을 넣어 여럿이 나눠 먹는 백숙이 고작이었는데, 육계용 닭을 밀집된 공간에서 단기간에 사육하는 양계법이 도입되면서 전기구이 통닭은 중산층이 한 달에 한 번, 아니 더 자주 먹을 수 있는 음식이 되었다. 이때 누군가 식초와 설탕물에 속성으로 절인 무를 함께 냈는데 그 향수가 지금까지 한국인의 입맛에 새겨져서 아직도 프라이드치킨을 시킬 때면 '반반 무 많이'라는 주문이 남아 있는 게 흥미롭다.

1970년대가 전 국민이 가난이라는 먼지를 털어내고 일어나던 시절이었고 그때 함께 했던 풍요의 음식이 통닭이었다면, 1980년대를 상징하는 신문물은 '피자'였다. 1970년대 중반부터 불기 시작한 미국 이민의 붐은 1980년대에 들어서면서 본격화하기 시작했다. '거지도 양담배를 피우는 나라', '일하는 만큼 생활이 보장되는 나라'라는 말에 아메리칸 드림을 키우면서 이민을 동경하는 사람들이 많이 늘어났다. 윤흥길의 「꿈꾸는 자의 나성」이라는 단편 소설에는 매일 다방에 앉아 미국 이민을 동경하는 한 사내의 애환이 잘 묘사되어 있다. 물론 〈나성에 가면〉 같은 달콤한 노래도 유행하였다. LA에 이민 간 교포들이 가끔씩 들어와 미국 이야기를 들려줄 때 묻어 들어온 이야기에 빠지지 않는 게 맛있는 피자였다. 사실 미국에선 지금도 피자가 전 국민이 사랑하는 음식인 것이 맛도 좋은 데 값이 워낙 저렴하기 때문이다. 여럿이 시켜 먹으면 아직도 한 사람당 2, 3달러에서 4달러 정도면 배불리 먹을 수 있기 때문이다. 한국에 '피자헛'이라는 브랜드를 필두로 각종 브랜드가 앞다투어 들어와 1980년대 젊은이들은 피자 레스토랑에서 데이트를 하는 것이 세련된 매너였다. 그 뒤에 한때 과잉이 될 정도로 경쟁이 치열하다가 천천히 자리를 잡아 오늘에 이르게 된다.

1990년대는 피자 하나만으로 뭔가 부족한 걸 느끼는 사람들이 생겨났다. '오렌지족'이라는 새로운 단어가 세상에 나왔다. 이때 앞서가는 사람들이 견인하다가 모두에게 확산하여 퍼진 게 바로 '패밀리 레스토랑' 문화다. 젊은 사람뿐만 아니라 아이에서 어른까지 전 가족이 함께 맛있는 식사를 할 수 있는 곳, 패밀리 레스토랑. 근사하지 않은가. 중산층 가정에선 아이들의 생일 파티를 열어주기도 하고, 주말이면 가족끼리 함께 나가 단란하게 스테이크를 맛볼 수도 있는 이 장소는 행복과 여유의 상징이었다. TGIF, 아웃백, 베니건스 등 숱한 브랜드가 경쟁을 하며 생겨났다 사라지는 것을 반복하였으니 1990년대는 가히 패밀리 레스토랑의 전성시대라 할 수 있겠다.

밀레니엄이라는 생소한 단어가 익숙해지며 사람들은 2000년대를 맞이하였다. 이제 한국은 중진국이 아니라 외국으로부터 선진국이라는 소리도 들어가며 실제 OECD 회원국이 되었다. 이때 시대를 앞서간 음식은 '파스타'였다. 그동안 사람들은 '스파게티'라는 서양 국수만 알고 있다가 사실 스파게티는 숱한 파스타의 한 종류라는 사실과 함께 파스타는 토마토소스뿐만이 아니라 다양한 소스와 토핑으로 먹을 수 있다는 걸 알게 되었고 프랜차이즈 체인점이 아니라 셰프 개개인의 솜씨와 분위기를 즐길 수 있는 개인 레스토랑을 찾아다니는 게 '쿨'한 풍조가 되었다. 〈파스타〉 같은 식당을 배경으로 하고 셰프가 주인공인 드라마들이 나와서 인기를 끌었다. 스파게티에 더해서 펜네, 페투치네, 링귀네 등의 이름이 낯설지 않고 봉골레, 카르보나라, 알리오올리오 같은 이름을 편하게 말할 수 있는 젊은이들이 늘어나면서 서울, 부산뿐만 아니라 전국의 중소 도시까지 파스타 전문점은 어디를 가도 만날 수 있는 식당이 되었다.

───────── 도시 근교의 갈비 문화와 열대 과일 디저트

이상은 서양에서 들어온 신문물로 아주 간단히 지나온 세월을 훑어본 것인데 한국 음식에도 커다란 변화가 있었다. 자세히 이야기하자면 책을 따로 써도 모자랄 정도인데 아주 간단하게 한두 가지만 짚어보면 이렇다. 대형 숯불 갈빗집이 1970년대 말부터 생겨나 갈비는 부자들이 먹는 음식의 상징이었다. 홍릉 숯불갈비, 형제 갈비, 낙산 갈비, 해운대 암소갈비, 수원 왕갈비 등이 그야말로 일세를 풍미한 점포들인데 이는 송추, 벽제, 이동 등 교외로 뻗어 나가며 도시 근교의 갈비 문화를 만들어 냈다. 막 보급되기 시작한 자가용 붐에 맞추어, '가장이 운전하는 차에 전 가족이 타고 교외 물 좋은 곳으로 갈비를 먹으러 간다'는 판타지가 행복과 풍요를 상징하였다. 지금 생각하면 그 맛있는 갈비를 먹으며 술 한두 잔은 했을 것 같은데 아마 모두가 음주운전을 하지 않았나 싶기도 하다.

그리고 1990년대 초에 그동안 국내 과수원예 업계를 보호한다고 막았던 열대 과일 수입의 길이 열렸다. 바나나가 엄청나게 쏟

아져 들어와 국내 사과와 배 생산 가구가 죽네 마네 했는데 얼마 지나지 않아 바나나 붐은 시들해졌고 지금은 소비자들이 값싼 바나나를 흔하게 먹고 사과, 배도 공존하는 시대가 되었다. 바나나 뒤를 이어 파인애플 그리고 키위가 인기를 끌었고 지금은 망고가 제일 인기 있는 열대 과일이 되었다. 한창 떠오르는 과일로 수입 금액으로 그래프를 혼자 치고 올라가는 게 아보카도다. 몸에 좋다고 해서 인기가 있고 전 세계적으로도 붐인데 이게 사실은 그다지 환경친화적인 과일이 아니라는 보도가 나오니 정들자 이별이 아닐까 걱정도 살짝 된다.

1960년대 초반에는 '쥬스'라는 말도 낯설던 시절이었다. 집안에 아픈 환자가 생기면 사과나 배를 갈아 즙을 내 먹이기는 했어도 '쥬스'는 미군 피엑스에서 나오는 드물고 보기 힘든 물건이었으까. 이야기를 하다 보니 미국 영화에서나 보던 바나나, 파인애플, 오렌지 같은 과일로 만든 주스를 부자들은 잠들기 전에 우아하게 클래식 음악을 들으며 한 잔씩 마신다고 상상하던 시절에 〈맨발의 청춘〉이 나왔는데 영화 〈기생충〉을 보니 이제 부자들은 '짜파구리'에 한우 채끝살을 넣어 먹는 개성의 시대가 된 것 같다.

우리가
어떤 민족입니까

〈인정사정 볼 것 없다〉와 설렁탕

영화 〈인정사정 볼 것 없다〉에서 범인을 잡기 위해 오랜 잠복에 들어간 우
형사(박중훈)가 동료 형사와 차 안에서 설렁탕을 먹고 싶어 하는 장면은 음
식을 묘사한 장면으로는 첫손에 꼽을 명장면이다. 모락모락 김이 나는 설
렁탕 뚝배기에 파를 듬뿍 넣고 고춧가루를 살살 뿌려서 잘 익은 깍두기와
함께 먹는 장면에 만화 같은 말풍선을 그려 통쾌한 액션과 팽팽한 긴장감
으로 끌고 가는 영화에서 '톤앤매너'가 다른 장면이 뜬금없이 튀어나온 느
낌인데, 나는 관객들에게 쉬어가라고 이명세 감독이 서비스를 한 것이라
이해하고 재미있게 보았다.

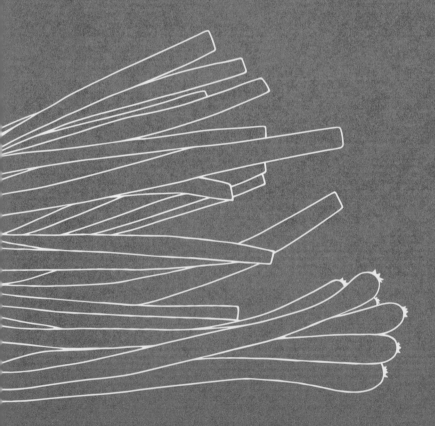

한국 영화에 설렁탕을 먹는 장면은 이곳
저곳에 많이 나오는데 특히 흔한 게 경찰서 유치장, 검찰 수사실
이다. 실제 현실을 반영하여 묘사하다 보니 그런 것 같다. 수년 전
전국을 들끓게 했던 국정농단의 주범이 구속되었을 때 첫 번째 식
사가 설렁탕이었다고 언론에 보도된 게 기억에 새롭다. 설렁탕이
이토록 유치장과 수사실에서 인기 메뉴 상위에 올라간 데에는 여
러 가지 이유가 있는 것 같다. 첫째 간편하여 빨리 먹을 수가 있다
는 점이다. 밥을 만 탕 그릇 하나에 깍두기 한 종지면 다른 게 필요
가 없으니 번거롭지 않고 먹는 사람도 편하게 먹을 수 있는 게 설
렁탕이다. 둘째로는 소화가 잘된다는 점이다. 구속된 사실이 언
론을 탈만큼 유명한 인사가 영어의 몸이 되면 잡아 가둔 쪽에서
도 신병을 확보한 사람의 건강 상태에 신경을 쓸 것이다. 괜히 쓰
러지거나 병을 얻기라도 하면 잡아 가둔 쪽에서 억울하게 독박을
쓸 가능성이 있기 때문이다. 설렁탕은 그런 면에서 마른 음식이나
자극성 있는 음식이 아니라서 위장에 부담이 안 가고 소화가 잘되
기 때문에 리스크가 적은 장점을 내세울 수 있는 메뉴다. 세 번째

로 설렁탕은 종종 완전식품이라고 일컬어질 만큼 영양학적으로도 균형 잡힌 음식이다. 밥에서 탄수화물을 얻고, 우러난 뼛국물과 들어 있는 수육에서 동물 단백질과 지방질을 얻고, 또 깍두기에서 비타민과 각종 미네랄 그리고 섬유질을 얻는다.

사람의 몸은 신비해서 과학적인 지식이 없어도 필요한 것은 몸이 저절로 알아서 원한다. 일제 강점기 시절 누구나 배를 곯던 시절에 설렁탕이 선망의 대상이었던 이야기는 이곳저곳에서 나온다. 한국 문학의 명단편 세 편이 애니메이션으로 만들어져 2014년에 개봉하였다. 이효석의 〈메밀꽃 필 무렵〉, 김유정의 〈봄〉, 현진건의 〈운수 좋은 날〉이 그것이다. 그 가운데 〈운수 좋은 날〉은 병든 아내에게 따뜻한 설렁탕을 사다 먹이려는 인력거 차부 김 첨지 이야기를 다룬다. 김 첨지는 오랫동안 앓아 누운 아내에게 설렁탕 한 그릇 마음 놓고 못 사주는 처지인데 어느 날 운수가 좋아서 넉넉하게 돈을 번다. 자기도 술을 한잔 걸치고 설렁탕 한 그릇을 사서 집으로 향한다. 집에 도착해 보니 아내는 죽어 있었다. 김 첨지는 넋이 나가 혼자 중얼거린다. "설렁탕을 사다 놓았는데 왜 먹지를 못하니, 왜 먹지를 못하니…… 괴상하게도 오늘은! 운수가, 좋더니만……." 일제 강점기에 도시 빈민으로 가난하게 살아가는 계층을 대변하는 김 첨지와 그 아내의 비참하고 가련한 모습은 어쩌다 생긴 설렁탕 한 그릇이 등장하면서 더욱 또렷이 부각된다. 현진건의 「운수 좋은 날」은 문학을 넘어 풍속사적인 면에서도 소중한 자료라고 하겠다. 이걸 애니메이션으로 그린 작품에서는 김이

모락모락 나는 설렁탕의 모습이 특별히 기억에 남는다.

유치장에서 먹는 설렁탕이라면 〈투캅스〉이래 1990년대 한국 영화의 중흥을 이끈 강우석 감독도 자주 묘사하는 메뉴다. 〈공공의 적 2〉에서 나쁜 편의 하수인으로 등장하는 배우 엄태웅이 수사관의 설득에 설렁탕을 먹으며 각오를 새롭게 하는 장면이 나오는데 그다지 맛있게 먹는 모습은 아니다. 도리어 말없이 꾸역꾸역 설렁탕을 목구멍으로 넘기는 모습에서 '오냐 먹어주자. 살아 남아서 복수를 하자'라는 각오가 엿보이는 대목이다. 이것저것 반찬을 골라 먹어야 하는 백반으로는 연출하기 힘든 장면이었을 것 같다. 〈강철중: 공공의 적 1-1〉에서는 강철중(설경구)이 유치장에 잠시 쉬러 들어가는데 미리 들어온 잡범 둘이서 맛있게 설렁탕을 먹고 있다. 설렁탕은 역시 유치장에서 먹어야 제맛이라고 시시덕거리며 후루룩 쩝쩝 맛있게 먹고 있는데 강철중이 들어온다. "아주 전세를 냈구나, 전세를"이라며 핀잔을 주고는 조용히 먹으라 주의를 준다. "깍두기 씹는 소리만 내봐라. 아주 그냥 죽여버릴 테니"라는 말에 두 잡범은 조용히 먹으려다 거의 체하는 수준이 되고 만다. 설렁탕과 최고의 궁합은 역시 잘 익은 깍두기라는데 이견을 다는 사람은 없을 것 같다.

한국인이라면 누구나 사랑하는 설렁탕. 이제는 누구나 편하게 먹을 수 있는 음식이지만 옛날에는 가격이 만만찮은 음식이었을 것이다. 2012년 농림수산부와 한식재단이 공동으로『한국인이 사랑하는 오래된 한식당 100선』이라는 책을 펴냈는데, 한국에서 가장 오래된 설렁탕집이 서울에 있는 '이문설 농탕'이라는 내용이 있었다. 지금 헤아려 보면 116년이나 된 집이다. 우리에게도 100년 넘게 하나의 상호로 영업을 한 식당이 있다고 하니 감회가 새롭기도 한데 아쉽게도 몇 년 전에 재개발로 자리를 부근으로 옮겼다. 나도 그 오래된 건물에 들러 맛있게 먹었던 추억이 있다.

그런데 이 집이 채만식의 소설에 나온다. 그것도 1939년에 쓴 소설에 나오니 그 집에서 설렁탕을 먹어본 사람으로서는 감회가 새롭지 않을 수가 없다. 1939년, 그러니까 지금으로부터 거의 80년 전에 사람들은 설렁탕을 어떻게 먹었을까? 요새 먹는 거 하고 뭐가 달랐을까? 파는 넣었을까? 고춧가루는? 후추는? 그리고 가격은 얼마나 했을까? 참 궁금한 게 많은데 이 소설에 그 답이 나온다.

우선 요즘 설렁탕 먹는 법을 한번 짚어 보자. 사람마다 취향에 따라 넣는 양은 다르겠지만, 대개 탕이 도착하면 파 넣고 고춧가루 넣고 소금 넣고 후추 넣고 잘 저어서 먹는다. 여기에서 크게 벗어나지 않을 것이다. 술이나 먹은 뒤면 좀 얼큰하게 먹어 속을 풀어야지 하고, 고춧가루 한 숟갈 듬뿍 넣고, 파 두 숟갈 넣고, 소금은 반 숟갈 정도 넣어 간을 한 다음에 후추를 골고루 쳐서 국물을 후루룩 들이켜면 '어~시원하다' 하는 말이 저절로 나오지 않을까?

고단백이라 숙취에도 좋다고 하고, 또 평상시에도 소화가 잘되어 위장에도 부담이 없고 하니까, 점심 메뉴로 그리고 부지런한 직장인의 아침 메뉴로, 야근하는 직장인의 저녁 메뉴로 남녀노소 모두의 사랑을 받는 설렁탕이야말로 한국인이 자랑할 수 있는 메뉴에 반드시 들어가야 할 '보물'과 같은 음식이라 하겠다. 세계에 자랑할 수 있는 김치는 단독으로 먹을 수 있는 메뉴가 아니니까, 한 그릇 음식으로 한국의 자랑거리를 내놓으라면 나는 서슴없이 설렁탕을 들 것 같다. 아까도 얘기했듯이 사골에서 우려낸 뽀얀 국물의 감칠맛과 적당히 들어간 수육, 거기에 만 밥은 단백질과 탄수화물의 밸런스를 맞추고 파와 양념 그리고 깍두기는 적당한 염분과 각종 미네랄, 비타민을 더해 준다. 실제로 환자가 아프면 설렁탕을 찾는 건 몸에 부담이 없으면서 영양을 공급해 주는 완전식품에 가까워 그런 것이다. '우리가 어떤 민족입니까'라는 배달업체의 광고가 있는데, 나는 '우리는 설렁탕의 민족'이라고 답하고 싶을 때가 있다.

다시 본론으로 돌아가 1939년에는 어떻게 먹었을까? 눈치채신 독자도 있을 것 같은데 바로 앞에서 얘기한 것이 1939년 방식을 그대로 베껴 놓은 거다. 근대문학이 시작한 이래 한국이 낳은 최고의 작가 백릉 채만식의 「금金의 정열」의 한 대목이다. 채만식은 단편 「레디메이드 인생」, 중편 「태평천하」, 장편 「탁류」, 이렇게 단, 중, 장편 걸작 세 편이 우리에게 널리 알려져 있지만 그 외에도 주옥같은 작품을 많이 남겼다. 그의 1939년 작품인 「금의 정열」에 주인공이 간밤에 술을 많이 먹고 아침 해장하러 설렁탕 먹으러 가는 대목이 나온다. 아래가 인용한 원문이다.

상문은 우랑과 혀밑을 곁들인 30전짜리 맛보기에다가 고춧가루를 한 숟갈 듬뿍, 파 양념은 두 숟갈, 소금은 반 숟갈, 후추까지 골고루 쳐가지고는 휘휘 저어서, 우선 국물을 걸쭉하니 후루루후루루…

주인공 상문은 금광으로 돈을 번 신흥 부르주아 계급인데, 앞의 글은 간밤에 술을 많이 먹고는 아침에 해장을 하러 설렁탕집을 찾아가서 먹는 대목이다. 그는 뷰익 세단을 타고 가서 기사를 보내고 혼자 골목 안으로 설렁탕집을 찾아 들어간다. 잠을 자는 곳은 조선 호텔 맞은편의 B 호텔이라고 되어 있는데 아마 없어진 반도 호텔이라고 짐작된다.

소설 속의 B 호텔은 하룻밤 자는데 20원이
다. 요즘 물가로 환산하면 20만 원에서 50만 원 정도가 될 것이다.
그러면 30전짜리 설렁탕은 요즘 돈으로 3,000원에서 7,000원 정도
가 된다고 보는 게 맞을 것이다. 식대, 교육비, 교통비, 월급 이런 게
다 지금하고 비례가 안 맞아서 정확하게는 비교가 안 되지만 당시
냉면이 10전에서 15전 했다는 기록이 있으니, 설렁탕값은 냉면의
두 배가 넘는다. 요즘으로 치면 냉면 7,000원에 설렁탕 15,000원쯤
이 아니었나 싶다. 그런데 이 설렁탕이 꽤나 인기가 있었나 보다.
아래도 그대로 인용한 원문이다.

그렇거나 말거나 손님은 상하 없이 구름처럼 모여들고 심지어 하룻
밤 20원의 실료를 무는 호텔 손님까지도 새벽부터 자동차를 몰고 찾
아오니 이대도록 백성들의 사랑을 받는다면야 설렁탕이 국보로 지
정이 도리 위험이…

이렇게 작가 말 그대로 상하 구분 없이 손님들이 구름처럼 모
여들 정도로 사랑을 받는데, 선생은 왜 설렁탕이 국보로 지정될까
걱정된다고 썼을까? 물론 과장법에 반어적인 표현도 있지만 사실
다른 이유가 있었다. 작가는 설렁탕집의 위생 상태에 대단히 불만
을 가지고 있었다.

일본 도쿄의 와세다 대학에 유학을 한 바 있는 채만식은 당시 일본 문물을 접했던 다른 조선 유학생들처럼 고국을 잃은 설움에 더하여 개화된 일본, 낙후한 조선의 대비되는 모습에 낙담하고 좌절했던 것 같다. 여러 작품에서 조선을 비하하고 일본을 찬양하는 캐릭터를 만들어 냈고, 또 그런 캐릭터를 경멸하고 우습게 보는 캐릭터(대개 화자이거나 주인공)를 만들어 대비시키곤 했다. 명단편 「치숙」도 그 한 예다. 소설에서 위생 문제를 다룬 대목은 이렇다.

진실로, 그 맛에 있어서 천하일품인 설렁탕으로부터 '불결' 한 가지만 제거를 시켜버리는 '영웅'이 난다고 하면 그에게는 제주도 한 개쯤 떼어주어도 오히려 아깝지 않을 만큼 그 공이 크다고 할 것이다.

사실 그 설렁탕집의 불결한 위생 상태는 아주 자세하게 묘사되어 있는데 작가의 뛰어난 필치가 유감없이 발휘되어 해학 속에 뼈아픈 지적이 녹아있다. 오래된 이야기인데 나는 이 「금의 정열」을 창작과 비평사에서 채만식 전집이 나오자마자 사서 읽었는데 읽고는 진짜로 울었다. 중학교 들어가서 「태평천하」를 읽은 뒤 선생의 영원한 골수팬이 되었는데, 말년에 병마와 싸우고 가난과 싸우느라 고생고생하다가 오십도 못 넘기신 선생께서 '깨끗해진 설렁탕집'에서 설렁탕 한 그릇 못 잡숫고 돌아가신 게 안타까워서 울었다. 지금 전국의 설렁탕집은 옛날에 비하여 얼마나 깨끗해졌나. 전북 군산 임피에 있는 선생의 묘소에 찾아가 영전에 '선생님, 설렁탕은 지금도 맛이나 먹는 법까지 여전하구요. 근데 엄청 깨끗해져서요. 일본에 있는 일본식당이나 우리나라 식당이나 깔끔하기가 똑같아요.' 이렇게 고하고 싶은 마음은 여전한데 아직도 시간이 없다는 핑계로 참배를 못 가고 있다.

설렁탕 말고도 채만식의 작품에는 당시 풍물이 아주 자세하게 묘사된 대목이 많이 있다. 「태평천하」에 탕수육과 우동 시켜 먹는 얘기, 백화점 그릴에서 양식 런치 먹는 얘기, 「탁류」에 온천 가서 맥주 마시고 밥 먹는 얘기, 「금의 정열」에 일본 사케 쇼치쿠바이松竹梅가 소주 등 다른 술보다 세 배나 비싸단 얘기, 남자 둘이랑 여자 하나 이렇게 셋이서 생맥주 두 개에 아이스크림 하나 시켜놓고는, 맥주가 나오니까 '맥주는 청량음료니까 마셔보라'고 작업(?)하는 얘기 등 대단히 즐겁게 시간여행을 즐길 수 있는 작품이 많다.

──────── **구수한 우리의 음식, 설렁탕이여**

설렁탕이 대중의 사랑을 받다 보니 그 기원과 어원에 대한 이야기가 분분하다. 한때 가장 그럴듯하게 인정을 받았던 설은 조선 시대 임금이 선농단에서 소를 잡아 풍년을 기원하는 제를 지내고 제물로 바친 소로 탕을 끓여 모두가 나눠 먹었고 그걸 선농탕이라고 불렀는데 나중에 설렁탕이 되었다는 이야기다. 눈같이 뽀얗고 진해서 설농탕雪濃湯이라 부른다는 새로운 해석을 붙여 놓은 설렁탕 전문점도 있다.

음식에 그럴듯한 스토리텔링이 붙으면 더욱 친근감이 가는 건 인지상정이다. 임금이 제를 올린 뒤 여러 명과 나눠 먹기 위해 끓여서 나온 국물 음식, 평등과 호혜 정신이 깃든 미담이라 그럴듯한데 유감스럽게도 이를 뒷받침하는 근거는 없다. 그것보다는 몽골에 고기와 뼈를 푹푹 고아 나온 만든 음식이 있는데 이게 발음상 '설렁'에 가깝다. 소는 농업에 사용되는 귀중한 동물이었기에 조선 시대에 법으로 도축을 금하고 식용을 금하였지만 남몰래 많이 잡아먹었다는 기록이 있다. 병들거나 다친 소는 어쩔 수 없이 먹어도 된다고 허락을 했기에 고을마다 잔치가 있으면 소를 일부러 다치게 해서 잡아먹었다는 이야기도 있다. 살코기는 구워 먹어도 맛있고 국을 끓여 먹어도 맛있으니 더할 나위가 없었을 것이다. 하지만 뼈는 푹푹 우려내어 먹기 전에는 섭취할 방법이 없는 부위다. 내장과 함께 푹 고았다고 해서 '곤 국'으로, 다시 '곰국'으로 변해 곰탕이 되었고 설렁탕이 되었다고 하니 설렁탕이야말로 소를 가장 효율적으로 소비하고 섭취하는 지혜의 산물이라 하겠다. 옛말에 '닭 잡아 먹은 자리는 나도 소 잡아 먹은 자리는 없다'라는 말도 있지 않은가.

이런 설렁탕이 등장하여 주인공의 어려운 처지를 더 극명하게 드러내 주는 작품이 또 하나 있으니 유현목 감독의 〈오발탄〉이다. 이범선의 대표 단편 「오발탄」을 원작으로 했는데 당시의 시대상을 충실하게 그린 한국 영화사에 길이 남을 명작이다. 시대는 한국전쟁이 끝난 지 얼마 되지 않은 1950년대 중반이다. 주인공은 조그만 회사의 경리직을 맡아 생계를 꾸려 가고 있다. 인텔리의 자존심으로 세월과 타협하지 못하는 자신의 무능을 자책하며 나날을 보내고 있다. 미술학도였던 아내는 젊은 날의 미모를 잃고 힘든 생활고에 시달린다. 치매에 걸린 노모는 아무것도 모르고 "가자"라는 말만 외친다. 북에 두고 온 고향으로 돌아가자는 이야기인데 휴전선이 가로막고 있지만 이런 건 알 리가 없다. 범죄를 저지르며 앞뒤 가리지 않고 사는 남동생과 미군을 상대로 윤락을 하는 양색시가 된 여동생이 있는 주인공의 가정은 전후 어렵게 살아가는 많은 한국인들의 저변과 뒤틀린 세태를 보여 주는 알레고리라고 해도 되겠다.

〈오발탄〉의 클라이맥스는 주인공 철호(김진규)에게 화불단행이라고 여러 액운이 동시에 겹치는 장면이다. 아내는 출산을 하다가 병원에서 숨을 거둔다. 남동생은 강도를 하다가 잡혀서 경찰서에서 연락이 온다. 어디로 가서 무엇부터 손을 써야 할지 모르는 주인공은 무슨 생각에서인지 평소에 뽑지 않고 끙끙 앓던 어금니를 의사의 경고를 무시하고 한번에 다 뽑아 버린다. 영화는 원작을 충실하게 따라가며 묘사를 했기에 간결하게 서술한 소설 대목을 인용한다.

한쪽 어금니를 마저 빼었다. 이번에는 두 볼에다 다 밤알만큼씩 한 솜 덩어리를 물고 나왔다. 입 안이 찝찔했다. 간간이 길가에 나서서 피를 뱉었다. 그때마다 시뻘건 선지피가 간 덩어리처럼 엉겨서 나왔다.

남대문을 오른쪽에 끼고 돌아서 서울역이 보이는 데까지 왔을 때 으스스 몸이 한번 떨렸다. 머리가 횡하니 비어버린 것 같다고 생각했다. 바로 그때에 번쩍 거리에 전등이 들어왔다. 눈앞이 한 번 환해졌다. 그런데 다음 순간에는 어쩌 된 셈인지 좀 전에 전등이 켜지기 전보다 더 거리가 어두워졌다. 철호는 눈을 한번 꾹 감았다. 다시 떴다. 그래도 매한가지였다. 이건 뱃속이 비어서 그렇다고 철호는 생각했다. 그는 새삼스레, 점심도 저녁도 안 먹은 자기를 깨달았다. 뭐든가 좀 먹어야겠다고 생각했다. 구수한 설렁탕 생각이 났다. 입안에 군침이 하나 가득히 괴었다. 그는 어느 전주 밑에 가서 쭈그리고 앉아서 침을 뱉었다. 그런데 그건 침이 아니라 진한 피였다. 그는 다시 일어섰다. 또 한 번 오한이 전신을 간질이고 지나갔다. 다리가 약간 떨리는 것 같았다. 그는 속히 음식점을 찾아내어야겠다고 생각하며 서울역 쪽으로 허청허청 걸었다.
"설렁탕."

무슨 약 이름이기나 한 것처럼 한마디 일러놓고는 그는 식탁 위에 엎드려버렸다. 또 입 안으로 하나 찝찔한 물이 괴었다. 철호는 머리를 들었다. 음식점 안을 한 바퀴 휘 둘러보았다. 머리가 아찔했다. 그는 일어섰다. 그리고 문밖으로 급히 걸어 나갔다. 음식점 옆 골목에 있는 시궁창에 가서 쭈그리고 앉았다. 울컥하고 입안엣 것을 뱉았다.

다소 길게 인용을 한 것은 이 작품에서 설렁탕이 차지하는 의미가 얼마나 중요한지를 드러내고 싶어서다. 마지막 대목이 암시하듯이 주인공 철호는 회한의 삶을 이대로 마감할지도 모른다. 그가 살아서 마지막으로 먹고 싶어 했던 설렁탕 한 그릇을 시켜 놓고 입에 대지도 못한 채 말이다. 그를 무겁게 내리 짓누르던 생활의 중압 속에서 마지막으로 그에게 식욕을 불러일으킨 것은 한 그릇 설렁탕이었다는 데에서 읽는 이의 가슴은 더욱더 아플 수밖에 없다. 이 영화는 영상자료원에서 복원하여 무료로 볼 수 있도록 인터넷에 공개하였다. 당시의 서울 거리, 대중 식당 등을 보는 맛도 쏠쏠하다.

────────── **우리는 설렁탕을 먹는 민족입니다.**

이렇게 짧다면 짧고 길다면 긴 세월 동안 한국인과 고락을 같이해 온 설렁탕은 이제 김밥에 라면, 오므라이스와 돈가스를 함께 파는 분식점에서도 내는 메뉴가 되었다. 커다란 가마솥에 밤새 고지 않아도 되는 편한 방법이 생겼기 때문이다. 외국에서 압력솥으로 값싸게 추출한 '사골 엑기스(농축액)'를 수입해다가 물만 붓고 희석하면 되는 노하우가 생긴 것이다. 고소한 맛을 내느라 땅콩버터를 넣네, 분유나 커피 프림을 넣네 여러 이야기가 도는데 전문점 설렁탕은 비싼 만큼 그 맛을 하니 골라서 먹으면 될 일이다.

맛있는 설렁탕의 어원에 대해서는 좀 더 연구를 한 뒤에 기회가 있을 때 다시 다뤄보고 싶다. 그때까지는 그냥 기회 될 때마다 구수하고 감칠맛 넘치는 설렁탕을 파 듬뿍 후추 듬뿍 넣어 잘 익은 깍두기와 함께 즐기는 설렁탕 마니아로 맛을 즐겨야겠다.

화려하지만 고독한
왕의 수라상

〈광해〉와 왕의 음식

볼 때마다 느끼는 것이지만 배우 이병헌은 참 연기를 잘한다. 멜로에서 액션까지 뭘 해도 역할을 잘 소화해 그만이 할 수 있는 캐릭터를 만들어 낸다. 게다가 목소리까지 좋으니 요새 표현을 빌자면 전생에 어디서 나라 하나는 구했지 싶다. 영화 〈광해〉에서 이병헌은 광해군과 그가 몸져누웠을 때 등장한 대역의 1인 2역을 맡아 명연기를 펼친다.

〈광해〉에서 인상적인 장면 가운데 하나는 기방에서 만담이나 늘어놓던 시정잡배 하선(이병헌)이 왕이 되어 처음으로 수라상을 받은 모습이다. 그는 진짜 왕이 아니므로 너무 품위 있게 먹어서는 안 되는 설정이다. 하지만 지나치게 상스럽게 먹으면 그것도 오버일 텐데 시장기가 도는 사람이 진수성찬을 대했는데 지켜보는 시선이 많은 만큼 딱 적당히 맛있게 먹는다. 사실 이렇게 먹기가 쉽지가 않다.

TV에서 보기 힘든 맛있게 먹는 먹방

평소에 느낀 점을 솔직하게 한마디하고 넘어가자면, 우리나라 TV에 먹는 장면이 나오면 눈살이 찌푸려지는 경우가 많다. 너무나 지저분하게 먹는 연기자들이 많아서다. 영화나 드라마에서 설정상 게걸스럽게 먹어야 하는 것이라면 이해가 가는데 재벌 회장네 밥상머리에서도 쩝쩝거리고 점잖아야 할 집에서도 꾸역꾸역 퍼먹는 장면이 자주 보인다. 요즘 유행인 '먹방' 프로그램을 보아도 만드는 이들이 '맛있게 먹는' 것과 '게걸스럽게 먹는' 걸 구별 못하지 않나 우려될 때가 많다. 그걸 보고 자라는 아이들을 위해서라도 좀 품격 있게 먹는 이들도 출연시켜야 하지 않을까 생각도 든다. 배우 이병헌하고는 식사를 여러 번 함께 했는데 그는 실생활에서도 품격 있게 식사를 하는 사람이다.

영화 〈광해〉 이야기로 돌아가자. 광해의 대역을 맡은 하선이 수라상을 받는 장면이 나왔을 때 그 상차림새가 꽤 인상적이었다. 대단히 성의를 들여 재현한 궁중의 수라상이라는 걸 금세 알 수가 있었다. 요즈음은 우리나라 영화도 고증에 신경을 많이 써서 옛날처럼 임금님이 드시는 밥상 하면 무조건 상다리가 휘어지도록 산해진미를 쌓아 놓는 풍경은 보이지 않지만, 이 영화는 식기부터 수저를 놓은 모습까지 궁중음식연구원 출신 누군가의 손길이 닿은 상차림이라는 걸 한눈에 알 수 있었다. 나중에 알아보니 역시 궁중음식연구원 출신인 유현자, 서수정 모녀가 컨설팅을 하고 실제로 조리까지 했다고 한다.

──────── 많은 이들의 노력 끝에 보존된 궁중 음식

궁중음식연구원은 이 분야의 독보적인 존재로 한국 궁중음식의 재현에 커다란 공헌을 한 고故 황혜성이 창설한 기관으로 지금은 그의 딸 한복려가 대를 이어 맡고 있다. 황혜성은 숙명여대 교수로 재직하던 시절부터 조선 시대의 마지막 주방상궁 한희순을 찾아가 한씨가 별세할 때까지 수십 년에 걸쳐 궁중음식을 전수받고 이를 이론화하여 조선의 궁중음식이 국가 무형문화재로 지정되는데 커다란 공헌을 한 사람이다. 두 사람은 1957년에 공저로『이조궁정요리통고李朝宮廷料理通攷』라는 책을 내는데 이 역시 조선 시대의 궁중 요리에 관한 소중한 자료로 남아 있다.

무릇 문화라는 게 끊임없이 변하는 것이니까 사실 엄밀하게 말하자면 주방 상궁 한희순이 전수한 수라상은 조선 시대 말기 고종과 순종 때의 것이라는 게 더 정확한 표현일 것이다. 하지만 조선

중기 광해군 시절이나 세종 시절의 수라상은 문헌으로 남아 있는 것이 없으니 지금에 와서 알 길이 없다. 그나마 황혜성의 노력이 없었다면 아무것도 남아 있는 것이 없었을지도 모를 일이다.

나는 운 좋게도 황혜성 선생이 살아 계실 때 몇 번 만나 뵙고 궁중음식에 대한 그의 소견도 직접 들어볼 기회가 있었다. 한 번은 남산 국립극장에 있던 한정식 식당 지화자에서 2000년 평양 남북 정상 회담 당시 우리측에서 재료를 가져가 마련했던 만찬 메뉴를 재현한 코스 요리를 먹으며 선생의 설명을 듣기도 하였다. 지화자는 선생과 그의 따님들이 운영하던 식당으로 궁중요리를 재현한 메뉴를 맛볼 수 있던 곳이었는데 지금은 다른 곳으로 이전하여 영업을 하는 것으로 알고 있다.

―――― 전국의 팔도진미가 한 상 가득

수라상에는 팔도진미가 올라오는데 요리의 가짓수와 양에서 절대 혼자 다 먹을 수가 없는 양이다. 황혜성 선생에 따르면 이는 임금이 식탐을 하여 그런 것이 아니라 팔도의 백성들이 무얼 먹고 사는가 임금이 알 수 있도록 각 지방의 특산품을 진상한 것이고 임금은 이를 맛보며 백성들이 사는 모습을 헤아린다는 뜻이 바탕에 깔려있다고 한다. 물론 백성들이 임금님이 자시는 수라상에 올린 귀한 것들을 일상에 먹고 살 수는 없을 터이니 하나의 상징으로 보는 것이 타당할 것이다. 연민과 배려가 있는 임금이었으면 자신은 이렇게 맛난 것을 먹지만 백성들은 배를 곯지는 않는지 걱정을 할 터이고, 그렇지 않은 심성의 소유자였으면 뭘 대령하여도 혼자 생각 없이 우걱우걱 먹었을 터이니 백성들은 그저 어진 임금이 나기를 바랄 뿐 다른 방도는 없었을 것도 같다.

영화 〈광해〉에서도 보이는데 수라상에는 수저가 두 벌 올랐다. 숟가락 하나는 국물이 맑은 음식을 떠먹는 용으로, 다른 하나는 조치 같은 진한 국물의 음식을 떠먹는 용도라고 했다. 조치란 요새 찌개 같은 것을 일컫는 말인데 황혜성 선생의 설명에 따르면 찌개는 조치, 깍두기는 송송이 이런 식으로 불러서 궁중에서는 음식 이름에서 된소리가 나는 걸 피했다고 한다. 물론 갈비를 가리로 부르는 등 같은 음식이라도 일반 이름과 다른 명칭으로 사용하는 경우도 많았다고 한다.

'수라'라는 말의 어원에 대해서는 여러 이론이 있는데 몽골어의 슐라에서 왔다는 설이 나름 설득력이 있다. 수라라는 단어가 임금이 받는 음식상이라는 완성형이어서 '수라상'이라는 단어는 적합하지 않다는 이야기도 있으나, 여기서는 수라를 올린 상차림을 이르는 말로 그대로 사용하기로 한다. 아무튼 앞에서 밝혔듯이 수라상 차림에 오른 음식의 양은 한 사람이 먹기에는 대단히 많은 양이다. 여기서 등장하는 게 대궁밥이다. 지금은 사어가 되었지만 옛날에는 먹다 남은 밥과 요리를 '대궁'이라고 불렀다. 불과 몇십 년 전에 쓰여진 소설만 해도 곧잘 대궁, 대궁밥 등의 표현이 나온다. 옛날 궁궐에서는 임금이 음식을 먹다 남기면 그 밑 신분의 사람에게 대궁으로 물렸고 이를 대궁물림이라고 했다. 대궁물림은 음식을 낭비하지 않는다는 의도 외에도 공동체 의식을 강화하고 공동체 내의 서열을 재확인한다는 의미도 담긴 의식이었을 것이다. 〈광해〉에서는 대궁과 관련하여, 광해군의 대역이 된 하선이 수라상에 남은 음식을 상궁 나인들이 먹는다는 사실을 알고는 팥죽만 먹고 나머지 음식을 일부러 남기는 장면이 나온다.

———————— **차마 수라에 독을 넣을 수 없었던 상궁**

〈광해〉에서 어린 상궁으로 나온 사월(심은경)은 왕의 따스한 마음을 헤아리고는 수라에 차마 독을 넣지 못하고 스스로 삼켜 왕 대신 죽음을 택한다. 동서고금을 막론하고 위정자는 늘 목숨을 위협받았다. 그래서 무장한 호위 세력의 보호를 받는 게 일상이었는데 권력이 막강할수록 경호는 더욱 삼엄하였다. 그러다 보니 무력을 사용하는 대신 음식에 독을 넣으려는 시도가 끊이지 않았다. 누구든 하루 세 번은 음식을 입에 넣어야 하기에 더욱 그렇다. 고대 페르시아에서는 왕을 독살하고 후계자로 즉위한 뒤 또 자신도 측근에게 독살을 당하는 사건이 연이어 있었고, 중국에서도 음식을 통한 독살 사건은 궁정에서 자주 일어났다. 성공한 암살은 역사에 남지 않는다고 했다. 말 그대로 '어둠' 속에서 일어난 '살해' 사건이기 때문이다. 나는 중국 역사와 한국사에서 천수를 다하지 못한 위정자의 죽음에는 드러나지 않은 독살이 꽤 있었을 거라고 믿고 있다. 조선 말기 고종은 남의 나라 공관에 몸을 기탁하여 안전을 도모해야 하는 굴욕적인 경험을 했다. 아관파천이 그것이다. 그는 그 이후에 독살을 두려워하여 외제 캔푸드만 먹었고 계란만 찾던 시절이 있었다. 캔은 본인이 보는 앞에서 따고 계란도 본인이 보는 앞에서 깬 것이라야 먹었다는 이야기가 전해진다.

일본도 예외는 아니어서 쇼군 같은 경우에는 누군가가 먼저 늘 입에 대어서 안전이 확인된 음식의 경우에만 먹었다고 하는데 일본어에는 도쿠미毒味라는 말이 지금도 남아있다. 독이 들어 있나 여부를 맛본다는 뜻이다.

옛날에 로마 황제는 기미氣味 역으로 대대로 노예를 사용했다. 우리말로 하자면 기미 노예인 셈이다. 대개 수명이 짧았다고 전해지니 위험한 직업이라 하겠다. 물론 원해서 선택한 직업은 아니었겠지만. 클라우디우스 황제에게는 할로투스라는 기미 신하가 있었는데 클라우디우스는 독살을 당했다. 그리고 후임으로 네로 황제가 지위를 잇는데 할로투스는 멀쩡히 살아남아 네로 황제의 기미 역할도 한다. 그가 독살에 관여했다고 의심받는 이유이기도 하다. 누군가를 살릴 수 있는 위치에 있는 사람은 그 반대의 행동도 할 수 있다는 사실을 상기시켜주는 일화이기도 하다. 〈광해〉에서

심은경은 반대로 행동하여 왕의 목숨을 구하지만.

이집트 역사에는 술탄의 기미에서 출세하여 장군이 되고 끝내는 자신이 술탄이 된 예도 있으니 13세기 이즈 알딘 아이바크가 그 당사자다. 잘못하면 남을 노린 독을 먹고 죽을 수도 있는 직업에서 아주 드물게 출세의 정점까지 간 경우라 하겠다. 권력이 강할수록 노리는 사람도 많은 건 자연스러운 이치로, 히틀러가 그랬고 소비에트 시절 독재자 스탈린도 그러하여 기미를 하는 부하가 여럿 있었다.

러시아의 대통령 블라디미르 푸틴에게도 경호팀 내에 기미를 맡은 사람이 있다. 태권도, 유도, 주짓수, 쿵푸 합해서 몇십 단쯤 됨직한 사내가 매끼 이 요리 저 요리 조금씩 떠서 오물오물 맛보는 모습을 상상해보면 재미가 있다. 나라마다 누가 언제 최고지도자의 음식을 맛보는지는 기밀에 해당하겠지만, 당연히 어느 나라든 음식의 안전을 위해 신경을 쓸 것이다. 비단 독재자만 유별을 떠는 게 아니라 어느 나라든 국가 원수의 안위를 위하여 제일 신경을 써야 하는 것이 하루 세끼 먹어야 하는 식사의 안전일 것이다.

예전 임금님이나 황제의 수라상에 해당하는 것이 오늘날 각국 대통령이나 수상의 식탁이다. 아무리 진수성찬이라도 매일 먹으면 물리는 것이 당연한 이치라서 가끔씩 평소 먹던 소박한 음식을 먹기도 하는데, 트럼프 미국 대통령이 햄버거를 좋아한다는 소식이나 오바마 대통령이 뉴욕 할렘으로 가서 프라이드치킨을 먹는 모습 등은 선거운동과 연계하여 이미지 메이킹과도 잘 맞는다. 우

리나라 대통령 후보가 재래시장을 방문하여 어묵꼬치를 먹는 것
은 이제 식상하여 오히려 마이너스가 되지 않을까 싶을 정도다.
김영삼 대통령이 재직 시절 청와대에서 점심은 지겹도록 칼국수
만 먹어서 초대받은 이들이 미리 뭔가 먹고 가거나 나와서 뭔가를
또 먹었다는 이야기도 있다.

──────── **남북 정상 회담의 '수라' 메뉴**

최근 들어 가장 화제가 된 '수라' 메뉴는
2018년 남북 정상회담 때의 상차림과 같은 해 싱가포르에서 있었
던 최초의 북미 정상회담 메뉴였다고 기억한다. 그리고 문재인 대
통령이 평양을 방문했을 때 북측에서 내놓은 메뉴도 관심거리였
다. 실제로 외국에서는 외국의 수뇌가 국빈으로 방문을 하여 만찬
을 가지면 그 메뉴를 자세하게 공개하고 곁들이는 와인까지 다 공
개를 하는 게 상례가 되어 있다. 그리고 그걸 그대로 재현해서 판
매하는 레스토랑도 있다.

잠깐 앞에서 소개한 역사적인 회담에 나온 메뉴를 들여다보기
로 하자. 우선 2018년 4월 27일 판문점에서 가졌던 1차 남북 정상
회담을 보자. 사전에 발표한 청와대의 상세한 설명을 보면 꽤나
신경을 쓴 것 같기는 하다. 우선 작곡가 윤이상의 고향 '남해 통영
바다의 문어로 만든 냉채'. 저온 조리로 부드러운 식감을 살리고

고흥 유자 간장으로 산뜻하게 버무렸다는 설명이다. 그리고 '스위스식 감자전'은 김정은 위원장이 유년 시절을 보낸 스위스의 뢰스티를 우리 식으로 만들었다고 하는데 그만큼 상대방을 배려했다고 볼 수 있다. 그리고 김대중 대통령의 고향인 신안 가거도의 민어와 해삼초, 소고기, 숙주 등으로 만두소를 만들어 넣은 민어해삼편수, 문재인 대통령이 유년 시절을 보낸 부산의 달고기로 만든 달고기구이, 정주영 회장이 소 떼를 몰고 올라가 유명해진 서산 목장의 한우구이가 들어갔다. 그리고 비빔밥은 노무현 대통령의 고향 봉하마을에서 오리 농법으로 농사지은 쌀로 만들었다는 설명이다.

설명은 좋은데 전반적으로 남북교류와 관계가 있는 인물들의 고향의 산물을 집어넣어 스토리텔링을 하려다 보니 정작 원산지만큼이나 요리법, 맛에 대해서는 신경을 덜 쓴 것이 아닌가 하는 생각도 지울 수가 없다. '민족의 화합과 대결의 종식'이라는 커다란 명제 앞에서 한 끼 음식의 맛이 어떻고 저떻고 하면 괜스레 딴지를 거는 것 같은 생각도 들지만, 나는 일단 음식은 맛이 좋아야 한다고 믿고 있다. 디저트로 망고무스를 내면서 '추운 겨울 동토를 뚫고 돋아나는 기운을 형상화한 디저트로 단단한 껍질을 직접 깨뜨려 남북이 하나됨을 상징한다'고 했는데 너무 이런저런 의미를 두려다 도리어 전체 구성에 지장이 오지 않을까 하는 생각도 들었다. 물론 이것도 맛에 중점에 둔 관점에서의 기우이긴 하지만. 이날 만찬의 초점은 평양 옥류관의 냉면에 모아졌다. 남북의 인사들이 판문각까지 조리사들이 와서 뽑은 냉면을 후루룩후루룩 먹는 모습은 많은 국민들의 시선을 모으기에 충분한 장면이었다. 그 다음날부터 서울의 냉면집에는 많은 행렬이 늘어섰던 기억이 난다. 위에 준비한 음식들을 다 먹고 나서도 과연 냉면이 맛이 있었을까 궁금했다. 냉면이 들어갈 배를 남기기 위하여 미리 나온 음식을 남겼거나 배가 불러서 냉면을 못 먹었거나 둘 중 하나였다면 이는 완벽한 성공이라고 할 수가 없다. 전체를 조망하는 메뉴 구성이 중요함이 떠오르는 대목이기도 하다.

──────── 싱가포르 북미 정상 회담의 '수라' 메뉴

2018년 6월 12일에는 전 세계의 이목을 집중시킨 북미 정상 회담이 싱가포르 센토사 리조트의 카펠라 호텔에서 열렸다. 북미 정상 회담에서의 식사는 정식 만찬이라기보다는 시간적으로도 비즈니스 런천에 가까운 식사라서 그 메뉴가 냉면만큼 크게 관심을 끌지는 못했던 것 같은데 나는 대단히 흥미롭게 지켜봤다. 미국과 북한의 두 정상이 제3국에서 만나 먹는 밥은 메뉴가 어떻게 구성되었을까 무척 궁금했다. 발표된 메뉴는 의전을 담당하는 양국의 실무진이 현지에 미리 나가서 조율을 했으니 두 정상의 기호도 반영을 한 것 같고 대접하는 주최국의 입장도 고려한 짜임 같았다. 전반적으로 볼 때 두 정상 모두 식생활에 있어서는 보수적인 입맛의 소유자가 아닌가 하는 인상을 받았다.

애피타이저로 들어간 슈림프 칵테일은 미국의 전통적인 전채다. 케첩에 타바스코나 칠리소스, 호스래디시를 넣어 매운맛을 더하고 레몬즙으로 신맛을 낸 칵테일 소스에 삶은 새우를 차갑게 하여 찍어 먹는 음식이다. 만들기가 간단하여 샌프란시스코의 피셔먼스워프Fisherman's Wharf 등 미국 항구의 관광지에서 인기가 있는데 이게 요즘 트렌드를 따라가는 힙한 레스토랑에서는 한물간 듯한 취급을 받기도 한다. 좋게 얘기해서 이젠 전통적인 레스토랑에서나 내는 메뉴라는 말이다. 우리나라에서 양념불고기가 생등심이나 꽃등심에 밀려나는 것과 비슷하다고 하겠다. 그리고 망고케라부 샐러드는 말레이 음식이니까 싱가포르의 특색을 살린 전채인데 주최 측의 음식으로 들어간 것으로 보인다. 오이선膳은 여러 나라 다니며 이것저것 먹어보며 지냈는데 등잔 밑이 어둡다고 나도 정작 오이선은 먹어볼 기회가 없었다. 북한 측을 배려한 음식이라고 하겠다.

이상이 전채고 다음은 메인이다. 쇼트립콩피short rib confit는 미국 쪽을 고려한 메뉴 같은데 사실 이게 뭉근하게 조린 우리나라 갈비찜하고 비슷하다면 비슷하다 하겠다. 회담에서 오는 스트레스만 없었다면 북한 대표단도 맛있게 먹었을 것 같다. 우리나라는 직화가 아니면 물에 삶아 익히는 경우가 많은 반면, 뜨거운 공기를 이용하는 오븐 요리가 없어 거기에서 나오는 식감과 맛을 한국요리에서 찾아보기 힘든데 그래도 갈비 콩피는 북측 사람들의 입맛에도 맞을 것 같다. 북쪽을 고려한 메뉴인 대구 조림은 대구가 비리지 않은 데다 기름기도 별로 없어서 누구나 먹기 좋았을 것이다. 무를 밑에 깔고 간장 양념으로 조렸을 듯한데 밥반찬이 아니라 홀로서기를 해야 하는 요리였다면 그만큼 싱겁게 간을 했을 것이다.

메인 하나 건너뛰고 디저트를 들여다 보자. 하겐다즈 아이스크림이라고 못을 박았다. 호텔에서 내면서 특정 브랜드를 앞세우는 건 드문 경우다. 하겐다즈는 미국 브랜드다. 미국 상품을 세계로 세일즈하겠다는 트럼프 대통령의 의지를 반영한 거라고 확신한다.

가장 하고 싶은 이야기는 바로 볶음밥이다. 메인 메뉴에 갈비와 대구 요리 말고 Sweet and Sour Crispy Pork with Yangzhou Fried Rice and Homemade XO Chilli Sauce가 들어 있다. 간단하게 풀면 '탕수육에 볶음밥 그리고 고추장'이라는 얘기다. 물론 칠리소스와 고추장은 다르다. 요즘 미국에서 인기 있는 스리라차 소스도 칠리소스의 한 종류다. 매운맛에서 고추장이 은근하다면 칠리소스는 칼칼하다. 다만 음식에 매운맛을 더해준다는 기능에서는 일맥상통한다. 해외 여행을 하는 한국 사람들이 서양식 기내식에다 튜브 고추장을 더해 먹으며 느끼한 맛을 눌러주듯이 중국 요리 볶음밥에 칠리소스를 얹어 먹는 사람은 중국에도 많다. 이 메뉴로 식사를 한 북미 대표단 가운데 몇 명이 칠리소스를 볶음밥에 발라 먹었을까 궁금하다.

전체 메뉴를 보고 나서 든 느낌은 호스트 국가 역할을 한 싱가포르의 음식과 북한·미국 두 정상을 공평하게 배려한 각자의 음식을 흐름이 좋게 배열해 균형 잡힌 상차림이라는 인상을 받았다. 이제 옛날하고 달리 일반 시민들도 마음만 먹으면 국가 정상이 먹는 음식을 찾아서 먹을 수 있는 세상이 되었다. 누군가가 독을 풀지는 않았을까 걱정을 하지 않아도 되는 일반인들이 식생활에서는 더 행복한 게 아닌가 싶기도 하다.

다시 찾아온
메밀의 전성기

〈메밀꽃 필 무렵〉과 막국수

그리고 냉면

길은 지금 긴 산허리에 걸려 있다. 밤중을 지난 무렵인지 죽은 듯이 고요한 속에서 짐승 같은 달의 숨소리가 손에 잡힐 듯이 들리며, 콩포기와 옥수수 잎새가 한층 달에 푸르게 젖었다. 산허리는 온통 메밀밭이어서 피기 시작한 꽃이 소금을 뿌린 듯이 흐뭇한 달빛에 숨이 막힐 지경이다.

이효석의 명단편 〈메밀꽃 필 무렵〉에 나오는 이 구절은 한국에서 중등교육을 받은 이라면 누구라도 익히 읽고 들어 본 대목이다. 이효석은 강원도 평창 출신이다. 평창 동계올림픽 개막식 가운데 '시간의 강'이라는 프로그램에서 아름다운 한국의 사계를 보여 주는데 여기에도 꽃이 만개한 평창 메밀밭의 전경이 나온다. 강원도가 고향인 나는 메밀밭 풍경만 나오면 파블로프의 조건반사처럼 언제나 막국수와 냉면이 먹고 싶어진다. 먹고 싶은 마음은 먹을 때까지 풀리지가 않는데, 이게 또 집에서 밥해 먹듯 만들어 먹을 수가 없는 음식이라 먹을 때까지 안절부절못하게 되니 누가 머릿속을 들여다보면 영락없는 중독자요, 금단현상이라 할 것 같다.

영상기술의 발달과 보급 덕에 현대인들은 TV가 쏟아내는 전 세계의 명승절경을 거실에 앉아서 관람한다. HD를 넘어서 UHD,

4K, 8K 등의 이름으로 초고화질의 영상 매체가 등장한 요즘은 그래서 웬만한 풍경이 아니면 감동을 받기가 쉽지 않다. 우리들이 살아가며 머릿속에 간직하고 있는 아름다운 풍경들은 실제로는 기억의 왜곡에 힘입은 것들이 많다. 그래서 힘을 발휘하는 게 애니메이션이다. 디즈니의 여러 작품에 나오는 몽환적인 배경이나 미야자키 하야오의 작품에서 사실적인듯하면서도 현실에 존재하지 않는 공간은 상상의 산물이기에 더욱 감동으로 다가와 보는 이들의 뇌리에 깊숙이 박힌다.

소금을 뿌린 듯 하얗게 펼쳐진 메밀꽃밭

한국에서도 이런 애니메이션이 나왔으면 하고 목말라하던 사람들에게 단비와도 같이 다가온 게 몇 해 전에 나온 〈메밀꽃 필 무렵〉이다. 이효석이 묘사하고 있는 '휘영청 밝은 달빛에 비친 메밀밭의 밤 풍경'을 카메라에 사실적으로 담아내기란 쉽지가 않다. '소금을 뿌린듯이' 하얗게 펼쳐져 '흐뭇한 달빛'을 반사하는 메밀꽃밭을 가로질러 가는 나귀 탄 장돌뱅이의 모습은 애니메이션이 아니었으면 이토록 서정적이고 아름답게 표현할 방법이 없다. 전반적인 완성도에서 한계가 보이기는 했지만 한국 같이 열악한 애니메이션 환경에서 그런대로 하나의 가능성을 본 것 같아 기뻤다. 그날 저녁은 영화를 함께 본 식구들과 냉면을 먹으러 갔다. 생각 같아선 막국수를 먹고 싶었지만 제대로 하는 집을 부근에서 찾기가 어려웠다. 〈메밀꽃 필 무렵〉 애니메이션을 본 날 냉면을 먹었고, 그전의 많은 우려를 불식시키듯 평창올림픽 개막식이 아주 성공리에 끝났을 때, 나는 또 며칠 뒤에 냉면을 먹었다.

그런데 몇 달 지나지 않아 한반도의 냉면 마니아들에게 경천동지할 사건이 일어났다. 2018년 4월 27일 남북한 정상이 판문점에서 만나서 냉면 프로모션을 한 것이다. 전 세계의 눈과 귀를 집중시킨 남북 정상 회담에서 비주얼의 백미는 평양 옥류관의 '랭면'을 담당 조리사들이 판문각까지 국수틀을 직접 가져와 즉석에서 뽑아 만찬에 마지막 메뉴로 공급한 것이다. 김정은 위원장의 "멀리서 왔다고 하면 안 되겠구나"라는 농담까지 더하여 만찬장에서 냉면을 먹는 분위기는 무르익어 갔다. 문재인 대통령과 김정은 위원장 등 참석자들이 후루룩후루룩 면발을 들이키는 모습이 TV 전파를 탔다. 그리고 그 다음날부터 전국의 냉면 전문점에는 점심시간부터 사람들이 행렬을 이뤄 화제가 되었다. 남북 화해와 평화 무드를 환영하고 지지한다는 국민의 뜻을 냉면 한 사발로 나타내는 사람도 있었을 것이고 맛있는 냉면 한 그릇이면 남북한 정상과 자신도 다를 바 없다는 동격화를 선언하려는 이도 있었을 것이다.

그동안 누가 문서로 합의한 것도 아니요 공식적으로 지정한 것도 아닌데 소위 말하는 '본격적인 냉면'은 월남한 실향민이 인정하는 집이라야 진짜배기라는 분위기가 오랫동안 지배하고 있었다. 전국을 커버하자면 이야기가 수습이 안 될 것 같아 서울에 한

정해 이야기해 보자. 청계천에 있는 우래옥은 불고기로도 유명한 노포지만 을지로의 남포면옥, 을지면옥 그리고 필동의 필동면옥과 장충동의 평양면옥이 진짜 본바닥 냉면이라는 평가를 받아온 점포들이다. 투명한 육수 국물은 처음 먹어보는 젊은이들 입맛에는 너무 싱겁고 밍밍하다는 평가를 듣기도 하는데, 이걸 '슴슴하다'는 말로 표현해 진정한 맛을 느끼는 사람만 아는 맛으로 격을 올려놓는 풍조도 생겨날 정도다. 을밀대, 서관면옥, 평가옥 그리고 후발 주자로 벽제갈비와 봉피양 등이 가세하여 냉면 명가로 백가쟁명의 시대를 열었는데, 이번 평양 옥류관 냉면을 보면 역사의 아이러니란 게 이래서 재미있기도 하다.

───── **북한 랭면은 정말 남한 냉면보다 맛있을까**

우선 유명한 평양냉면이란 게 일제 강점기에 상품화되어 인기를 끌기 시작한 음식인데 육수는 지금처럼 고기를 삶아 낸 것이 아니라 '아지노모토味の素'라는 조미료의 맛에 힘입은 것이었다. 뒤에 상세히 설명할 텐데 아무튼 당시 신문에는 냉면의 육수는 아지노모토가 책임진다고 자부심 당당하게 광고를 싣기도 했다. 그리고 세월은 흘렀고 조국은 분단이 되었다. 70년이 지나도록 고향을 그리워하는 남쪽의 실향민들은 냉면집에서 만두나 수육 한 접시를 시켜 놓고 술잔을 기울이며 냉면(그냥 국수라고 불러

야 진짜 애호가로 쳐준다) 한 그릇을 비우며 향수를 달랬다. '선주후면'이냐 '후주선면'이냐 하는 말도 여기서 생겨났다. 그러면서 '옛날에 먹던 그 맛'은 추억 속에서 점점 미화되어 갔기에 북쪽의 '랭면'은 기가 막힌 맛일 거라 누구도 의심치 않게 되었다. 한편 북에서는 본고장의 이점을 살려 수천 명이 동시에 먹을 수 있는 대형 식당을 운영하였고 이걸 해외 관광객들에게 세일즈 포인트로 자랑도 하였다.

김대중 대통령과 노무현 대통령도 재임 기간에 각각 평양을 방문했는데 이때 수행한 인원이 수백 명이라 해도 오천만 한국인에 비하면 아주 제한적이었기에 옥류관 랭면은 언제가 한 번은 꼭 먹어봐야 할 그러나 아직은 유니콘과 같이 잡히지 않는 아련한 존재였다. 이쯤에서 결론부터 밝히면 한국의 냉면이 북한의 랭면에 결코 뒤처지지 않는 우수한 식품이라는 사실이다. 그러니 앞으로 남북교류가 본격화되어 일반 시민들도 평양에 가서 옥류관의 랭면을 맛보게 될 때가 올 텐데 너무 큰 기대는 하지 않는 것이 좋을 것이다. 그냥 새로운 맛을 기대하며 먹으면 실패가 없을 것 같다. 곳간에서 인심 난다고 같은 음식이라면 경제적으로 여유가 있는 곳에서 더 발전하기 나름이다. 냉면도 그렇다. 일제 강점기에 합성조미료로 내던 육수를 이제 한국에서는 천연 재료로만 맛을 내기에 이른 게 그 증거이기도 하다. 북한에서는 메밀이 귀해서 밀가루 그리고 다른 곡물의 전분을 많이 섞어서 면발을 뽑는다고 한다. 물론 없는 상황에서 지혜와 경험의 집적으로 새로운 맛이 나오기도 한다. 한국도 메밀 함량이 전무에 가까운 메밀국수도 유통되고는 했는데 이제 점차 메밀의 향과 맛을 알아가는 고객들이 늘어나면서 냉면의 면발이 크게 발전을 하기 시작했다. 참으로 고무적인 소식이 아닐 수 없다.

산간 주민의 든든한 우군이 되어준 구황작물

나는 스스로를 냉면 마니아라고 자칭하지는 않지만 누군가가 메밀 마니아라고 불러준다면 부정하지 않고 기꺼이 받아들일 자세가 되어 있다. 요즈음 일반적인 냉면보다 메밀의 함량이 더 많은 막국수가 조금씩 인정을 받고, 서울에도 여기저기 전문점이 조금씩 늘어나는 것 같아 즐겁다. 내가 막국수의 고향인 강원도 출신이라서 그런 것도 있겠지만 그보다 더 중요한 이유는 다른 데 있다. 경제가 발전하고 옛날보다 살림살이가 많이 나아졌음에도 많은 사람들이 순 메밀의 진정한 향기와 맛을 모르는 채 '쫄깃한 면발'의 냉면 문화가 자리를 잡은 것 같아 안타까운 마음에서 그런 것이다.

한국의 냉면은 메밀을 주성분으로 한 평양냉면 계열과 전분으로 국수를 뽑은 함흥냉면 계열로 양분된다. 양념장의 매콤달콤한 맛으로 비벼 먹는 비빔냉면이 함흥냉면류의 특징인데 국수를 전분으로 만들어서 쫄깃한 식감의 면발도 인기를 끄는 요인이다. 이에 비해 평양냉면은 시원하고 감칠맛 나는 육수에 만 메밀국수가 그 매력인데 '주성분'이라 하기에 민망할 정도로 메밀의 함량이 낮은 국수를 쓰는 가게들이 대부분이다. 요 몇 년 메밀 함량을 높인 국수를 내는 평양냉면 전문점들이 젊은이들 사이에서도 인기를 끌기 시작한 건 다행스러운 현상이다. 한국에서 메밀 이야기를 하려면 강원도에서 시작하는 게 마땅하다.

〈메밀꽃 필 무렵〉의 무대는 봉평이다. 봉평은 면 단위로는 평창군에 속한다. 지금은 봉평 메밀꽃 축제 등으로 유명해졌지만 강원도가 메밀 농사를 지어서 유명하게 된 것은 역사적으로 아이러니다. 간단하게 이야기하자면 지대가 높고, 날씨가 냉하고, 토양도 척박하여 다른 작물을 재배하기가 힘들어 어쩔 수 없는 선택으로 메밀을 심었다는 이야기다. 단위면적당 생산 칼로리를 계산하면 당연히 벼농사를 짓는 게 가장 바람직할 터인데 고온다습한 곳이라야 재배가 가능한 게 쌀 농사다.

메밀은 그렇지않은 곳에서도 잘 자란다. 그리고 생육 기간이 짧다. 파종하고 두 달 반이면 수확이 가능하다. 구황작물로 안성맞춤인 것이다. 모자라는 양식으로 주린 배를 움켜쥐고 춘궁기나 겨우살이를 살아 넘겨야 하는 산간 지방 백성들에게 메밀은 든든한 우군이 되었을 것이다. 이는 세계적으로 공통된 현상으로 메밀은 미국에서도 19세기까지만 해도 많이 재배되는 작물이었다. 추운 지방인 헝가리나 폴란드 쪽 이민자들이 재배했다고 하는데 질소 비료가 도입된 후에 거의 옥수수와 밀로 대체되었다. 비료가 있어 영양가가 더 높은 작물을 심을 수 있다면 굳이 메밀을 심지 않았다는 이야기다. 당시에 영양가가 높다는 것은 칼로리가 높다는 것으로 요즈음의 기준과는 다르다. 요새는 반대로 칼로리는 낮고 필수 아미노산, 각종 비타민, 미네랄 등이 많은 걸 우수한 식품으로 친다. 그래서 메밀이 도리어 주목을 받는다. 실제로 메밀에는 비타민 B1이 많아서 일본 에도 시대에 유행하던 각기병을 치료하고 예방하기 위해 메밀을 많이 먹었다는 기록도 있다.

지금은 글루텐 함량이 적은 식품이 주목받는 시대

여기에 하나 덧붙여서 메밀이 가지고 있는 특징 가운데 하나가 밀이나 보리에 비하여 글루텐 성분이 아주 적다는 것이다. 글루텐이란 곡류에 들어 있는 글루테닌과 글리아딘이라는 성분이 결합하여 생성되는 불용성 단백질로 밀가루나 기타 곡물 반죽에 점성을 주는 성분이다. 국수로, 빵으로, 케이크로 변화가 무쌍한 밀가루의 비밀은 바로 이 글루텐에 있는 것이다. 그래서 가공 용도에 따라 글루텐의 함량이 다른 밀가루를 사용한다. 강력분, 중력분, 박력분이 그 분류에 해당된다. 최근 미국의 첨단 문화에서 불기 시작한 '글루텐 프리' 붐이 얼마나 갈지는 모르겠지만 글루텐이 들어간 모든 밀가루 음식을 비만과 건강하지 못한 식생활의 원흉인 것처럼 단죄를 하는 분위기도 심심치 않게 볼 수 있다. 시대의 아이러니라는 게 바로 여기에도 해당된다. 칼로리가 적어서 쌀이나 밀만큼 우수한 식품으로 대접받지 못하던 메밀이 지금은 바로 그 이유로 훌륭한 식품이 되고 또 글루텐 함량이 적다는 사실은 메밀이 새롭게 각광을 받아야 할 이유가 되기도 하니까 말이다.

그런데 한국의 경우는 불행하게도 두 가지 이유에서 메밀이 밀려나고 그 자리를 밀가루가 차지하여 메밀국수 행세를 해왔다. 첫번째는 전후 미국의 원조로 값싼 밀가루가 대량으로 보급되면서 메밀과 가격이 역전되어 값이 비싼 메밀을 더는 사용하지 않게 된 것이 그것이다. 한때 밀가루에 숯가루를 넣어서 색깔만 낸, 메밀이 전혀 안 들어간 가짜 냉면을 만들어 팔던 업자가 적발되었다는 보도가 있었을 정도였다. 문제는 그걸 대도시에 사는 많은 소비자들이 몰랐다는 점이다. 강원도에서 메밀을 듬뿍 넣어 갓 뽑은 막국수를 먹어 온 사람이라면 그걸 금세 안다.

또 하나의 이유는 방금 이야기한 글루텐 함량에서 기인한다. 메밀은 글루텐 성분이 아주 적어서 끈기 있는 면발을 뽑아내기가 어렵다. 그래서 옆 나라 일본에서는 메밀과 밀가루를 8 대 2의 비율로 섞어 반죽이 쉽도록 한 니하치二八 소바라는 게 있다. 순 메밀로만 만든 게 쥬와리 소바, 즉 십할十割 소바라는 것인데 집집마다 만드는 노하우가 다르다고 한다. 메밀의 전분을 '호화(糊化, gelatinization)' 그러니까 끈기 있는 풀처럼 만들어 내는 방식인데 우

리나라에서도 메밀 함량을 높인 냉면집에서는 뜨거운 물로 반죽
을 하는 '익반죽' 방식을 사용하기도 한다.

────── 얼음 동치미에 말아 먹는 한겨울의 메밀 국수

조선 말 풍속화가로 당시의 생활상을 많
이 그려 훗날 사료로도 중요한 역할을 하는 기산箕山 김준근의 작
품에 국수 뽑는 그림이 유명한 게 있다. 가마솥에 물을 끓이고 그
위에 얹은 국수틀에 반죽을 넣어 국수를 뽑아내는 장면을 아주 실

〈국수 누르는 모양〉 | 기산 김준근 | 1882~1885년경 제작 | 독일 베를린 민족학박물관 소장

감 나게 묘사했다. 요새 같은 유압식 기계를 사용하지 않으면 눌러 뽑는 압출형 제면 방식은 힘이 많이 든다. 그래서 지렛대의 원리를 이용한 국수틀에 장정이 자신의 체중을 실어 뽑았던 것 같다.

내가 어렸을 때 겨울이면 동네 사람들이 마을에서 공동관리하는 국수틀을 이집 저집 돌아가며 걸어놓고 모두 모여 야식으로 메밀국수를 눌러 먹곤 했다. 기억을 더듬어보면 타이어 갈 때 자동차 들어 올리는 '잭'과 같이 한쪽으로만 경사가 진 쇠톱니장치가 반죽을 넣는 실린더 위에 있어서 거기에 아주 긴 나무 자루를 끼운 모양새였다. 미리 사람 수에 맞춰 그릇을 준비하고 소박하지만 간단한 고명을 마련한 뒤, 반죽을 둥글고 길게 잘라내 놓은 뒤 가마솥의 물이 설설 끓으면 부엌에 둘러선 여인네들이 보는 가운데 힘이 센 장정이 달라붙어 자랑스럽게 힘을 쓰곤 하였다.

이걸 말아내는 국물 또한 강원도의 명물이니 시원한 동치미 국물이 바로 그 주인공이다. 강원도의 산간에서 땅에 묻어 놓은 동치미, 특히 갓을 함께 넣고 담근 동치미 국물을 겨울밤에 퍼다가 국수를 말아 먹으면 얼음이 자박자박한게 이가 시릴 정도였다. 그 감칠맛은 어디에 비교하기 어려울 정도로 절묘한 맛이다. 더구나 국수를 눌러 삶으려면 부뚜막 가마솥에 국수틀을 걸고 물을 끓여야 하기에 아궁이에 장작불을 때야 한다. 그러면 추운 겨울에도 방문과 창문을 다 열어젖혀야 할 만큼 방이 더웠고 방바닥은 뜨거웠다. 땀이 날 정도로 더운 방에서 얼음 낀 동치미에 말아 먹는 겨울철의 메밀국수가 막국수와 냉면의 원형이라 하겠다.

이런 냉면이 대도시에 보급이 되기 시작한 건 일제 강점기로 거슬러 올라간다. 여기에 등장하는 게 감칠맛 조미료다. 당시에는 아지노모토라는 이름으로 해방 후엔 미원이라는 브랜드로 알려진 글루탐산 나트륨 조미료는 전 세계인의 식탁에 가히 혁명적인 변화를 가져왔다. 지금은 집에서 요리할 때 감칠맛 조미료를 사용하지 않는 가정이 많지만 외식을 하지 않거나 가공식품을 먹지 않고 생활하는 현대인은 거의 없으므로 여전히 많은 양을 섭취하고 있다. 일제 강점기에는 이 조미료가 워낙 비싼 탓도 있고 해서인지 이걸로 냉면 육수 맛을 낸다는 걸 신문에 대대적으로 광고를 했다. 그러다 냉장 설비가 보급되면서 냉면은 계절과 상관없이 겨울은 물론 여름에도 즐기는 음식이 되었다. 하지만 옛날에는 툭하면 식중독의 원인이 되었고 대장균이 득실거리는 비위생 식품의 대명사가 됐던 게 바로 이 냉면이기도 하다. 한국에서 조미료 대신 고기로 냉면 육수를 내는 식당이 늘어난 것은 진화이고 위생적으로 환경이 바뀐 것은 발전이다. 그런데 이러한 진화와 발전에 못 따라간 게 기본 원료인 메밀에 대한 이해와 관심이어서 아쉽다.

─────────── **메밀을 세계에서 가장 많이 먹는 나라**

러시아에서는 그레치카라고 해서 메밀 죽을 많이 먹는다. 중국도 시베이西北지방에서는 메밀로 만든 음식을 먹는다. 프랑스에는 메밀로 만든 크레프인 갈레트가 있고 이탈리아에도 피초케리라는 메밀 파스타가 있기는 하지만 아무래도 메밀을 제일 좋아하는 나라는 한국과 일본이 아닐까 한다. 일본은 2017년 기준 생산량이 3만 톤 정도인데 이게 국내 소비량의 20퍼센트 정도다. 역산해 보면 소비량이 15만 톤 정도인데 수입 물량의 대부분이 중국산이다. 우리나라 통계를 보면 연간 생산량이 3천 톤 정도라고 하는데 1인당 60그램으로 일 년에 한 그릇도 안 되는 양이다. 대부분을 수입에 의존하고 있다는 얘기인데 인구 비례로 계산해 보면 우리나라가 일 년에 6만 톤 정도는 수입을 해야 1인당 일본만큼 메밀을 먹는다는 주먹구구가 나온다. 하지만 실제로는 식당에서 내는 국수의 메밀 함량이 떨어져서 수입량은 그에 훨씬 못 미칠 것 같다. 일본에서는 아예 규정으로 메밀 함량이 30퍼센트 이상이라야 '소바'라는 명칭을 사용할 수 있다. 이건 슈퍼에서 파는 건면의 경우이고 보통 식당에서 파는 소바는 메밀 함량이 최소 50퍼센트 이상이다.

맛있는 소바 문화를 지켜온 일본의 예를 봐도 알 수 있듯이 메밀이 수입산이라 맛이 없는 게 아니다. 좋은 품질의 메밀을 구해서 보관과 유통을 잘하고 도정을 신선하게 하면 얼마든지 맛있게 먹을 수 있다. 중요한 것은 소비자의 입맛이다. 소비자가 좋은 걸 알고 찾으면 장사하는 사람은 언제나 요구에 부응한다. 우리나라도 냉면이든 막국수든 맛있는 메밀국수가 부흥하여 세계에 자부하는 메밀 요리를 내놓으면 좋겠다.

남과 북을
하나로 이어 준 음식

〈강철비〉의 잔치국수와
〈택시운전사〉의 갓김치

영화 〈강철비〉는 참 잘 만든 영화다. 개봉한 뒤 며칠 안 되어 이 영화를 보고 한국의 오락 영화도 수준이 이렇게 높아졌구나 흐뭇해하던 생각이 난다. 기본적으로 영화라는 게 무릇 오락물 아닌 게 없겠지만 〈1987〉이나 〈택시운전사〉 같은 영화는 격을 달리해서 평가하는 경향이 있기에 굳이 〈강철비〉를 오락 영화라고 칭한 것은 그만큼 창작의 상상력이 풍부하다는 칭찬의 뜻이다.

영화 〈강철비〉에서 북에서 온 철우 역은 정우성이 맡았고 남쪽의 철우 역을 곽도원이 맡았다. 남과 북의 요원이 함께 어울리는 또 다른 영화 〈공조〉에서는 북측 요원을 현빈이 남측 형사를 유해진이 맡아서 열연했다. 남측 인물보다 북쪽 캐릭터에 더 잘생긴 배우를 배치한 것은 한국 영화계와 관객층이 그만큼 여유가 있다는 걸 보여 준다. 옛날엔 이보다 훨씬 못한 사소한 일을 가지고도 찬양고무죄로 고초를 겪어야 했던 시절이 있었으니까.

이 영화에서 정우성은 덫에 걸린 늑대와 같은 처지에 놓여 곽도원에게 불신과 적대감을 내놓고 드러낸다(원래는 극 중 인물의 이름을 써야 맞지만 둘이 같은 이름이므로 배우의 이름을 쓰기로 한다). 그러다가 감정이 다소 누그러지면서 둘 사이에 조금씩 신뢰가 쌓이고 연민이 생겨나는 건 국수를 함께 먹으면서부터다.

국수 한 그릇에 사라진 남과 북의 거리감

둘은 의정부를 지나 연천쯤 가다가 국숫집에 들른다. 곽도원은 정우성에게 잔치국수를 시켜 준다. 자존심이 살아있는 정우성은 처음엔 국수를 눈앞에 두고 잠시 머뭇거린다. 그러다 수갑을 찬 채로 먹기 시작하는데 일단 입에 대니 그야말로 '흡입' 그 자체다. 눈 깜짝할 사이에 한 그릇을 국물까지 싹싹 비우고 자신을 쳐다보는 정우성의 눈빛에서 곽도원은 금세 그 의미를 알아차린다. "이모, 여기 잔치국수 하나 더 주세요. 만두도 하나 주시고." 연속해서 세 그릇을 비우고 나서 정우성이 한마디 짧게 뱉듯이 말한다. "깽깽이 국수가 맛있소." 깽깽이 국수가 뭐지 하고 의아해하는 곽도원에게 만두를 가져다준 점원 아주머니가 말한다. 잔치국수를 북에서는 깽깽이 국수라고 부른다고. 그러면서 정우성에게 그쪽도 새터민이냐고 묻는다.

북에서는 깽깽이 국수라고 부른다는 이 잔치국수는 장터국수라는 별명도 가지고 있다. 또 온면이라고 부르기도 한다. 재료가 되는 건면을 소면이라고 부르는데 이는 일본에서 같은 국수를 부르는 소멘素麵에서 온 말이다. 잔치국수라는 말은 결혼, 회갑, 돌

같은 경사스러운 잔칫집에서 손님에게 국수를 내던 풍습에서 생겨난 이름이다. 면발처럼 길게 살고 좋은 일도 길게 이어지라는 기원에서 국수를 내는 풍습은 우리나라뿐 아니라 중국에도 있고 일본에도 있다. 우리나라에서 옛날에는 밀 음식이 그렇게 흔한 게 아니었고 오히려 잔칫날이나 되어야 맛을 보는, 그러니까 귀한 대접을 받는 별식이기도 했다. 잔치와 같이 손님이 많이 오는 행사를 치를 때 오는 사람 수에 맞춰 쉽게 만들어 낼 수 있는 게 국수 음식이라, 귀해서가 아니라 편해서 잔치 음식으로 자리를 잡은 것이다.

──────── 밀 원조로 대중화된 잔치국수

이렇듯 상황이 급격하게 변한 건 한국전쟁 이후다. 전후 만성적인 식량난에 허덕이던 한국 정부는 미국의 잉여 농산물인 밀을 대량으로 원조받는다. 미국의 공법 제480호인 농산물 교역 발전 및 원조법에 의거한 한미잉여농산물협정에 따라 1955년부터 1967년까지 무상으로 원조를 받았고 1968년부터 1971년까지는 유무상 혼합, 그리고 1972년에서 1981년 이 협정이 종료될 때까지는 유상으로 밀을 도입하였다. 이 제도는 쌀 자급이 되지 않아 식량이 대단히 모자라던 시기에 민생 안정과 경제 발전에 적지 않은 공헌을 하였다. 정부가 싼 가격에 밀가루를 공급하면서 한편으로는 분식을 대대적으로 장려하는 정책을 강력하게 시행하던 시기이기도 했다. 세제 혜택을 받는 분식 센터가 이곳저곳에서 생겨났는데, 일반 음식점에서는 쌀로 만든 음식을 파는데 제한을 받기도 하였다. 듣도 보도 못 하던 라면이라는 제품이 국민 음식으로 자리를 잡게 된 것도 이런 배경에서였다.

지금은 라면이 국민소득 대비 아주 싼 가격이지만 1960~70년대에는 이 역시 가공식품인 만큼 농촌이나 도시 빈민층에게는 만만찮은 가격이었다. 라면이 처음 나왔을 때 시내버스 요금이 5원, 라면이 10원이었으니 지금으로 보면 3,000원 정도의 감각이 아니었을까 한다. 그때 당시 라면보다 더 싼 가격으로 공급된 게 바로 소면이었다. 근으로 가격을 매겼는데 무게로 따지면 라면의 3분의 1에서 4분의 1 가격이었던 것 같다. 미국에서 거저 얻다시피 한 밀가루를 취로 사업과 선거 운동 등 이런저런 명목으로 정부가 인심 좋게 전국에 뿌리기도 해서, 농촌과 도시의 각 가정에서 수제비도 해 먹고 칼국수도 끓여 먹고 전도 부쳐 먹고 하던 시절이기도 했다. 이 밀가루를 소금 넣고 반죽해서 압출하여 만든 게 소면인데 아주 기본적으로는 간장으로만 장국을 만들어도 먹을 만했다. 텃밭에서 키우는 애호박처럼 쉽게 구할 수 있는 채소라도 고명으로 얹어 먹으면 식감도 뛰어나고 칼국수처럼 물리지도 않아서 인기가 있었다. 가내 수공업 규모의 작은 가게에서 소면 기계를 들여놓고 면을 길게 뽑아서 빨래처럼 널어 말리는 풍경은 전국 도처에서 흔히 볼 수 있었다.

그러면서 도시의 시장이나 시골 장터에서 제일 싼 값으로 끼니를 때울 수 있는 게 뜨뜻한 장국물에 만 소면 한 그릇이어서 '장터국수'라는 말도 생겨났다. 살림살이가 나아지면서 멸칫국물도 제대로 내고 다시마도 우려내고 해서 국물도 맛있어지고 고명도 다양해져서 다시 '잔치국수'라는 말로 명예를 회복하여서 오늘에 이르렀다고 본다.

─────── 미국 밀가루가 바꿔 놓은 우리의 밥 문화

미국의 잉여 농산물은 한국 사회의 물가 안정과 식량 문제 해결에 긍정적인 역할을 했지만 한국의 산업 구조를 바꾸어놓는 결과도 함께 가져왔다. 박목월의 시에 나오는 "강나루 건너서 밀밭 길을 구름에 달 가듯이 가는 나그네"라는 구절이나 박재란이 부른 "산넘어 남촌에는 누가 살길래 … 꽃피는 사월이면 진달래 향기, 밀익은 오월이면 보리 내음새" 같은 노랫말에서 보이는 밀 농사는 이제 한국인의 생활 풍경에서 사라져 버렸다. 주식인 쌀 농사를 제외하면 다른 곡물도 마찬가지지만 밀의 자급률은 최근 들어 늘어난 게 1퍼센트 남짓이다. 옛날에 밀 농사나 보리 농사를 지었던 것은 수확 시기가 달랐던 게 큰 이유였다. 가을에 수확하는 벼와 달리 봄철 춘궁기를 넘길 수 있다는 장점이 컸고 또 경작지를 두 번 돌리는 이점도 있었다.

미국의 원조 물자로 한반도 남쪽에 잔뜩 들어온 밀가루는 모자라는 식량을 채우는데 적지 않은 공헌을 했지만 동시에 한국인의 식생활 패턴을 완전히 바꿔 놓았다. 밀가루 음식을 주식으로 먹으면 '속이 더부룩하다', '허기가 금방 져서 먹은 것 같지가 않다', '한국 사람은 밥심인데 힘을 쓸 수가 없다'는 등의 거부감을 나타내는 사람들이 많던 시절이었다. 밀가루 음식을 취급하는 식당엔 세제 혜택을 줘 분식 센터가 도처에 생겨나면서 앞에서 이야기했듯이 소면 기계를 들여놓고 면을 압출하여 대나무 발에 걸어 건조하던 풍경을 전국 동네 어디에서나 볼 수 있게 되었다.

당시 대도시에서 성장기의 청소년들은 라면이라는 신제품에 입맛을 들여서 이 희한한 식품이 대대적으로 선풍적인 인기를 끌었다. 공장 굴뚝에서 연기가 무럭무럭 올라오는 모습은 근대화의 상징이요 빈곤에서 벗어나는 희망찬 광경이었기에 라면도 처음 나온 1963년에는 '삼양공업주식회사'라는 이름으로 제조하던 시절이었다. 공업이라는 말은 가난에서 벗어나는 마법의 주문 같던 시절이기도 했다. 몇 년 지나 1965년 라면 제조회사의 이름이 '삼양식품 공업주식회사'로 바뀐 걸 보면 공업이라는 단어는 빼기 힘든 매력을 품고 있던 어휘였음에 틀림이 없다. 그 시절에 청소년기를 보낸 적지 않은 이들이 집에서 어머니가 라면과 소면을 섞어 라면 수프만 넣고 모자라는 간은 소금이나 간장을 넣어 만들던 기억이 있을 것이다. 식구는 많고 라면만 끓이기에는 양이 적어서 소면으로 증량을 한 일종의 '하이브리드 라면'을 만들었던 걸 추억하는 얘기를 여러 번 들었다.

그런데 이 소면도 일단은 밀가루를 반죽해서 압출하는 기본 공정을 거친 일종의 '공산품'이다. 가내 수공업 규모라고 해도 원가에 이윤을 붙여 판매하는 상품인 것이다. 이마저 사서 먹을 형편이 안 되는 가정에서 해 먹은 것이 칼국수다. 밀가루 반죽을 빚고 굴대로 넓게 펴서 밀가루를 뿌리며 차곡차곡 접어 칼로 썰면 면발이 나온다. 여기에 애호박이든 감자든 썰어 넣고 고추와 간장으로 양념하여 먹으면 밀가루 반죽 냄새가 살아있어 도리어 맛있는 칼국수가 되는 것이다.

영화 〈암수살인〉은 연기파 김윤석과 광기 어린 악역으로 찬사를 받은 주지훈이 함께 출연한 영화다. 연쇄 살인범을 쫓는 형사 역으로 김윤석이 나오고 그를 농락하는 지능범으로 주지훈이 나오는데 영화는 부산 어느 시장 골목의 칼국수 집에서 시작한다. 두 사람은 칼국수를 후루룩거리며 이야기를 시작하는데 팽팽한 긴장을 숨긴 채 아주 실감 나게 먹으며 태연함을 가장한다. 영화를 보고 나서 감독이 참으로 영리하다고 생각했다. 특별히 맛있는 고급 음식도 아니고 자극성 있는 특별한 맛을 내세운 음식도 아닌 칼국수야말로 상대방을 무장해제하기에 제일 알맞은 음식이 아닐까 해서였다. 고기를 먹으면 부위가 어떻네 잘 구웠네 어쨌네 화제거리가 많다. 생선회도 싱싱하네 쫄깃하네 할 말이 생긴다. 아무리 찾아봐도 특별한 얘깃거리 없이 심드렁하게 끼니를 때우기에 좋은 음식으로 칼국수만 한 게 없지 싶었다.

라면보다 싼 소면, 소면보다 싸고 간단한 칼국수, 그런데 칼국수보다 더 쉽고 간단히 만들 수 있으면서 나름의 매력을 발산하며 명맥을 이어가고 있는 음식이 있으니 수제비다. 칼로 가지런히 썰어 국수 면발 모양을 만들어야 하는 재주가 없어도 만들 수 있는 게 수제비라서 가난한 농촌에서 점심에 많이들 해 먹었던 음식이다. 그런 수제비가 이제는 해물수제비, 얼큰수제비 등의 이름으로 분화하여 오피스 빌딩가의 식당에서 뚝배기불고기와 같은 가격으로 팔린다. 불과 이삼십 년 전으로 돌아가 사람들에게 "앞으로 소고기 불고기 한 그릇하고 수제비 한 그릇이 같은 값으로 팔리는 시대가 옵니다"라고 알려주면 다들 못 미더워 할 것 같다.

아무튼 이 수제비란 게 손으로 접었다고 해서 수접이라고 부르던 게 변해서 수제비가 되었다고 하는데 진위는 확실하지 않다. 지방에 따라 뜯어낸다고 뜨더국, 뚜덕제비 등으로 다양한 이름으로 불린다. 이 수제비는 그야말로 가장 원시적인 조리법을 간직한 음식이라 한국, 중국, 일본에 다 있다. 끓는 물에 밀가루 반죽을 뜯어 넣고 익었을 때 떠먹으면 되는 음식인 것이다.

일본에서는 이를 스이톤すいとん이라고 한다. 영화 〈리틀 포레스트〉는 일본 만화가 원작인데 일본에서 영화로 만들어 인기를 끌었고, 한국에서도 같은 제목으로 리메이크하여 흥행에 성공했다. 도시에서 이런저런 상처를 받고 시골로 내려간 주인공이 철 따라 다양한 음식을 해 먹으며 힐링한다는 작품인데, 일본 영화에서 스이톤을 해 먹는 장면이 나온다. 주인공이 밀가루 반죽을 해놓고 눈을 치우고 와서 따뜻한 수제비를 호호 불어가며 맛있게 먹는 장면이다. 일본도 한국과 비슷하게 지방마다 부르는 명칭이 조금씩 다르다. 영화 속 도호쿠 지방에서는 핫토ほっと라고 불렀다. 한국판에서도 주인공(김태리)이 눈을 치우고 수제비를 맛있게 해 먹는다. 거의 비슷한 화면 구성으로 이루어진 건 원작에 대한 오마주라고 생각했다.

중국에서는 수제비를 꺼다탕疙瘩汤이라고 부른다. 한국의 수제비보다는 밀반죽을 작게 뜯어내어 만든다. 주로 토마토를 베이스로 한 국물에 넣어 먹는데 먹다 보면 제법 맛이 좋고 또 정도 든다. 중국에는 우리보다 토마토가 들어간 요리가 서민들이 먹는 음식에 많다. 토마토는 문헌에는 청나라 때 소개되었다고 나오는데 실제 재배가 시작된 건 20세기 들어서이고 중국 전역에 퍼져서 일반인들이 먹게 된 건 1950년대 이후라고 하니 역사가 긴 건 아니라고 하겠다. 소면의 소素는 소박하다 혹은 기본이라는 뜻이다. 밀가루 음식의 가장 기본인 수제비, 칼국수, 소면이 지닌 소박함이야말로 풍요의 시대에서도 이 음식들을 살아남게 한 매력이 아닐까한다.

이야기는 〈강철비〉의 소면 먹는 장면으로 돌아간다. 곽도원은 정우성에게 잔치국수를 시켜 주지만 자기는 비빔국수를 시켜 먹는다. 나는 여기에 두 가지 의미가 들어 있다고 해석한다. 한국 사람들은 맵고 자극적인 맛을 즐겨서 비빔국수나 비빔냉면, 쫄면 등을 선호하고 북한 사람들은 한국보다는 심심한 맛을 좋아해서 잔치국수가 더 어울린다는 것이 그 하나다. 또 하나는 영화에서 정우성은 며칠을 쫄쫄 굶었다. 우리도 자극적이고 매운 음식을 빈속에는 잘 먹지 않는다. 속이 많이 비었을 때는 자연스레 뜨뜻한 국물이나 부드러운 음식이 더 당기기 마련이다. 속이 비었을 테니 국물 있는 음식으로 요기를 하라는 곽도원의 배려이기도 했을 것이다. 자신은 매콤한 게 좋아 비빔국수를 먹고.

─────── 세월의 흐름에 따라 달라진 남과 북의 입맛

2018년 판문점에서 열린 남북 정상 회담에서 만찬 메뉴로 평양 옥류관의 '평양랭면'이 나오면서 시중의 평양냉면집들이 때아닌 반짝 호황을 맞기도 했다. 이에 앞서 남쪽의 연예인들이 평양 공연을 갔을 때 옥류관에서 '랭면'을 먹는 장면이 방영되면서 냉면 애호가들 사이에 약간의 소요가 일기도 하였다. 월남한 실향민들 가운데 원조 평양냉면 전문가를 자처하던 사람들이 이야기한 것과는 먹는 방식이 다른 게 아니냐는 젊은 세대들의 반박이 그것이다. 절대로 다진 양념을 넣으면 안 된다고 했는데 평양 옥류관의 랭면에 다진 양념이 들어 있고 식초와 겨자도 다 전문가들의 '학설'과 달리 자유롭게 뿌려 먹어야 맛있다고 그쪽 복무원들이 지도하는 게 화면에 나오더라는 것이다. 냉면 전문가들로서는 억울한 마음도 들었을 것이다. 세월이 흐르며 북한이 변한 것이고 자신들의 입맛이 원래 옛맛에 충실한 것이라는 확신에서 말이다.

사실 외식의 역사가 짧은 우리나라에서 메뉴의 대부분이 그렇듯이 냉면이란 게 돈 내고 식당에서 사 먹는 음식의 한 종류로 들어간 것은 일제 강점기 후반이었고 그것도 인공조미료의 보급으로 상업화가 가능해졌다는 것은 앞서 메밀 이야기에서 밝힌 바 있다. 어쨌든 평안도 지방에서 먹던 메밀로 만든 '국수'는 전후 남한에서 평양냉면이 되었고 함경도 지방에서 먹던 전분으로 만든 '농마국수' 또한 남한에서 함흥냉면의 원형이 되었다. 실향민들의 노스탤지어를 달래는 음식으로 평양냉면은 심심한 육수에 담긴 부드러운 면발이 그 표준이 되었고, 전분의 특성이 살아난 쫄깃한 면발과 매콤한 양념은 함흥냉면의 기본 레시피가 되었다.

북한은 주식량이 쌀에서 옥수수로 바뀔 정도로 극심한 식량난에 시달려 왔다. 쌀 농사는 고온다습한 아열대가 적합한 기후라서 북한은 한국보다 기후 면에서 불리하다. 그리고 국제 시장의 가격도 옥수수가 쌀보다 훨씬 싸다. 그러다 보니 북한은 옥수수에 더욱 의존하게 되었다. 당연히 이런 사정은 음식 문화에도 많은 영향을 미친다. 짐작건대 적지 않은 음식이 어려운 사정에 맞춰 변했을 것이다. 나는 중국에서 북한이 직영하는 음식점에 가서 냉면이나 다른 음식을 맛볼 기회가 여러 번 있었다. 평양의 옥류관에서 나와 직영한다는 베이징의 옥류관도 여러 차례 가보았다. 랭면의 면발은 질긴 것과 부드러운 것의 중간쯤인데 알아보니 메밀, 전분, 밀가루 세 가지를 섞어 만든 것이라고 한다. 아마도 지금은 순 메밀로만 면을 뽑기에는 메밀의 수급이 원활하지 않을 것이라고 짐작했다. 맛의 전반적인 인상은 우리보다 간이 싱겁고 덜 자극적이다. 특히 배추김치는 젓갈 등의 양념을 별로 쓰지 않고 국물을 넉넉하게 하여 담근 것이라 시원하고 잘 발효된 김치 고유의 감칠맛이 나는 게 좋았다. 겨울이면 땅을 파고 김장독을 묻던 어린 시절에 먹던 바로 그 맛에 근접한 맛을 북에서 간직하고 있는 것은 다행스러운 일이다.

───────── **현대인의 마비된 미각을 바로잡아 줄 잔치국수**

한국에서는 모든 게 워낙 빠르게 돌아가고 심한 경쟁 속에서 생활을 영위하느라 그런 건지 모든 음식이 짜고, 달고, 매워졌다. 이는 짧은 시간에 손쉽게 음식을 만들어 파는 외식 산업의 기본 성향과도 맥이 통하는데 강한 조미료와 양념으로 범벅을 해 놓으면 고객들의 미각을 속이기 쉽기 때문이다. 불고기 양념도 점점 달아져서 점심에 샐러리맨들이 자주 찾는 '뚝불'이라 불리는 뚝배기불고기는 어딜가나 설탕맛이 너무 지나치다. 김치찌개와 된장찌개에도 감칠맛 조미료, 고기맛 조미료, 조개맛 조미료 등 인공조미료의 양이 도를 지나쳐서 본연의 은근하고 구수한 맛은 간 데가 없어져 버렸다. 매운맛은 아예 캡사이신을 따로 추출하여 넣기에 이르러서 '매운'을 넘어 '불'이나 '핵' 등의 형용사가 이름에 접두어로 붙은 메뉴들이 등장하기에 이르렀다.

기왕에 이야기가 나온 김에 잔치국수를 한 번 더 꺼내면, 이렇게 마비된 미각을 바로 잡는데 공헌할 수 있는 음식으로 잔치국수를 들고 싶다. 밀가루에 소금만 넣어 뽑은 소면과 국수장국, 이 두 가지로 기본이 완성되는 잔치국수는 그냥 간장만으로 간을 맞춘 기본형부터 멸치를 넣어 국물을 낸 것, 다시마를 더한 것, 바지락 등 해물로 맛을 낸 것, 소고기와 무로 육수를 낸 것 등 자극적이지 않으면서도 다양하게 감칠맛을 낼 수가 있다. 고명도 애호박, 계란, 김 등 소박하면서도 원재료의 맛이 국수의 맛을 누르지 않도록 은근하게 만들 수가 있다. 제대로 만들려고 마음먹으면 또 그만큼 어려운 게 자극이 덜한 평범한 음식이다.

라면은 식품 공업의 위대한 노력의 산물이어서 기름에 튀긴 면발과 각종 조미료가 들어간 수프의 조화는 가성비를 극대화한다. 북한이 개방되고 민생 경제가 나아지면 아마도 개혁개방 이후의 중국처럼 라면의 수요가 대단할 것이고 깽깽이국수는 한동안 밀려날 것이다. 한국처럼 잔치국수와 라면이 공존을 하려면 시간이 꽤 흘러야 할 것이라고 본다.

잔치국수가 중요한 역할을 하는 영화가
또 한 편 있다. 영화 〈택시운전사〉에서 주인공(송강호)이 광주에 손
님을 내려주고 서울로 올라가는 도중 순천 시장에 들러 잔치국수
를 먹는 장면이 나온다. 송강호가 국수로 배를 채우는데 인심 좋
은 호남 지방의 식당답게 주인 아주머니는 "억수로 시장했는갑
소"하며 주먹밥 하나를 서비스로 준다. 이 주먹밥을 받아 먹으며
송강호는 광주로 돌아가기로 마음을 먹는다. 이 대목도 대단히 감
동적인 장면이다.

그 전날 송강호와 독일인 기자 힌츠페터(토마스 크레취만)는 광주
에서 택시 운전을 하는 황태술(유해진)의 집에서 하룻밤 신세를 진
다. 차린 건 없지만 많이 드시라는 유해진의 말과 함께 나온 저녁
밥상에는 생선구이도 있고 찌개도 있고 묵무침도 있고 제법 푸짐
하다. 하지만 이날 단연 식탁의 주연은 주인이 자랑스러워하는 전
라도 갓김치다. 힌츠페터는 자기도 매운 것을 좋아한다며 갓김치
를 입에 넣지만 너무 매워 금세 물을 들이켠다. 지금은 갓김치 하
면 여수 돌산갓김치가 유명한데 원래 돌산갓은 부드럽고 톡 쏘지
않은 게 특징이었다고 한다. 아무튼 갓김치는 고춧가루와 마늘 양
념으로 매운 게 아니라, 겨자같이 톡 쏘는 갓 고유의 맛이 매력이
었다고 하는데 언제부터 이렇게 매워졌는지는 모를 일이다. 내 고
향 강원도에서도 겨울이면 갓을 넣은 동치미를 담가 먹었는데 국

물이 연한 보라색으로 물드는 게 참으로 보기에도 좋았고 맛도 더할 나위 없이 시원했던 기억이 난다.

북한의 전통과 남한의 다양함이 공존하길

한반도같이 조그만 영토에서도 남과 북이 토양이 다르고 기후가 달라 거기에 따라 음식이 다르고 또 맛이 다르다. 잘 자라는 작물이 다르고 기후에 따라 보존 방법이 다르니 거기에 맞춰 각기 다른 방향으로 발전을 하였기에 그런 것이다. 악화가 양화를 몰아낸다는 말이 음식에도 적용되어 십수 년 동안 중국에 있는 북한 음식점을 다니면서 음식 맛이 조금씩 변하는 걸 눈치채며 다소 서운한 마음이 들기도 하였다. 매워지고 조미료 맛이 강해지는 걸 느꼈기 때문이다. 주 고객이 한국에서 온 사람들인데 장사를 하는 입장에서는 손님들의 요구를 무시할 수는 없었을 것이다.

앞으로 남북 교류가 활성화되고 나아가 남과 북이 서로 왕래를 할 수 있게 될 때는 부디 양화가 악화를 몰아내서, 남쪽은 북쪽이 지켜온 전통 음식의 좋은 점을, 북쪽은 남쪽이 발전하고 개량해 온 좋은 점을 받아들여 상호 간에 음식 문화에서 원원하는 풍토가 생겨나길 바라 마지않는다.

飮食映畫

8

하정우는 왜
감자를 먹었을까

<황해>에서 만나는 배고픔의 해결사

우리나라 배우 가운데 먹는 장면으로 가장 유명한 이는 단연 하정우다. '하정우 먹방'이란 말로 동영상 검색을 해보면 그가 출연한 여러 영화에서 보여준 가지가지 음식 먹는 장면이 줄줄이 나온다. '하정우 먹방 모음'이나 '하정우 먹방 편집' 등의 제목이 붙은 동영상도 꽤 되는 걸 보면 가히 먹는 연기의 일인자라고 평가되는 것도 이해가 간다.

그는 수평으로 벌어지는 입 모양을 거슬러 샌드위치를 수직으로 입에 넣고 먹는다든가, 부숴 먹어도 될 구운 김인데 입을 엄청나게 크게 벌려 한입에 먹어버리는 등 갖가지 '신공'을 시전하지만 가장 인상적인 장면은 역시 영화 〈황해〉에서 보여 주는 감자 먹는 모습이다. 영화에서 그는 주린 배를 움켜쥐고 남의 집에 들어가 이것저것 뒤지다 감자 몇 알을 발견한다. 그리고는 감자를 삶아서 후후 불어가며 껍질을 벗겨 맛있게 먹는다. 이 장면이 나에게 인상 깊게 다가온 것은 그 대목에서 감자라는 식품이 가진 여러 특징과 매력이 잘 살아났기 때문이다.

상상을 해보면 더욱 잘 알 수 있다. 다가오는 위기 속에서 주린 배를 채워야 하는 도망자가 있다. 몰래 들어간 남의 집 부엌에서 발견한 게 쌀이었다면 그는 쌀을 씻어 안치고 밥을 지어야 할 것이다. 그 순간에 야수 같은 사나이의 거친 모습과 긴박감은 사라지고 만다. 발견한 게 라면이었다면 어땠을까? 야밤에 공부나 게임을 하다가 출출해서 방에서 나온 젊은이의 모습이 어울린다. 누군가가 밥을 짓는 모습에는 평화와 아늑함이 깃들어 있고 라면을 끓이는 모습에는 소소한 행복과 즐거움의 이미지가 중첩된다. 그러니까 이 영화의 그 장면에선 감자가 어울린다. 아니, 거기에 있는 게 감자여야만 했다. 내 고향은 강원도다. 그래서인지 평소에도 감자에 대한 애정이 남다르다. 자기 손으로는 감자 한 톨 심어본 적 없으면서도 감자 이야기가 나오면 누구에게도 지기 싫은 묘한 자존심도 있다. 이 글은 하정우의 감자 먹는 장면에서 출발하는 위대한 식량 감자에 대한 이야기다.

닮았지만 서로 다른 감자와 고구마

강원도 사람을 감자바위라고 부르는데 이 별칭에 거부감을 느끼는 강원도 사람은 별로 없는 것 같다. 감자를 심어 먹는 산골 사람이라는 의미로 생긴 말이겠지만 세월이 흐르며 여기에 소박하다, 순진하다는 의미를 더한 것은 당사자인 강원도 사람들일 것이다. 강원도가 한국에서 감자의 특산지가 된 것은 토지가 척박하고 물도 넉넉하지 못하여 쌀이나 다른 작물을 재배하기 어려운 고랭지가 많다는 환경 탓도 있다. 신대륙에서 전해진 구황작물로 전 세계에서 기아 해결에 엄청난 공헌을 한 이 신비의 작물 감자는 한반도에 들어와서도 이런 산간 지방의 생활에 적지 않은 도움이 되었다.

우리가 중고등학생 시절 국어 시간에 배워 김동인이 〈감자〉를 썼다는 사실은 누구나 알고 있을 것이다. 평양의 빈민굴에 살던 복녀가 무능하고 게으른 남편 탓에 젊은 날에 안타깝게 목숨을 잃고 마는 비극을 그린 단편 소설이다. 제목이 '감자'인 것은 주인공 복녀가 중국인 왕서방의 밭에서 감자를 훔쳐먹다가 잡히면서 이야기가 극적으로 전개되기에 배고픔을 덜어줄 감자가 향후 벌어지는 일련의 사태를 상징하기 때문이다. 그런데 여기서 감자는 우리가 아는 감자가 아니라 고구마를 이른다. 감자와 고구마가 혼용되어 사용된 것은 비단 한국어뿐 아니라 여러 문화권에서도 보이는 공통 사항이다. 감자라는 말은 한자어 감저甘藷에서 변한 것이다. 저(藷 혹은 薯)라는 단어는 예로부터 먹을 수 있는 부분이 땅속에 덩어리로 자라는 식물을 일컬었다. 식물학 분류로 줄기인지 뿌리인지는 알 바 없고 그저 영양가가 있는 귀중한 식물을 일컫는 단어였다.

앞에 붙은 감甘이라는 글자는 우리 말에서도 많이 보이듯이 '달다'는 뜻이다. 그래서 감저는 단 감자, 즉 고구마를 일컫는 말이었다. 지금도 중국어나 일본어에서 여러 종류의 고구마라는 표기에는 이 '감저'라는 한자가 들어 있다. 현대 중국어에서 감자를 나타내는 말로는 투떠우土豆, 마링쑤马铃薯 등이 자주 사용된다. 일본어로는 쟈가이모ジャガイモ인데 馬鈴薯라는 한자를 갖다 붙이기도 하고 じゃが芋라고도 쓰는데, 쟈가는 자카르타에서 온 뿌리식물이라는 뜻이다. 고구마는 사쓰마이모薩摩芋라고 하는데 사쓰마 지방에서 온 뿌리식물이라는 뜻이다. 이렇게 이름이 여럿인 건 서양도 마찬가지다. 초기에 혼동이 많을 만큼 신기한 작물이었는데, 그만큼 짧은 세월에 감자가 전 세계로 퍼진 게 새삼 신기하게 느껴진다.

누구나 알다시피 영어로 감자는 포테이토potato다. 이 말은 스페인어 파타타patata에서 온 말인데, 신대륙에 먼저 발을 디딘 스페인 사람들이 카리브해 지역에서 바타타batata라고 부르던 것을 옮겨

왔다고 한다. 지금도 스페인어와 이탈리아어에는 이 단어가 쓰이고 있고 프랑스어로도 폼드테르(pomme de terre: 땅의 사과)라는 말과 함께 파타테patate라는 단어가 남아 있다. 그런데 이 말은 처음엔 고구마를 가리키는 말이었다고 한다. 전 세계적으로 햄버거집에 가서 햄버거를 시키면 당연히 감자 튀김을 함께 시켜 먹는다. 그런데 요새 미국이나 중남미에서 햄버거집에서는 감자 튀김 대신 고구마튀김을 선택할 수 있는 집들이 늘어나고 있다. 고구마의 달콤한 맛은 감자가 가지지 못한 매력이 있기 때문일 것이다.

이야기가 곁가지로 뻗쳤는데 우리나라로 돌아오면, 김동인의 〈감자〉는 고구마를 염두에 두고 읽는 게 맞다. 소설의 무대가 평양인데, 당시 평양에서 재배했던 것은 고구마였지 고랭지 식품인 감자가 아니었다는 기록이 있다. 그리고 작품에 이런 대목이 있다. "칠성문 밖 빈민굴의 여인들은 가을이 되면 칠성문 밖에 있는 중국인의 채마 밭에 감자며 배추를 도둑질하러, 밤에 바구니를 가지고 간다." 고구마의 수확 시기는 가을인데 감자는 여름이라는 걸 고려해도 고구마가 맞다.

———— 먹을 게 없어 감자로 끼니를 때우다

요즈음 한국 젊은이들이 가장 흔하게 접하는 감자의 형태는 햄버거와 함께 먹는 프렌치프라이가 아닐까 한다. 그리고 과자로 먹는 포테이토칩, 얼큰한 양념에 돼지뼈와 함께 끓이는 감자탕이 젊은 세대와 친근한 감자가 들어간 음식이다. 그러나 오늘날 젊은이들이 생각하는 감자 요리가 우리 생활에 들어온 건 그리 오래전이 아니다.

나는 어려서는 여름방학이면 늘 고향 속초에 내려가 한 달 이상을 지내다 개학 직전에 올라왔는데 그때 기억이 농촌 사람들은 감자를 끼니로 삼는 집이 많았다. 1960~70년대만 해도 쌀은 가을이나 되어야 수확을 하니 그전에는 감자를 심어서 먹었는데 당시 어렸던 나는 쌀이 없어서 감자를 먹는다는 생각을 못 하고 그저 우리 할아버지 집은 쌀밥을 먹는데 남의 집은 감자를 먹나 보다 하고 무심히 넘겼던 것 같다. 어린 내겐 찐 감자나 쌀밥이나 다 같이 맛이 좋았기 때문이었을 것이다. 그 당시는 감자종 자체가 병충해에 약했거나 농약이 부족했는지 썩은 감자가 꽤나 많았다. 그걸 모아서 버리지 않고 커다란 대야에 넣고 물을 붓고 계속 갈다 보면 썩은 부분은 부글부글 끓어오르고 깨끗한 부분만 남아 그 전분으로 집집마다 감자떡을 해 먹었다. 색깔은 거무튀튀하고 쌉쌀한 맛이 감돌았는데 요새 강원도 음식을 내는 식당에서 흰 감자를 강판에 갈아 만든 뽀얀 감자떡을 먹노라면 옛날 그 맛이 나지 않아 새삼 그립다.

남미 페루가 원산지인 감자는 정복자 스페인 사람들을 통하여 16세기에 신대륙에서 유럽으로 전해졌고 뒤이어 유럽에서 아시아로 들어왔다. 감자나 고구마 같은 덩이줄기나 뿌리식물은 어느 지역에서든 처음엔 구황작물로 그 역할을 하였다. 냉해에 강해 땅 위에서 자라는 곡물보다 열악한 기후에 잘 버티기 때문이다. 영화 〈바람과 함께 사라지다〉에서 여자 주인공 스칼렛 오하라는 북군이 휩쓸고 지나가 먹을 것이라고는 아무것도 남지 않은 상황에서 땅속에 남은 고구마라도 찾아볼까 흙을 헤집다가 울음을 터뜨리고 독한 맹세를 한다. 다시는 굶주리지 않으리라고. 영화에는 나오지 않지만 소설에는 이런 대목이 있다. 늙은 흑인 노예가 배고픈 스칼렛에게 말하는 대목이다.

- 돼지고기. 배고파 죽겠어. 좀 남은 거 없어?
- 없습니다요. 그 사람들이 다 가져가 버렸어요.
- 밭에는?
- 그 사람들이 말을 풀어 먹였어요.
- 고구마 밭은?
- 스칼렛 아가씨, 저도 생각해 냈지요. 그냥 그대로 있을 겁니다. 양키들은 고구마 농사를 몰라서 그냥 땅속엔 뿌리만 있다고 여겼을 겁니다.

남북전쟁 당시 눈썰미가 있는 사람에겐 땅속에 있는 감자나 고구마가 보이고 그렇지 않은 사람에게는 그저 열매 없는 풀처럼 보인 덕택에 굶주림에서 살아남은 사람도 있었을거라 상상이 가는 이야기다.

감자는 오늘날 세계에서 밀, 옥수수, 쌀, 사탕수수에 뒤이어 인류가 식물에서 섭취하는 열량 면에서 다섯 번째로 중요한 곡물이다. 쌀은 말할 것도 없고 밀도 자라기 쉽지 않아 귀리나 보리 같은 작물을 재배하고 소, 양이나 먹는 목초 정도가 자라는 냉대 지역이 많은 유럽 지역에 감자가 들어온 이후 이곳에는 혁명적인 변화가 일어났다. 감자는 같은 면적에서 다른 작물에 비해 네 배 이상의 열량을 생산한다고 한다. 만성적인 영양실조로 인구가 좀처럼 늘지 않던 유럽에서 감자가 주식에 편입되면서 평균수명이 늘어나고 인구가 폭발적으로 증가하였고 영국에서는 늘어난 노동력을 바탕으로 산업혁명이 가능할 수 있었다. 프리드리히 엥겔스는 산업혁명 과정에서 '역사적으로 감자가 수행한 혁명적 역할은 철의 그것에 못지않다'고 평가하기도 했다.

러시아를 포함한 많은 동유럽 국가들도 감자의 은혜를 입기는 마찬가지여서 지금도 이 나라들의 음식에는 다양한 감자 요리가 빠지지 않는다. 빈센트 반 고흐는 짧은 생이기는 하지만 인생 후반부를 프랑스 남부의 프로방스에서 보낸다. 기후가 좋아 태양이 눈부시며 농사가 잘돼 먹을게 풍부한 지역이다. 그곳에서 그는 〈별이 빛나는 밤에〉, 〈해바라기〉 등 우리에게 잘 알려진 숱한 걸작을 남겼다. 그런 그가 고향인 네덜란드에서 젊은 시절 그린 〈감자 먹는 사람들〉은 특별한 의미를 갖는다. 화가로서 초기에 그린 작품이라 화풍도 다르지만 굶주림을 면하려고 먹었던 감자에 의미를 두고 보면 더욱 그렇다. 네덜란드는 19세기에 감자 전분을 만들어내는 산업이 다른 나라에 비해 대단히 번성할 만큼 감자를 잘 활용한 나라이기도 하다.

감자 전분은 불로 뜨겁게 가열하면 투명하게 익는다. 강원도 특산물 감자전이 그렇고 감자떡이 그러하다. 우리에게 너무도 익숙한 탕수육 소스를 비롯해서 라조기, 궈바로, 류산슬, 팔보채 등 반짝이는 윤기와 적당한 점도를 지닌 중국 요리는 거의 모두가 감자 전분에게 신세를 진 것이다. 고흐의 작품에 나타난 여럿이 둘러앉아 감자를 먹는 당시 네덜란드 서민의 삶과 '찍먹'이냐 '부먹'이냐로 아직도 논란이 끊이지 않는 한국 젊은이의 생활이 감자로 연결된다고 생각해보면 은근히 재미있다.

──────── 수천 종이나 되는 다양한 감자들

남미에 갔을 때의 일이다. 아르헨티나에 갈 때마다 느끼는 것 중 하나가 감자의 종류가 참으로 많다는 사실이다. 슈퍼에 가보면 별의별 종류의 감자가 다 있어서 흥미 있게 살펴보곤 했다. 그런데 몇 년 전 업무차 아르헨티나 친구와 함께 페루를 여행할 일이 있었다. 그는 페루와 아르헨티나 두 나라에서 자라서 두 나라의 문화를 모두 잘 알고 국적도 두 나라에 걸쳐 있는 친구였다. 그와 함께 페루에 도착하여 첫 식사를 할 때였다. 대단히 만족한 듯 활짝 웃는 표정으로 그가 말했다.

- 페루에 오면 좋은 게 감자가 다양해. 아르헨티나에선 늘 그게 불만이었지.
- 아르헨티나에 감자가 다양하지 않다고?
- 응. 기껏해야 한 스무 가지 되나?
- 스무 가지? 이십 종류나?
- 그래, 그것밖에 안 돼. 페루에 오면 수백 가지가 있어서 골라 먹기 좋고 맛있는 것도 많고.

강원도 출신이라고 자부하지만 감자 종류래야 남작, 수미 등 몇 가지 말고는 아는 게 없는 나에게는 충격이었다. 나중에 찾아보니 수천 종류라고 해서 더욱 놀랐지만 말이다. 실제로 페루에서는 리마, 쿠스코 등을 다니며 가는 곳마다 친구의 소개 덕에 많은 감자를 맛볼 수가 있었다. 페루와 달리 수확량이 많고 효율이 높은 품종으로 재배가 집중되면서 다양화가 뒷전으로 밀리는 게 요즈음 한국 같은 나라가 직면한 농업의 문제점이기도 하다.

사실 아일랜드도 18세기 이후 감자를 주식으로 삼으면서 비슷한 사정으로 크나큰 재난을 겪었다. 19세기에 유럽에 크게 퍼진 감자 고사병으로 엄청난 아사자가 발생했다. 단일 품종이 경작의 대부분을 차지한 상황에서 병이 크게 돌아 치명적인 결과가 초래

된 것이다. 당시 아일랜드에서는 백만 명 이상이 감자 기근으로 목숨을 잃었다. 그리고 이는 대량의 미국 이민으로 이어져 현재 미국에 있는 아일랜드계 주민 대부분은 이 감자 기근 때 이주한 사람들과 그 후손들이다.

──────── 감자 하면 뭐니 해도 감자 튀김

감자는 튀겨 먹어도 대단히 맛이 좋다. 튀긴 것의 대표로는 진짜로 프랑스 사람들이 고안해 냈느냐에는 여러 설이 분분하지만 프렌치프라이라는 이름으로 전 세계 젊은이들이 즐겨 먹는 감자 요리가 있다. 영화 〈펄프픽션〉에 존 트래볼타와 새뮤얼 잭슨이 눈도 깜짝 안 하고 사람들에게 총알을 퍼붓는 무서운 살인청부업자로 나오는데 둘이 '일'을 치르기 전에 잡담을 나누는 장면이 있다. 영화에서 존 트래볼타는 유럽에서 3년간 생활하다가 미국으로 돌아온 지 얼마 안 되는 설정이다. 그가 유럽의 이런저런 이야기를 새뮤얼 잭슨에게 들려주는데, 그 가운데 유럽에서는 감자 튀김을 케첩에 찍어 먹지 않고 마요네즈에 찍어 먹는다고 얘기하는 장면이 나온다. 물론 새뮤얼 잭슨은 그게 신기하게만 들린다. 느끼할 것 같기도 하고. 칸이나 베니스 영화제 등 영화제 덕에 유럽에서 맛볼 기회가 여러 번 있었기에 나도 집에서 감자 튀김을 해먹을 때는 케첩과 마요네즈를 다 마련해서 번갈아 찍어 먹는다. 마요네즈도 꽤나 고소해서 프랑스나 벨기에 사람들이 마요네즈를 찍어 먹는 이유가 납득이 간다.

맥도날드나 버거킹 등 외국계 대형 프랜차이즈 햄버거 체인에서는 감자 튀김용 감자를 수입을 해서 쓰는 걸로 알고 있다. 맥도날드 같은 경우 미국에서 감자를 구매하는 어마어마하게 큰 손인데 산지인 아이다호주나 오리건주에서 아예 감자 튀김에 적합한 품종을 계약 재배하여 수확하자마자 산지에 있는 공장에서 1차로 튀긴 다음 급속 냉동을 하여 각 점포로 배달을 한다. 점포에서는 이를 짧은 시간에 다시 튀겨내 고객에게 서빙하는데 이런 공정 때문에 자신들만의 맛을 낼 수 있다고 한다.

튀긴 감자 얘기가 나온 김에 덧붙이자면 명동에 나가면 자주 볼 수 있는데 감자를 얇게 돌려서 저미고 길게 펼쳐서 기름에 튀겨낸 음식을 들고 다니며 먹는 사람들이 눈에 곧잘 띈다. 상하이, 베이징, 타이베이 같은 곳의 먹자골목이나 야시장에서도 자주 볼 수 있다. 일명 '회오리 감자'라고 부르고 영어로는 '토네이도 포테이토'라고 부르는데 이게 사실 원조가 한국이다. 감자 튀김과 감자칩 중간 형태의 맛과 식감을 가졌으니 젊은 사람들의 입맛에 맞지 않을 수가 없다. 지금은 선풍적인 붐이 불 때보다는 약간 시들해진 것도 같지만, 한국에서 태어난 새로운 식품이 세계로 널리널리 소개되기를 바란다.

감자는 튀긴 것도 맛이 좋지만 구운 감자도 맛이 대단히 좋다. 스테이크 레스토랑에 가면 스테이크에 곁들여 튀긴 감자 아니면 구운 감자를 선택할 수 있도록 하는 곳이 많다. 통으로 껍질째 구운 감자를 갈라 버터나 사워크림을 얹어 먹으면 맛이 대단히 좋은데 사실 스테이크에 감자를 곁들이는 데는 나름의 이유가 있다. 우리가 '감칠맛'이라고 과학적으로 검증하여 이제 단맛, 쓴맛, 신맛, 짠맛 외에 독립된 맛의 한 가지로 인정한 이 맛은 사실 아미노산의 맛이다. 우리가 가장 많이 접하는 아미노산의 맛은 육류에 많이 포함된 이노신산과 다시마에 많이 들어 있는 글루탐산 나트륨이다. 그런데 이 이노신산과 글루탐산 나트륨을 함께 먹으면 맛이 증폭되어 감칠맛의 상승 효과가 나타난다. 그래서 일찍이 조미료 메이커에서 이 둘을 합하여 '핵산 복합 조미료'라고 제품을 출시한 것이다. 감자에는 글루탐산 나트륨이 많이 포함되어 있다. 그래서 스테이크를 먹을 때 감자를 함께 먹으면 맛의 상승 효과가 일어나는 것이다. 과학으로 증명되기 전에 경험으로 발견해 낸 조합이라 하겠다.

―――――――― 우리나라 감자는 수미 감자

튀겨 내고 구워 내는 노하우도 그렇지만 감자의 품종도 그만큼이나 중요하다. 언제부턴가 한국에서도 감자를 먹으면서 포슬포슬 부서지는 감자의 맛을 그리워하는데 요샌 그런 맛이 안 난다거나 닭볶음탕에 감자를 넣었는데 다 부서지고 녹아내려 맛을 느낄 수 없었다고 불평하는 사람들이 있다. 이는 감자의 종류를 잘못 골라 그런 것이지 옛날만큼 감자가 맛이 없어진 게 아니다.

감자는 전분의 함량에 따라 포슬포슬 부서지는 정도나 끓여도 단단하게 형태를 유지하는 특성이 다른데 이걸 크게 분질종粉質種과 점질종粘質種으로 분류를 한다. 분질이란 말 그대로 가루 같은 성질이라는 뜻이다. 전분 함량이 높은데, 특히 아밀로스 성분이 많아서 물을 머금으면 쉽게 부서진다. 점질종이란 한자에 보이듯 끈끈한 점성이 특징인데, 이는 아밀로펙틴 성분이 많기 때문이다. 이런 감자는 물을 만나면 더 단단해진다.

우리나라 감자는 전체 생산량의 70퍼센트 이상이 '수미' 종인데 이는 분질과 점질 사이에서 점질 쪽에 조금 더 가까운 중간종이다. 재배하기 수월하고 병충해에도 강한데 무엇보다 점질 감자와 분질 감자의 중간 정도이니 다목적으로 사용하기가 좋아서 인기가 있다. 우리나라에도 추백(점질), 대지(점질), 대서(분질), 두백(분질) 등 종류가 많은데 생산자 말고는 파는 사람도 모르고 사는 사람도 모르고 산다. 그러니 감자전, 감자탕에 최적인 품종을 구입하기 어려운 게 현실이다. 원산지 남미 쪽은 말할 것도 없고 옆 나라 일본만 해도 우리보단 골라 먹을 수 있는 선택의 폭이 넓으니 한국도 조금만 더 다양하게 감자를 심어 먹고 사는 풍토가 되었으면 좋겠다.

튀겨 먹는 것 말고도, 삶은 것을 으깬 감자 샐러드도 있고 매쉬드 포테이토도 있지만 역시 감자의 매력은 가장 원시적인 방법으로 맛있게 먹을 수 있다는 것이 아닐까 싶다. 번거로운 곡류와는 또 다르다. 탈곡한 벼를 정미한 뒤에 밥을 지어야 먹을 수 있는 쌀은 손쉬운 편에 속한다. 밀이나 귀리는 껍질을 벗긴 뒤에 가루로 빻아야 하고 그걸 다시 반죽을 하고 가열을 해야 비로소 먹을 수 있는 음식이 된다. 하지만 감자는 그냥 삶거나 굽거나 하면 바로 먹을 수가 있다. 직화로 굽거나 질그릇 같은 용기에 담아 물을 붓고 삶는 게 인류 최초의 조리법이다. 감자는 여기에서 조금도 벗어날 필요 없이 그대로만 하면 맛있는 음식이 되고 끼니가 된다.

하정우가 〈황해〉에서 감자를 먹는 게 바로 그런 모습이다. 감자 몇 알을 삶아서 후후 불면서 껍질을 벗겨가며 연신 베어먹는 모습에는 감자의 완성형이 들어 있다. 다른 사람이 정성스레 껍질 벗겨 예쁜 그릇에 담아내면 더 맛있을까? 아니다. 식어버려서 맛이 덜할 것이다. 칼로 먹기 좋게 조각내도 맛은 떨어진다. 열기가 식지 않은 감자의 뜨거운 기운을 손끝으로 느끼며 껍질을 벗겨가며 이빨로 잘라 먹는 게 삶은 감자의 최고봉이 아닐까? 화롯불에 던져 넣어 구운 감자는 재만 조금 털어내면 껍질 채 먹는 게 더 달고 맛있다. 삶은 감자는 하정우가 완성을 했으니, 구운 감자를 맛있게 먹는 장면이 나오는 영화는 또 뭐가 있는지 찾아봐야겠다.

인류 최후의 식량,
옥수수

〈인터스텔라〉의 미래 식량

크리스토퍼 놀런 감독의 영화는 〈배트맨〉 시리즈를 비롯한 대부분의 작품이 세계적으로 흥행에 성공한 편이지만 특히 두 작품, 〈인셉션〉과 〈인터스텔라〉는 한국 팬들로부터 열렬한 지지를 받았다. 감독이 직접 말한 "한국 영화팬들의 과학적 수준이 높아서 그런 것 같다"는 찬사는 단순한 립서비스만은 아닌 것 같다. 실제로 〈인터스텔라〉는 개봉 전부터 예약률이 80퍼센트를 넘었고, 흥행성적도 외화로는 드물게 관객 동원 천만 명 이상을 기록하였다.

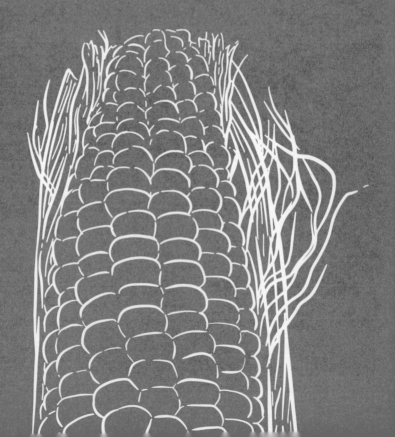

다차원 구조의 우주, 웜홀, 시간여행, 다른 행성으로의 이주 등 복잡하고 난해한 내용을 다룬 작품인 〈인터스텔라〉는 영화가 시작하면서 끝없이 펼쳐진 옥수수밭이 인상적이다. 시대는 근미래인 2040년이다. 기후변화와 갖가지 병충해로 인류가 경작할 수 있는 곡물은 옥수수뿐이라는 설정이다. 만일 인류가 지구에서 예전처럼 편하게 살 수 있다면 이것저것 키워 먹고 고민 없이 잘 살았을 것이다. 그런데 영화에서 사람들은 지구 밖으로 나갈 수밖에 없는 상황에 내몰리고 만다.

인류가 마지막으로 먹을 수 있는 곡물이 영화에서 왜 하필 옥수수일까? 쌀도 있고 밀도 있고 보리도 있고 감자도 있는데. 영화적인 효과를 고려할 때 비주얼과 사운드도 무시할 수 없었을 것이다. 사람 키를 훌쩍 넘어서는 옥수수밭이 광대하게 펼쳐진 모습은 보는 이를 압도하는 그 무언가가 있다. 그리고 옥수수 줄기가 뭔가에 부딪히며 내는 소리 역시 나지막한 벼가 자라는 평화로운 논이나 보리밭에서 나는 소리와는 다이나미즘이 다르다. 요절한 천재 이상도 일찍이 옥수수밭에 바람이 불면 "갑주 부딪치는 소리"

151

가 난다고 하지 않았던가.

이런 영화적 효과를 고려한 것 말고도, 실제로 옥수수가 그만큼 미국 사람들에겐 친근한 작물인 것도 더 큰 이유의 하나일 것이다. 영화에서 주인공 쿠퍼(매튜 맥커너히)가 날아가는 드론을 떨어뜨려 부품을 구하기 위해 트럭을 몰아 옥수수밭을 돌진해 들어가는 장면이 나온다. 어려서 우리 집도 농사를 지어서였는지 영화에서 저렇게 트럭이 좌충우돌 옥수수밭을 쓰러뜨리는 장면을 보며 '영화 찍고 옥수수밭 주인에게 보상을 해줘야 했겠네'하는 생각이 들었다. 웬걸 알고 보니 이 영화를 찍으려고 크리스토퍼 놀런은 촬영 3년 전부터 500에이커 토지를 구입해 옥수수를 키웠다고 한다. 500에이커면 65만 평이다. 마음껏 촬영하고 알뜰하게도 거기서 수확한 옥수수는 나중에 제값 받고 팔았다고 한다.

미국인의 식생활은 옥수수로 시작한다

옥수수는 미국 사람들에게 친근한 정도를 넘어 걱정을 해야 할 정도로 생활에 스며든 작물이다. 비단 미국뿐만이 아니라 전 세계적으로 공통적인 현상이기도 하다. 『잡식동물의 딜레마』의 저자 마이클 폴란은 그의 책에서 옥수수에 대해 자세히 설명한다. 간단히 말하면 오늘날의 미국인은 '걸어 다니는 콘칩'이라고 할 만큼 온몸이 옥수수에서 온 성분들로 구성되어 있다는 것이다. 사람이나 동물이나 다 마찬가지로 평소에 섭취하는 영양소로 신체를 구성하는데 단백질, 탄수화물, 지방 그리고 각종 미네랄이 그것이다. 그것은 또 크게 나누면 수소, 산소, 탄소, 질소가 대부분이고 그 외 철, 인, 칼슘 그리고 각종 미량 원소가 포함된다. 이 책에서 그는 옥수수의 전분에 들어 있는 탄소 화합물을 추적해 보니 놀랍게도 미국인의 신체 구성에 옥수수가 차지하는 부분이 대단히 크다는 사실을 지적한다.

미국 사람들이 옥수수를 직접 먹는 양은 별로 많지 않다. 기껏해야 팝콘 정도일 것이다. 바비큐 때 고기에 곁들여 구워 먹거나 쪄 먹는 양은 다 합쳐봐야 미미할 것이다. 그러나 옥수수는 엄청나게 많은 양이 다른 모습으로 미국인의 위장에 들어간다. 그는 사람들이 즐겨 먹는 치킨너깃을 예로 들었다. 우선 닭고기 자체가 옥수수를 주원료로 한 사료를 먹여 키운 닭에서 나온다. 그것을 뭉쳐서 성형을 할 때 들어가는 식용 접착 성분도 옥수수로 만든 것이고, 겉에 바르는 튀김옷도 옥수수 가루이며 그걸 튀겨내는 기름도 옥수수 기름이다. 더 들어가면 너깃에 사용되는 보습 성분, 점증 성분, 식욕을 돋구는 색소도 모두 옥수수로 만들어진다. 소고기로 만든 맛있는 햄버거도 예외는 아니다. 소고기 패티는 옥수수로 키운 소에서 나오고 패티 위에서 자르르 녹아내리는 치즈는 옥수수로 키운 소에서 짠 우유로 만든 것이다. 베이컨이라도 추가 주문해서 넣으면 그 역시 옥수수로 키운 돼지고기에서 나온 것이다.

마이클 폴란은 『잡식동물의 딜레마』라는 베스트셀러로 별다른 의심 없이 세 끼를 먹고 살던 많은 소비자들에게 경종을 울렸는데, 이 책 말고도 『푸드룰』, 『욕망의 식물학』, 『요리를 욕망하다』등 여러 권의 명저를 통해 인간이 건강하게 먹고 살아가는데 알아야 할 여러 사실을 전달하고 자연과 공생하는 방법을 제시했다. 그는 『패스트푸드의 제국』이라는 책으로 유명한 탐사전문기자 에릭 슐로서와 함께 〈푸드 주식회사〉라는 다큐멘터리 영화에도 참여하여 중요한 역할을 했다. 이 영화에서 그들이 서두에 분명하게 제시하는 내용은 귀를 쫑긋 세워 듣지 않을 수 없다. 몇 가지를 소개하면 이렇다.

-지난 50년간 인류의 식생활에 일어난 변화가 이전 1만 년 동안 겪었던 식생활 변화보다 크다.

- 슈퍼마켓에는 계절이 없다. 토마토는 전 세계 절반에 해당하는 곳에서 철 따라 조달되는데, 초록색일 때 수확해서 운송과 저장 과정에서 에틸렌 가스로 숙성시켜 붉게 만들어 내놓는다.

- 슈퍼마켓에서 구입하는 고기에는 뼈가 거의 없다. 편하게 나온 상품 뒤에는 농장이 아닌 공장의 조립 공정 같은 현실이 자리한다.

-1970년대에는 5개 업체가 미국 육류 산업의 25퍼센트를 차지하고 있었다. 지금은 4개 회사가 80퍼센트를 장악하고 있다.

이렇게 몇 가지 팩트를 던지며 시작하는 다큐멘터리에서 마이클 폴란은 옥수수에 대해서도 자세히 이야기한다. 다큐멘터리에서 옥수수에 관해 나오는 사실을 간단히 몇 가지 소개하면 다음과 같다. 각종 음식의 보고처럼 보이는 슈퍼마켓의 상품을 추적해보면 결국엔 몇몇 회사의 몇몇 곡물로 회귀한다. 숱한 상품이 모두 미국 아이오와의 옥수수밭에서 만나는 것이다. 옥수수는 오늘날 세계를 정복한 작물이 되었는데 이는 역사상 유례없는 성공이다. 100년 전에 미국에서 옥수수는 1에이커(1300평)당 20부셸(560킬로그램) 정도 수확하는 작물이었는데 지금은 200부셸(5.6톤)이상 수확할 수 있게 되었다. 이 뒤에는 육종업자, 비료 회사, 살충제 회사의 노력이 있었다. 그런데 이런 높은 생산성에도 불구하고 미국 경작지의 3분의 1은 옥수수밭이다. 정부 보조금에 기대어 끊임없이 과잉생산하고 이를 원가 미만으로 사료업자에게 공급하는 구조가 만들어졌기 때문이다. 막대한 자금력을 바탕으로 정계에 로비를 하여 이런 상황은 달라지지 않고 ADM이나 카길 같은 거대 기업의 힘은 더욱 막강해졌다.

영화는 계속 설명한다. 케첩, 치즈, 칩스, 땅콩버터, 샐러드 드레싱, 콜라, 주스, 사카린 등의 인공감미료. 이 모든 상품의 공통점은 옥수수 성분이 들어 있다는 것이다. 음식은 아니지만, 건전지와 아기들 기저귀에도 옥수수 성분이 들어간다. 결국엔 숱한 상품이 옥수수 전분을 분해하고 재조립하여 만들어낸 성분으로 구성된다는 이야기다. 액상과당 말고도 잔탄검 xanthan gum, 구연산, 소르브산, 말토덱스트린, 에틸아세테이트 등 우리가 흔히 먹는 상품의 구성표에 나와 있는 숱한 낯선 이름의 성분이 다 옥수수 전분으로 만들어진다는 걸 영화에서는 실제 보여 준다. 우리가 먹는 소, 돼지, 닭뿐 아니라 틸라피아, 연어 등 바다 생선도 대부분이 양식인데 이 사료 또한 옥수수를 바탕으로 만든다고 하니 새삼 놀라울 따름이다.

소는 원래 풀을 먹었지, 옥수수를 먹지 않았다

원래 소라는 동물은 풀을 뜯어 먹고 자라는 동물로 옥수수와 같은 곡물을 먹도록 진화한 것이 아니라서 사육 과정에서 많은 부작용이 따른다는 것도 폴란의 저서에서 이미 소개된 바 있다. 그런데도 옥수수를 먹이는 이유는 칼로리 대비 원가가 워낙 싸기 때문이고 또 영양가가 높아 빨리 살찌울 수 있기 때문이다. 이렇게 생산원가를 밑도는 가격으로 구입한 사료를 먹인 가축 역시 가격을 저렴하게 책정할 수가 있으므로 수출 경쟁력이 월등할 수밖에 없다. 이는 미국산 소고기와 돼지고기가 세계로 수출되어 한국, 일본은 말할 것도 없고 중국에서도 시장점유율이 높아지고 있는 연유이기도 하다. 중국은 이미 육류 제품도 그렇지만 사료가 되는 미국산 옥수수를 엄청나게 수입하는 나라가 되었다. 불과 얼마 전까지만 해도 옥수수 수출국이었는데 경제 성장과 함께 역전되어 수입국이 돼버린 것이다.

미국 캘리포니아의 LA에서 샌프란시스코로 통하는 5번 도로를 가다 보면 중간에 시커먼 구릉이 천천히 움직이는 모습을 볼 수 있다. 사실은 구릉이 움직이는 것이 아니라 검은 소 떼가 움직이는 것이다. 수만 마리의 소떼를 한군데 모아 놓은 모습은 처음 보는 사람들에겐 장관이라고도 할 수 있겠는데 어쩌다 창문이라도 열어 놓으면 견디기 힘든 악취가 들어온다. 미국 전역에 이런 밀집 사육 시설들이 있는데 이런 곳을 목장이라는 말 말고 '집중가축사육시설(CAFO, Concentrated Animal Feeding Operation)'이라고 부른다.

OECD 통계에 따르면 미국 사람들의 연평균 1인당 육류 소비량은 2019년 기준 100.5킬로그램이다. 한국이 60.3킬로그램으로 일본의 40.8킬로그램 보다 앞선다. OECD 국가 평균은 70.1킬로그램이다. 영양학적인 측면에서는 육류를 많이 먹을수록 건강과는 거리가 멀다는 의학 연구 결과도 나와 있으므로 적당한 선에서 이 성장세는 멈추는 게 어떨까 싶기도 하다. 아무튼 이런 집중 사육 시스템의 부작용 가운데 큰 문제가 또 하나 있으니 바로 E.Coli O157:H7 박테리아의 출현이 그것이다. 반추동물인 소의 제1 위장에는 수백만 종의 박테리아가 서식하는데 옥수수를 먹으면서 거기에서 위산에 죽지 않는 박테리아가 생겨나고 그것이 분뇨를 통해 인간에게 옮아온다는 것이다. 집중 사육하는 장소에서 가축들은 24시간 내내 분뇨에 다리를 넣은 채 지내는데 아무리 위생을 챙기려 해도 도축 과정에서 조금이라도 분비물이 묻어 들어갈 가능성이 생긴다고 한다. 육류뿐만이 아니라 상추와 새싹나물 등에 번지기도 해서 미국에서는 희생자가 생긴 뒤에 대규모 리콜 상태가 일어나기도 한다.

수입한 옥수수로 키워내는 우리 식자재

그러면 미국이 이러할 때 한국은 어떨까? 우리에게는 사실 한우는 정의의 편이고 미국산 수입 소고기는 악의 편이라는 대립 구조의 환상이 심어진 게 아닌가 싶을 때가 있었다. 그랬으면 좋겠지만 현실은 그렇지 않은 게 안타까울 따름이다. 한마디로 말해서 우리나라도 예외는 아니다. 한국의 식량 자급률은 1970년대 이후 줄곧 낮아져서 2019년 통계로 50퍼센트를 밑돌고 있다. 이는 사료용 곡물을 제외한 수치이고 사료용 곡물을 포함하면 겨우 20퍼센트 대에서 턱걸이를 하고 있다. 상징적인 주식인 쌀만 자급률 90퍼센트 대를 유지할 뿐 나머지 작물의 경우에는 대부분이 수입에 의존하고 있는 것이다. 콩의 자급률은 10퍼센트 미만이고 밀과 옥수수는 자급률이 1퍼센트를 밑돈다. 99퍼센트 이상을 수입에 의존하고 있는 게 현실이다. 한국은 어차피 고부가가치의 공업 제품을 수출하는 경제 구조로 바뀐 나라이므로 자급률이 높아야 좋다는 이야기를 하는 것은 의미가 없다. 여기서는 단지 우리가 얼마나 외국의 농산물에 의존하고 있느냐, 특히 옥수수가 한국인의 식생활에도 얼마나 커다란 비중을 차지하고 있느냐를 이야기하는 것이다.

'신토불이身土不二'라는 말을 신화처럼 믿는 이들이 많다. 그리고 이 말을 마치 조상 대대로 내려온 지혜의 결정체인 것처럼 한국 식품의 우수성을 강변할 때 암행어사 마패처럼 내세우는 경우가 왕왕 있다. 이 말은 사실 1980년대 말 우리나라 농협의 한 간부가 일본의 유기농 단체에서 사용한 말을 들여다 국적을 슬그머니 지우고 캠페인에 사용한 게 그 시작으로 알려져 있다. 아직까지 이 말이 먹히는 걸 보면 대단히 성공한 캠페인이라 하겠다. 우리나라 슈퍼에 가면 채소나 과일을 비롯하여 각종 식자재가 같은 종류라도 국산은 비싸고 중국산은 싸다. 그리고 우리는 이걸 당연하게 여긴다. 과연 그럴까? 비싸더라도 한국산을 사는 게 우리나라 농업을 보호해 준다는 측면에서는 바람직한 구매 행동이라 하겠다. 그러나 가격대비 품질, 즉 가성비를 생각한다면 반드시 그런 것만은 아니다.

한우가 비싼 만큼 값이 싼 수입 소고기보다 맛있다고 믿는 건 소비자의 자유인데 한우 소고기는 엄밀하게 얘기하자면 '한국 땅에서 외국산 옥수수 사료를 먹고 자란 외국 품종의 소고기'다. 돼지고기도 마찬가지다. 최근에 한돈이라는 브랜드를 얻기 시작한 국산 돼지고기는 전량 수입한 옥수수 사료로 키운 외국산 돼지고기일 뿐이다. 닭고기 역시 같은 상황이다. 재래종 누렁소라든가 재래종 흑돼지 같은 이야기는 엄밀하게 따지자면 도시전설일 뿐이다.

2013년 전주 MBC에서 제작한 〈육식의 반란: 마블링의 음모〉라는 프로그램이 한국방송대상까지 수상한 바 있다. 없는 예산에 미국과 유럽은 물론 남미의 아르헨티나까지 취재를 해 풀을 먹여 키운 소의 고기가 맛있다는 것을 보여 주고, 마블링이 촘촘히 들어간 것으로 등급을 매기는 우리나라의 소고기 분류 시스템에 문제가 있다는 것을 고발한 역작이다. 이 작품을 보고 나면 '투뿔등심'이 좋다는 소비자의 인식이 고쳐질 것도 같은데, 이 프로그램은 끝내 전국 방송을 타지 못했다. 축산협회 관계자들이 "목숨을 걸고서라도 전국 방송을 저지하겠다"고 나섰다는 후일담이 역설적으로 진실을 이야기해 주는 것 같다. 이 프로그램을 만들었던 유룡 기자는 그 후에 〈검은 삼겹살〉, 〈팝콘 치킨의 고백〉 등 다수의 문제작을 속속 만들었는데 지금 다 유튜브에 올라와 있으니 꼭 한번 볼 것을 추천한다.

우리는 쌀보다 옥수수를 더 많이 먹는다

〈인터스텔라〉에서 옥수수를 사슬로 한국까지 오게 됐는데, 이 글에서 이야기하고 싶은 것은 한국인의 식생활도 옥수수에 의존하는 바가 대단히 크다는 사실이다. 한국인이 사랑하는 치킨에도 햄버거에도 옥수수를 주사료로 키운 고기가 들어가고 함께 마시는 콜라에도 옥수수가 대량으로 들어간다. 오늘날 우리가 마시는 모든 탄산 음료와 가당 음료에는 액상과당이 들어 있다. 불과 수십 년 사이에 단맛을 내는 성분으로 설탕을 밀어내고 이 '액상과당'이 그 자리를 차지했는데 이게 영어로는 HFCS(high fructose corn syrup)라고 하는 것이다. 요즘 가정용 감미료로 설탕 대신 주목받는 올리고당도 절반 이상이 옥수수를 원료로 한 것이다.

한국이 연간 수입하는 옥수수의 양은 2019년에 연간 1100만 톤을 넘어섰다. 이 가운데 75퍼센트가량이 사료로 쓰이고 20퍼센트 이상이 액상과당과 옥수수기름 등의 가공식품 원료로 사용된다. 국민 1인당 연간 옥수수 소비량이 200킬로그램 정도다. 정부는 2019년 한국인의 연간 쌀 소비량이 59.2킬로그램이라고 발표하였다. 우리는 어느새 쌀보다 수입한 옥수수를 3배 이상 직간접적으로 먹으며 살고 있는 것이다. 물론 수입 옥수수는 전부 유전자 변형 작물GMO이다. 그게 나쁘다는 게 아니라 단지 그렇다는 이야기다. 신토불이를 내세워 한국산 축산물을 장려하는 현실이 100퍼센트 외국산 곡물로 만든 사료를 밑바탕에 깔고 있다는 게 아이러니하게 느껴지기 때문이다.

2015년 LA에 출장 갔을 때의 일이다. 친구가 맛있다는 고급 햄버거집에 데려가 주었다. 가격이 좀 비쌌는데, 주문을 받고서야 소고기를 갈아 패티를 만드는 식당이라 '힙하다'는 젊은이들한테 인기라고 했다. 갔더니 음료 메뉴에 '멕시코산 코카콜라'라고 적혀 있었다. 물어보았더니 멕시코산 코카콜라는 액상과당을 쓰지 않고 설탕만 사용한다고 한다. 옛날의 그 맛을 찾는 이들을 위하여 수입해 판다는 설명이다. 옥수수에 지배당하는 미국인의 식탁에 소소한 반항의 움직임이 일어나나 싶어 흥미로웠다. 실제로 미국에서는 '옥수수를 먹인corn-fed' 소고기가 아니라 옛날처럼 '풀 먹인grass-fed' 소고기를 찾는 사람이 점차 늘고 있다. 맛도 좋고 영양면에서도 좋다고 하는데 아직은 값이 비싼 편이라 홀푸드 같은 고급 슈퍼에서만 취급하고 있다.

몇 년 전 비무장지대를 거쳐 극적으로 귀순한 북한 병사의 이야기에 옥수수가 얼핏 나왔다. 만성적인 식량난을 겪는 북한에서는 강냉이, 즉 옥수수를 주식으로 많이 먹는다고 한다. 그런데 옥수수만 먹을 때 걸리는 펠라그라병이라는 게 있어서 이를 예방하려면 여러 면에서 신경을 써야 한다. 원래 옥수수를 주식으로 삼았던 마야인들은 옥수수에 석회 성분을 더해 이를 면할 수 있었다.

────── **부자의 식탁에서 빈자의 식탁까지
모두 점령하다**

그러고 보니 옥수수는 지금 세상에서 제일 부유한 나라의 식탁에서 제일 가난한 나라의 식탁까지 점령을 한 상태다. 영화 〈인터스텔라〉에서처럼 가상의 미래에선 유일무이한 식품으로 인류의 생존을 책임지고 있다.

어려서 여름방학 때 시골에 내려갈 때, 인제나 양구에서 버스가 잠시 멈추면 갓 쪄낸 옥수수를 함지에 담은 아낙네들이 창문으로 몰려들어 팔았다. 배가 출출하면 하모니카를 불듯 먹기도 하고 배가 고프지 않아도 한알 한알 진주알을 파내듯이 떼어먹으면 재미가 쏠쏠했다. 옥수수가 사람이 쪄서 먹는 소박한 농촌 식품으로 남아 있던 시절이 그립다.

飮食映畫

——

10

중국 요리의
진수를 만나는 즐거움

〈음식남녀〉와 중국 음식 변천사

서로 자기네가 더 길다고 주장하는데, 중국인의 역사와 유대인의 역사 어느 쪽이 더 오래되었을까? 중국인의 역사가 더 길지. 왜? 중국인이 나중에 생겼으면 그동안 유대인은 먹고 살 게 없었을 테니까.

유대인이 중국 요리를 좋아하는 걸 풍자한 미국 농담이다. 미국에서도 특히 유대인이 많이 사는 뉴욕에서는 이 농담이 금세 통한다. 인종적으로 유대인이 특별히 중국 음식을 좋아하는 게 아니라, 상대적으로 교육 수준도 높고 소득이 높은 계층이 다양한 음식을 즐기기 때문에 그 범주에 들어가는 유대인이 많은 게 이유라고 짐작한다. 유대인들이 중국 음식을 사랑하는 또 하나의 이유도 짐작이 간다. 가성비가 뛰어난 것이 그것이다. 아주 저렴한 가격에 테이크아웃하여 간편하게 먹을 수 있는 것이 바로 미국식 중국 음식의 특징이다.

미국으로 건너가 싸구려
배달 음식이 된 중국 요리

컴컴한 오피스에서 밤늦게까지 홀로 야근
하며 종이 박스에 담긴 볶음국수나 기타 요리를 퍼먹는 모습은 할
리우드 영화에 많이 나오는 장면이다. 대륙횡단철도 부설을 위해
중국에서 건너간 노동자들이 그대로 남아 식당을 열고 중국 음식
을 팔기 시작한 게 미국에 중국 요리가 전파된 시초라고 알려져 있
다. 그러니 애초부터 값싸고 대중적인 음식으로 명함을 내민 셈이
다. 그 과정에서 미국 사람들이 좋아하는 찹수이, 제네럴조치킨,
비프 브로콜리 등 중국에는 없는 미국산 중국 메뉴도 생겨났다.
　그러나 진짜 중국 요리는 끝이 없을 정도로 다양하고 심오하다.
세계 어떤 요리에도 뒤지지 않는 인류 음식 문화의 정점에 서 있
는 중국 요리를 먹어보고 아는 중국 사람이라면 미국의 이런 상황
에 답답해하는 것이 당연하다. 조미료로 범벅이 된 미국의 싸구려
중국 요리를 진짜 중국 요리겠거니 여기는 미국 사람들에게 한 걸
음 더 나아가 세계만방에 중국 요리란 이런 것이다 보여 주고 싶
지 않았을까?

이안李安 감독의 〈음식남녀〉는 이런 상황을 배경으로 태어난 영화다. 이안 감독은 대만에서 대학을 졸업한 뒤 미국으로 건너가 유학을 했고 미국에서 데뷔를 하여 할리우드의 주목을 받았다. 그런 그가 대만으로 돌아와 만든 영화가 〈음식남녀〉다. 영화 제목도 그대로 직역하여 'Eat Drink Man Woman'이다. 이 말은 중국의 고전 『예기』에 나오는 '飮食男女 人之大欲存焉'이라는 구절에서 따온 것으로, 먹고 마시고 남녀 간에 사랑을 하는 것은 인간의 원초적 욕망이라는 뜻이다.

이 영화는 훗날 그의 명성을 세계적으로 알리고 그에게 아카데미 감독상을 두 개씩이나 안겨준 〈브로크백 마운틴〉과 〈라이프 오브 파이〉를 비롯 〈와호장룡〉, 〈색, 계〉 등의 대작에 못지않은 걸작으로 그의 초기 작품이라는 표현이 어색할 정도로 완성도가 높다. 나는 이 영화를 보지 않은 분들께 꼭 봐야 할 영화로 추천을 하기에 스포일러도 피할 겸 여기서는 이 영화의 탄탄한 구성과 감동 가득한 스토리는 생략한다. 그래도 충분히 다룰 소재가 차고 넘치니 바로 이 작품에 등장하는 음식 이야기가 그것이다.

주인공은 타이베이에서 제일 큰 호텔의 연회와 음식을 책임진 주방장 주朱사부와 그의 세 딸 이야기다. 십수 년 전 부인을 먼저 떠나보내고 홀아비가 된 그는 직장에 가면 수백 명의 부하 직원으로부터 존경받는 사부이지만 집에서는 성장한 세 딸이 대화가 안 통해 답답해하는 고집 센 아버지일 뿐이다. 첫째는 전문학교의 화학 선생, 둘째는 항공사에서 마케팅을 담당하는 커리어 우먼, 셋째는 대학생이다. 이 집에서 반드시 지켜야 할 룰 가운데 하나는 무슨 일이 있어도 일요일 저녁은 집에서 다 같이 먹는 것이다.

──────── 깊고 오묘한 중국 요리의 속내를 드러내다

영화는 어느 일요일 주사부가 집에서 이 일요 만찬을 준비하는 장면에서 시작한다. 살아있는 잉어는 잡아 비늘을 벗기고 배를 가른 뒤 필레를 뜬다. 밀가루를 씌우고 뜨거운 기름을 부어 겉면을 살짝 익힌 뒤 다른 재료와 함께 조리한다. 오징어는 가늘게 칼집을 내 볶고 돼지 콩팥은 얇게 편을 뜬다. 마는 채 썰고 잘 쪄진 동파육은 썰어 얼음물에 식힌 뒤 다시 익힌다. 닭장에서 알맞은 닭을 골라 배 안에 샥스핀을 채워 넣고 도자기에 담아 중탕으로 곤다. 개구리 다리는 튀기고 고기는 다져 소룡포를 빚는다. 이렇게 해서 완성된 메뉴가 쑹수위松鼠魚, 훠바오쌍추이火爆雙脆, 지바오츠雞包翅, 동퍼러우東坡肉, 시에로우샤오룽바오蟹肉小籠包 등이다. 관객들이 짧은 시간에 중국 요리의 깊고 오묘한 속을 들여다볼 수 있게 하는 데 성공을 한 명장면이다.

영화 뒤쪽에 가서 오리구이인 카오야烤鴨를 만드는 장면도 나오고, 양념한 닭을 연잎에 싸고 흙을 두껍게 발라 불 속에 넣었다 꺼내 망치로 깨서 먹는 투쑤지富貴土塑雞를 만드는 장면도 나온다. 카오야는 화덕에 넣어 뜨거운 공기로 익히는 요리고, 투쑤지는 밀폐

시킨 뜨거운 흙의 열기로 익히는 요리다. 재료는 같은 조류인데도 이렇게 조리 방법이 전혀 다른 메뉴를 고른 것은 다분히 이안 감독의 의도가 들어가 있다고 본다. 중국 요리의 다양하고 뛰어난 조리법을 보여 주고 싶은 감독의 의도가 보인다는 말이다. 카메라는 스치듯 훑고 지나가지만 집안에 쟁여둔 엄청난 건어물 등의 말린 식자재도 나오고 용도에 따라 달리 쓰는 다양한 식칼들도 보인다.

그리고 또 하나의 명장면이 있다. 주사부가 일하는 호텔에서 일요일 저녁에 급히 그를 찾는 전화가 온다. 오랜 세월 파트너였던 호텔 주방이 난처해진 이유는 최고 대우를 해야 할 손님이 결혼피로연을 하는데 샥스핀 그러니까 상어 지느러미 요리를 위해 구입한 재료가 가짜여서 끓였더니 풀어지고 만 것이었다. 주사부는 롱펑청쌍龍鳳呈祥으로 대치하라고 하여 위기를 넘긴다. 상서로운 경사에 등장하는 이 메뉴는 '용'으로는 해산물을 쓰고 '봉'으로는 조류를 쓰는데 그는 고급 음식 재료를 아낌없이 쓰라고 명한다.

영화는 소홀히 해선 안 될 이 귀빈의 연회 모습을 보여 주는데 그 규모가 어마어마하다. 로케이션으로는 타이베이의 명소 원산대반점을 골랐다. 새빨간 기둥과 카펫이 너무나도 중국적인 이곳의 연회장은 서양에서는 보기 드문 거대한 규모다. 천 명 단위의 손님이 한자리에서 식사를 하는 모습은 장관이다. 그러나 진정으로 관객을 압도하는 장면은 이런 대규모 연회를 위하여 바삐 돌아가는 주방 안을 보여 주는 것이다. 사고를 수습하기 위해 바쁜 걸음으로 들어가는 주사부를 스테디캠으로 따라가며 영화는 엄청난 규모의 스태프가 썰고 볶고 끓이고 썻고 나르고 하는 초대형 연회장의 주방 안으로 관객을 초대한다.

사실 서양의 연회는 이 정도로 큰 경우가 많지 않다. 그리고 어느 정도 규모 이상이 되면 미리 준비해 둔 케이터링 음식이나 콜드컷cold cut이 들어가서 여러 사람분을 한꺼번에 뜨겁게 내야 하는 핫 플레이트의 종류는 그다지 많지 않다. 요즈음 한국도 좀 여유가 있는 집은 결혼식을 호텔에서 하는 경우가 많은데 메뉴 구성이 천편일률이다. 내 기억에는 애피타이저, 수프, 샐러드, 해산물 그리고 메인으로 스테이크가 나오고 그 뒤에 디저트와 음료가 나오는 게 대부분이다.

솔직히 말해서 이런 데서 먹은 스테이크 가운데 맛있다고 느낀 적은 거의 없다. 동시에 수백 명에게 서빙하는 스테이크를 맛있게 내는 노하우가 부족한 게 아닌가 싶기도 한데 아마도 그보다는 음식의 맛에 크게 기대를 안 하고 오는 손님들이 대부분이라 그냥 넘어가서 그런 거라고 생각한다. 그도 그럴 것이 나는 지금까지 대화 중에 아무개네 결혼식 음식이 정말 맛있더라는 이야기를 들어본 적이 한 번도 없다. 그냥 축하해 주러 간 거니까 호텔에서 양식 코스를 대접받든 식권 받아 뷔페를 먹든 아니면 갈비탕 한 그릇을 얻어먹든 대저 음식에는 관심이 없는 것 같다. 중국과 대만은 물론이고 홍콩과 싱가포르 모두 중국 사람들이 사는 곳은 다르다. 잔치를 하게 되면 손님들의 기대도 높고 음식을 내는 호스트 쪽에서도 거기에 부응하기 위해 신경을 많이 쓴다.

이렇듯 음식에 신경을 많이 쓰는 중국 사
람들인지라 그들이 오랜 세월에 걸쳐 만들어 낸 중국의 음식 문화
는 요리법에 있어서도 타의 추종을 불허할 정도로 발달하였다. 그
한 가지 예로 조리법을 나타내는 한자를 몇 가지 소개해 보아도
알 수가 있다. 조리법을 나타내는 한자에는 대개가 불 화火자가 들
어 간다.

한국인에게 너무나도 익숙한 짜장면炸醬麵의 '짜炸'는 기름을 많
이 넣고 센 불에 볶거나 튀긴다는 말이다. 프라이드치킨은 짜지炸
雞라고 한다. 기름을 두르고 볶는 건 '차오炒'라고 한다. 볶음밥은
차오판炒飯, 볶음국수는 차오미앤炒麵이다. 한국 사람들이 좋아하
는 짬뽕을 화교들은 차오마미앤炒碼麵이라고 부른다. 이 재료 저 재
료를 섞어 볶았다는 의미다. 짜와 차오의 중간쯤 되는 조리법으로
'빠오爆'라는 조리법도 있다. 베이징 거리 음식으로 유명한 빠오
뚜爆肚에서 볼 수 있다. 철판에 기름을 두르고 지지듯이 익히는 게
'지앤煎'인데 한국어로는 전으로 읽는다. 우리가 명절에 먹는 전이
여기서 온 말이다.우리말로 파전, 생선전 할 때의 전은 여기에서
온 것이다. 기름을 쓰는 요리법만 해도 이렇게 다양하다.

물에 삶는 건 '쭈煮'라고 하고 증기로 찌는 것은 '쩡蒸'이라고 한
다. 생선찜을 쩡위蒸魚라고 하고 한국에서 찐 떡을 증편이라 하

는 게 이 글자다. 중탕을 하여 오랜 시간 뭉근하게 조리하는 것은 '뚠燉'이라고 한다. 화덕 안에서 뜨거운 공기를 이용하여 익히는 것은 '카오烤'라고 하고 연기로 익히는 것은 '쉰燻'이라고 한다. 유명한 북경오리를 베이징카오야北京烤鴨라고 한다. 조리는 방식으로 요리하는 것을 '샤오燒'라고 하는데 우리나라 중국집 메뉴에도 이 글자가 많이 보인다. 간장 양념을 넣고 조리는 걸 홍샤오紅燒라고 한다. 불 조절을 하며 국물을 내냐, 전분으로 걸쭉하게 하냐에 따라 '샤오燒', '류溜', '후이燴'가 있고 물에 넣고 저어 살짝 익히는 '촨涮'이라고 하는 등 참으로 다양한 방법이 있다.

　세계 거의 모든 요리가 불을 써서 날것의 재료를 익힌다는 데 공통점이 있지만, 중국 요리의 조리법은 이 불을 쓰는 데 있어 참으로 다양하다. 이는 음식 재료의 식감을 살리거나 고유의 색깔을 살리거나 하는 데 무척 유용하다. 필요에 따라 부드럽게 또는 꼬들꼬들하게, 표면은 아삭하고 속은 몰캉하게 등 맛을 극대화하기 위한 노하우를 오랜 세월 축적해 온 것이다. 그래서 일단 기름에 데쳐서 볶는다거나 아니면 물에 데친 후 튀긴다거나 기름에 볶은 뒤에 찐다거나 하는 식으로 복합적인 조리 방법을 자주 사용한다. 일본과 미국 등 외국에서도 인기가 있는 후이궈러우回鍋肉의 뜻은 글자 그대로 직역하면 '냄비로 돌아온 고기'라는 말이다. 열을 가하여 일단 익힌 뒤 양념을 넣고 다시 조리는 요리라는 게 이름에 들어 있는 것이다. 미국에서는 이 요리를 식당마다 조금씩 다르기는 하지만 통상 Double Cooked Pork라고 부른다. 두 번 조리한 돼지고기라는 뜻이니 걸맞은 번역이라 하겠다.

이렇게 오묘한 중국 요리를 들여다보는 재미가 쏠쏠한 영화가 〈음식남녀〉인데 여기에 더하여 오늘의 중국을 상징적으로 보여 주는 장면이 또 하나 있으니 대학에 다니는 셋째 딸 이야기다. 아버지는 대만 최고의 숙수인데 그녀는 햄버거를 내는 패스트푸드 점에서 아르바이트를 한다. 그리고 길거리 포장마차에서 싸구려 국수를 먹으며 데이트를 한다. 정성스레 식자재를 고르고 오랜 시간 성의를 다해 맛난 음식을 만들어 소중한 사람에게 대접하던 전통이 패스트푸드로 옮겨가 버린 젊은이들의 식생활과 사랑 이야기도 이 영화는 놓치지 않고 보여 준다. 진정 이안 감독에게 찬사를 보내지 않을 수 없게 만드는 작품이다.

할리우드 영화에 나타난 중국 요리의 초라한 모습

앞에서 이야기했듯이 이안 감독이 '중국 요리는 이런 것이다'라는 것을 영화로 보여 주자고 작심하게 된 것은 미국 사람들의 중국 요리에 대한 생각, 실제 미국 내 중국 요리의 위상을 자신이 직접 미국에서 생활하며 느꼈기 때문일 것이다. 다른 미국 영화에서 보이는 중국 요리에 대한 예를 몇 가지 들어본다.

영화 〈대부〉를 보면 알 파치노의 큰형으로 나오는 제임스 칸이

상대편 마피아와 전투 상태에 돌입하며 멤버들과 회의를 하는 장면이 있는데 식탁 위에 중국 음식 배달 그릇이 어지럽게 널려 있다. 시대는 1946년경이다. 그때부터 배달하면 중국 음식이었던 거다. 할리우드 영화에서는 중국 음식점이 참 많이 나오는데 어디에서 무엇을 먹느냐가 등장인물의 생활 습관과 수준을 한 번에 설명해주는 편한 장치 때문이기도 하다.

영화 〈야망의 함정〉에서는 톰 크루즈가 취직이 되니까, 기쁜 마음에 축하를 하려고 디너를 준비한다. 부인이 아파트로 돌아오자 부엌 옆의 다이닝 쪽으로 데려간다. 멋있게 차려놓은 식탁, 캔들라이트. 메뉴는 짜잔! 배달 중국 음식이다. 무슈 포크, 시추안 비프, 만다린 덕 등. 앞으로 고소득층이 될 젊은 변호사, 하지만 그동안 로스쿨 공부하느라 인생을 즐길 여유는 없었고, 그런데 호기심은 많고. 이런 걸 이 한 장면으로 잘 설명해주고 있다.

영화 〈캐치 미 이프 유 캔〉에서 디카프리오를 쫓는 톰 행크스가 크리스마스날인가에 혼자서 중국 음식을 시켜 먹는 장면이 나온다. 그렇다. 미국에서 크리스마스날 가게를 열고 배달해주는 데는 중국 음식점밖에 없다는 얘기다. 그래서 혼자서 시켜 먹는 중국 음식은 외로움, 고독함, 홀로됨 등을 한 번에 설명해 준다. 네모난 박스형의 배달용 종이 그릇이 이런 경우 흔하게 등장한다.

영화 〈미키 블루 아이즈〉에서는 휴 그랜트
가 청혼을 하는데 장소가 중국 식당이다. 여기에 포춘쿠키가 중요
한 장치로 등장한다. 미국의 중국 음식점에서는 반드시 계산할 때
포춘쿠키를 가져다준다. 까보면 대개는 돈을 모을 것이다, 기쁜
소식을 들을 것이다 등 좋은 얘기가 나오고, 아무리 안 좋아도 대
충 뭉뚱그려 그렇고 그런 얘기가 나온다. 이 포춘쿠키야말로 미국
에 있는 중국 식당의 고유 풍습인데, 중국에는 없고 미국의 중국
식당에만 있는 풍습이나 메뉴가 여러 가지 있다.

미국의 중국 음식에 찹수이라고 있다. Chop Suey라고 하는데 어
원은 雜碎의 광둥어 발음인 잡소이가 영어로 표기되며 변한 것이
다. 말 그대로 이것저것 넣어 만든 것이라는 뜻인데, 대개 각종 채
소와 돼지고기를 넣어 볶은 음식을 말한다. 소스는 그냥 전분을
넣어 점성을 준 심플한 소스로 한국의 중국 음식점에서 시키는 팔
보채나 유산슬 같은 느낌이다. 그러니 만들기도 간단하다. 재료를
볶은 후에 물을 살짝 넣고 전분을 풀면 그게 전부다. 1888년에 이
미 당시의 사전에 등장을 하는 걸 보면 역사가 상당히 오래되었
다. 영화 〈사운드 오브 뮤직〉과 〈남태평양〉으로 유명한 로저스와
해머스타인 콤비의 1958년 뮤지컬 〈플라워 드럼 송Flower Drum Song〉
에도 〈찹수이〉라는 노래가 나온다. 이렇게 오래되어서 미국인들
에게는 이미 오래전에 컴포트 푸드가 되어 제2차 세계 대전 때 군

대 급식으로 잡수이가 들어갔고 병사들 사이에서도 인기가 좋았다고 한다.

그리고 제너럴조치킨General Tso's Chicken이라는 게 있는데 이것 역시 미국에만 있는 음식이다. 우리나라 라조기를 좀 더 달게 해서 채소와 곁들여 냈다고 하면 이해하기 쉽다. 계란에다 각종 채소를 넣어 부친 에그푸용Egg Foo Yong, 춘권이나 하루마키라고도 불리는 에그롤도 인기 메뉴다. 수프로는 Sour and Hot Soup이라고 쓰는 쏸라탕과 Wonton Soup이라고 쓰는 완탕이 인기 메뉴다. 에그롤이나 쏸라탕이 인기 메뉴가 된 것은 수프, 애피타이저, 메인 디쉬 이런 식으로 시켜 먹는 미국 사람들의 습관과도 맞아떨어져서라고 생각된다. 그리고 미국 사람들도 우리가 요리를 먹고 마지막에 짜장면이나 짬뽕을 먹듯이 볶음밥이나 볶음면을 많이 시켜 먹는다. 물론 Sweet and Sour Pork, 즉 탕수육도 대단히 좋아한다.

그리고 오렌지 치킨과 브로콜리 비프도 미국 고유의 메뉴다. 오렌지 치킨이 인기가 있기 시작한 것은 그다지 오래되지 않았다고 보이는데 오렌지, 레몬 등의 감귤류와 함께 내놓는 육류는 뭔가 건강에 좋아 보이기도 해서, 한때 MSG 파동으로 부정적인 이미지가 강했던 중국 요리가 이미지를 만회하려고 안간힘을 쓸 때 보급되기 시작한 메뉴가 아닐까 한다. 브로콜리 비프는 페킹 비프 등으로 이름도 들쭉날쭉한데, 기본적으로는 쇠고기 채소 볶음이다. 소스로 간장과 굴소스를 섞거나, 여기에 더하여 최근에 나온 XO장 등을 사용하는데, 브로콜리가 사용되기 시작한 건 얼마 되지 않는다. 원래 중국 남방에 가이란(芥蘭, 북경어로는 지에란)이라는 맛있는 채소가 있는데 미국에 없어서 (요즘 대도시 중국 식당에는 있지만) 비슷한 식감의 채소를 택한 게 브로콜리다. 미국 사람들이 브로콜리를 먹기 시작한 것도 최근의 일이다.

중국 음식에 배어 있는
해외 이주의 서글픈 역사

그러니까 음식은 참 짧은 시간에도 변화가 무쌍한 것이고 또 어떻게 보면 변한 것 같아도 기본은 변하지 않는 오묘한 것이라 하겠는데, 이 변화와 전통에는 슬픈 중국계 이민의 역사가 깔려있다. 미국의 중국 이민과 문화를 크게 세 단계로 나누어 보면 우선 대륙횡단철도 건설 노동자로 온 중국 이민 1세대의 서글픈 역사에서 나온 '찹수이' 문화가 있다면, 그다음 2세대로 대만과 홍콩 등지에서 고학력자들이 대량으로 유학과 이민을 와서 퍼뜨린 중국 문화가 있다. 야후와 에이서Acer 컴퓨터 세대의 그것이라고나 하면 맞겠다. 특히 1982년 홍콩의 중국 반환이 결정된 뒤 1997년까지 홍콩으로부터 이민이 부쩍 늘었다. 캐나다의 밴쿠버는 '홍쿠버'라는 별명이 붙을 정도였다. 이때 미국의 중국 음식은 비약적인 발전을 하는데 이건 이민이 집중된 몇몇 대도시에 한정된 이야기다.

그리고 중국이 개혁개방을 하면서 예전에 비해 엄청난 숫자의 중국 본토 사람들이 미국으로 건너오게 된다. 유학생에서부터 돈 많은 신흥 부자는 물론이고, 미국의 각종 제조업과 중국집 주방에서 저임금으로 중국 이민 사회의 인프라를 받쳐주는 밀입국 불법 체류 중국인까지 중화인민공화국 출신들이 그 3세대가 된다고 하겠다. 이들이 들어오면서 미국의 대도시에는 미국 사람들을 타깃으로 하지 않는 중국 식당들이 많이 생겼다. 독립적으로 생존할 수 있는 중국인 커뮤니티가 생겨난 것이다. 그래도 이는 주요 대도시 몇 곳에 제한적으로 존재하는 것이고 아무래도 미국 전체를 놓고 보면 중국 요리는 앞에 소개한 미국산 대표 메뉴 몇 개에 볶음밥과 볶음면을 더한 게 대부분인 이미지가 뿌리 깊다. 그러니 이안 감독이 아니더라도 수천 년에 걸쳐 발전하여 무궁무진하다고 여겨지는 중국 요리를, 종이 박스에 담긴 싸구려 배달 음식이 전부가 아니고, 진면목은 이런 거라고 소개하고 싶은 중국 사람들은 많았을 것이다. 그걸 이안 감독이 영화를 통하여 해낸 것이다. 그러면 마무리를 하면서 영화 〈음식남녀〉로 다시 돌아간다.

──────── **부엌과 식탁에서 찾은 진정한 행복**

영화는 마지막으로 재색을 겸비하여 제일 먼저 독립할 것 같던 둘째 딸이 저녁 준비하는 장면을 보여 준다.

정들었던 집이 팔려서 식구들의 마지막 일요 만찬이 되는 셈인데 다들 사정이 있어서 둘째 딸만 아버지와 단둘이 저녁을 먹는다. 자식들에게는 주방일을 시키고 싶지 않다고 어려서부터 아버지 일하는 주방에 딸들이 드나들지 못하게 했는데 사실 둘째에게 제일 행복한 순간은 맛있는 음식을 만들어 좋아하는 사람들과 즐기는 것이었다. 영화에 대한 이야기를 꽤 한 것 같지만 중요한 이야기는 사실 모두 숨겨 놓았다. 이 영화를 보지 않은 분들에게 꼭 감상하기를 다시 한번 권하면서 글을 맺는다.

飲食映畫

11

최고의 라멘을 향한
맛있는 여정

〈담포포〉와 일본의 음식 문화 이야기

옛날에 감명 깊게 보았고 그래서 뇌리에 깊이 새겨져 자신만의 '추억의 명
화' 리스트에 담긴 영화들을 세월이 한참 흐른 뒤에 다시 볼 때가 있다. 그
럴 때면 가끔씩 템포도 지루하고 촬영도 촌스럽고 음악도 그저 그런데 이
영화가 그때는 왜 그렇게 좋았을까 의문이 드는 경우가 있다. 어릴 적 살던
곳을 찾아가면 넓었던 길은 좁은 골목이 되었고 커다랗던 건물은 자그맣
게 줄어든 것을 보는 느낌도 이와 비슷할 것이다. 반면에 다시 보아도 여전
히 새롭고 또다시 감동하는 영화도 있으니 이런 작품이 진정한 '명화'라고
불리는 게 아닌가 한다. 〈담포포 タンポポ〉가 그랬다.

일본 영화 〈담포포〉를 이 글을 쓰기 위해 정말 오랜만에 다시 보았다. 이
작품은 1985년에 나왔다. 무려 35년이나 된 영화인데 어디 한군데 고루하
게 느껴지거나 촌스러운 대목이 없어 놀랐다. 이타미 주조 감독 작품인데
그의 재능에 다시 한번 찬사를 보내지 않을 수 없다. 작가, 화가, 디자이너,
배우였던 그는 오십이 넘어 감독으로 데뷔했다. 그리고는 십여 년간 맹렬
히 활동하며 열 작품을 만들고는 아까운 나이에 세상을 떠났다. 그의 모든
작품에는 자신만의 독특하고 예리한 풍자와 해학이 넘친다. 〈담포포〉는
먹는 것에 관한 영화인데 민들레를 뜻하는 담포포는 여자 주인공의 이
름이다. 맛있는 라멘을 만들기 위해 고군분투하는 미망인 담포포와 그녀
를 돕는 주위 사람들의 이야기가 큰 줄거리다. 그러나 이 영화의 진정한 매
력은 이 기본 줄거리에 곁가지를 친 다양한 음식 이야기가 빼곡히 걸려있
는 데 있다. 영화의 줄거리는 앞으로 이 영화를 감상하실 분들을 위해 자세
히 소개하지 않고, 이 작품에 나온 음식을 통해 일본의 음식 문화를 이야기
하기로 한다.

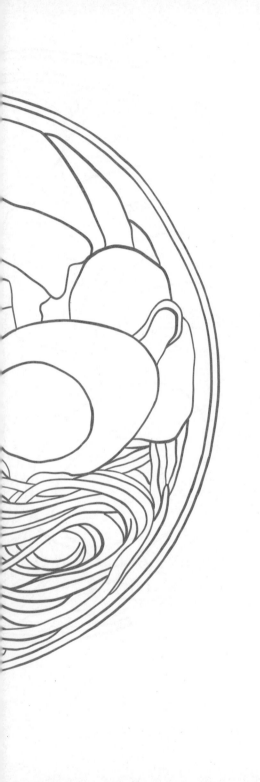

─────────── 외국 것을 받아들여 자기 것으로 소화하는

우선 이 영화의 소재인 '라멘'이야기다. 여기서 라멘이라고 표기하는 것은 한국인이 세계에서 제일 많이 소비하는 인스턴트식품인 '라면'과 구별하기 위해서다. 노란 생면을 삶아서 간장, 된장, 돼지뼈 국물 등을 베이스로 한 국물에 각종 고명을 얹은 일본의 '라멘'은 원래가 중국 음식이다. 라멘이라는 말 자체가 중국어의 잡아 늘인 면이라는 '拉麵(납면)'을 소리 나는 대로 받아 적은 것이다. 옛날에는 중국 국수라는 뜻으로 시나소바支那そば라고도 했고 지금도 중화소바라고 해서 쥬카소바中華ソバ라고 부르는 가게도 남아 있다. 그러나 일본 사람들의 라멘 사랑은 이 음식의 국적을 완전하게 일본으로 바꾸어 버렸다. 외식 산업의 통계를 보면 라멘 업계의 매출이 우동이나 소바 업계의 매출을 앞지른 지 오래다. 이게 일본 음식 문화의 특징이기도 한 게 우리가 일본 음식 하면 흔히 연상하는 일본 초밥 '스시'의 경우도 전체 산업 규모로는 한국에서 건너간 불고기집 '야키니쿠'보다 작아진 지 오래다.

그만큼 일본 사람들은 외국의 문물을 받아들이는 데 익숙하고

또 그것을 발달시키는 데 능하다. 일본에는 우리가 잘 아는 다꾸 앙(단무지)을 비롯한 이런저런 채소 절임이 발달했는데, 요 몇 년 전부터 그 가운데 김치가 매출 순위 1위가 되었다. 한국 사람들이 좋아하기만 할 일은 아닌 게 그들의 것은 엄밀하게는 '기무치'로 한국의 전통 양념과 발효법이 다르다. 일본에서 발달한 라멘은 지금 뉴욕 등 구미의 대도시에서도 조용히 붐을 일으키고 있는데 홍콩, 대만, 상하이 등 중화권에도 일본 음식 '라멘'으로 역상륙을 하여 시장을 넓혀가고 있다. 한국 사람들이 열심히 연구하고 노력하지 않으면 언젠가 기무치가 김치를 제치고 해외에 더 넓게 보급되지 말라는 법도 없다. 영화 이야기로 돌아가자.

──────── **만든 사람 먹는 사람 모두, 음식은 경건하게**

영화 시작에 '라멘 먹기 40년'이라는 어느 노인에게서 젊은 청년이 라멘을 제대로 먹는 법을 전수받는 장면이 나온다. 청년이 묻는다.

"선생님, 라멘이 나오면 우선 국물을 마십니까, 아니면 면을 먼저 먹습니까?"

근엄한 얼굴의 노인이 대답한다.

"우선 라멘을 잘 관찰합니다. 대접에서 올라오는 향기를 맡으며 라멘을 감상하는 겁니다. 국물 표면에 무수하게 떠 있는 자잘

한 기름 방울에 젖어 반짝이는 죽순 절임, 서서히 젖어 들어가는 김, 잠긴 듯 떠 있는 듯 걸쳐 있는 썬 대파, 무엇보다도 주역이면서도 얌전히 들어 있는 차슈 석 장. 젓가락으로 우선 표면을 어루만지듯 쓰다듬습니다. 이건 라멘에 대한 애정의 표현입니다. 그리고 차슈를 집어 올립니다."

"아, 먼저 차슈부터 먹는 거군요!"

"아닙니다. 젓가락으로 차슈를 사뿐히 집어 들어 오른쪽 구석에 담가 놓습니다. 중요한 건 이때 마음 속으로 '조금만 기다려 줘'하고 속삭이는 겁니다."

시작부터 유머가 넘치는 장면이지만, 여기에도 짚고 넘어갈 점이 있다. 일본 사람들은 음식을 만들어 파는 사람들도 열심이지만 돈을 내고 사 먹는 손님들도 성실하고 노력하는 사람들이라는 점이다. 맛있게 만들면 몇 시간이고 줄을 서서 기다리기를 마다하지 않는다. 발품을 팔아 먼 길을 찾아가는 걸 아까워하지 않는다. 진지하게 만들어 내는 쪽과 그걸 알아주는 소비자의 호흡이 잘 맞아야 음식 문화가 발전하는 법인데 일본이 그런 경우다.

일부 부유층을 상대로 하는 레스토랑이 먼저 발달한 서양과 달리 일본은 에도 시대에 일반 대중을 상대로 하는 외식업이 발달했다. 이는 다른 문화와 비교해도 드문 경우다. 이에 비해 한국은 도로와 유통이 발달하지 못했던 조선 시대에서 일제 강점기를 거쳐 한국전쟁이라는 참화를 겪으며 외식 문화가 발달할 겨를이 없었다. 그에 비한다면 외식 산업이 최근 몇십 년 사이 엄청난 속도로 발전하였고 수준도 나날이 나아지고 있는 데에서 국제전화의 국가 번호마저 '82'라는 한국 사람들의 장점이 잘 드러나고 있다.

─────────── 라멘 한 그릇에 녹아 있는 땀과 정성

이 영화의 남자 주인공은 고로라는 떠돌이 트럭 운전수다. 전국을 누비며 맛있는 라멘을 먹어본 사람이다. 그가 담포포의 간청에 못 이겨 그녀의 라멘을 맛있게 만드는 프로젝트에 선생이 된다. 제일 먼저 그가 한 일은 그녀에게 '평소 하던 대로 라멘을 한 그릇 만들어 보라'고 시킨 것이다. 그리고는 줄줄이 지적사항이 나온다. "우선 손님이 카운터에 앉으면 손님을 잘 관찰할 것. 시간이 급한 손님인가, 배가 고픈 손님인가, 술은 먹은 상태인가, 지나가다 들른 건가, 소문 듣고 온 건가를 보라. 차슈는 두껍게 썬다고 능사가 아니다. 3밀리미터 정도가 알맞은 거다. 라멘을 내고 손님의 표정을 잘 봐라. 금방 나온 라멘 국물을 홀홀 마시는 건 온도가 낮다는 증거다. 미지근한 국물은 치명적인 결함이다." 그는 줄줄이 지적을 하고는 특별 훈련에 들어간다. 물이 가득 찬 커다란 냄비를 요령 있게 옮기기, 면 삶기, 면 나누어 담기, 고명 만들기 이런 걸 스톱워치를 가지고 제한된 시간 내에 완성하기 그리고 무엇보다도 체력 단련.

그리고는 남의 가게를 전전하며 좋은 건 배우고, 안 좋은 점도

반면교사 삼으면서 자신의 역량을 늘려간다. 국물을 낼 때 닭은 상하기 쉬우니 언제나 신선한 것을 고를 것, 센 불에 부글부글 끓이면 국물이 탁해지니 불 조절을 잘할 것, 거품 걷어내는 것을 게을리하지 말 것, 돼지뼈를 잘못 삶으면 누린내가 남고, 채소를 너무 오래 삶으면 단맛이 늘어 산뜻한 맛이 사라지고, 죽순은 식감이 중요하고, 면을 만들 때 넣는 간수(탄산나트륨과 탄산칼륨)의 양 조절이나 반죽에 압력을 가하는 정도 등 전문적인 지식이 담포포의 학습을 따라가며 영화 안에 흥미롭게 펼쳐진다.

일본말에 '匠'이라는 글자가 있는데 읽기는 '다쿠미'라고 읽는다. 〈담포포〉를 보면서 이 글자가 생각이 났다. 일본어 '다쿠미'에는 일정한 경지에 오른 사람에 대한 존경과 찬사의 의미가 담겨있다. 술에도, 그릇에도, 옷에도 그리고 물론 라멘에도 자랑스럽게 이 글자를 브랜드로 붙인다. 몇대씩 내려가며 가업을 이어온 다쿠미들이 일본에는 각 분야에 수두룩하다.

원초적 본능을 막는 체면의 몸부림

영화 〈담포포〉는 앞에서 간단히 언급했듯이 라멘 말고도 많은 음식에 대한 에피소드가 나와서 관객을 즐겁게 해준다. 고급 프랑스 레스토랑에서의 에피소드를 소개한다. 어느 대기업의 전무, 상무, 이사, 부장, 과장 그리고 말단 사원으로 구성된 6인 그룹이 고급 프렌치 레스토랑을 찾는다. 웨이터가 정중하게 주문을 받는다.

웨이터: 주문 정하셨습니까?

전무: 글쎄…

상무: 나는 배가 별로 안 고파서, 뭐 가벼운 거 없을까?

부장: 난 메인은 가자미 무니에르. 수프는 콘소메. 샐러드는 됐고.

웨이터: 음료는?

부장: 맥주. 하이네켄.

전무: 나도 가자미 무니에르. 수프는 콘소메. 샐러드는 됐고. 맥주.

상무: 가자미 무니에르 좋겠네. 수프는 콘소메가 좋겠어. 맥주가 좋겠네.

이사: 나도 같은 거 줘요.

과장: 나도 같은 거 주세요.

대충 이러고 넘어가려는데 여기서 일이 벌어진다.

사원: 잠깐. 여기 메뉴에 크넬을 부댕풍으로 했다면 크넬을 소시지처럼 만들었단 건가요?

웨이터: 그렇습니다.

사원: 이거 옛날에 (파리의) 타이유방에서 먹었던 것 같은데….

웨이터: 잘 아시네요. 저희 셰프가 전에 타이유방에 있었습니다.

사원: 그럼 소스는 캐비어소스….

웨이터: 그렇습니다.

사원: 그럼 그거하고 파이로 싼 에스카르고. … 그리고 와인은 코르

통 샤를마뉴 81년산 있나요?

웨이터: 소믈리에를 불러오겠습니다.

사원: 그렇게 해줘요.

보기에도 초라한 말단 사원의 돌출 행동은 중후한 중역과 상사의 얼굴을 시뻘겋게 만드는데, 이 장면은 단체 행동을 중시하고 무엇보다 서열을 중시하는 일본의 기업 문화를 풍자하기도 하지만 프랑스 요리의 격식만 알고 내용을 즐기지 못하는 일본인의 애환을 함께 보여 준다.

그리고 또 한 장면에서는 우아한 귀부인의 모습을 한 강사가 결혼을 앞두고 예절 교육을 받는 아가씨들에게 서양 요리 먹는 법을 가르친다. 그날의 메뉴는 스파게티인데 서양에서는 소리를 내는 게 예절에 어긋나므로 스파게티를 먹을 때 절대로 먹는 소리를 내선 안 된다고 거듭 강조한다. 그런데 바로 옆에서 한 서양 사람이 후루룩 쩝쩝 매우 큰 소리를 내며 스파게티를 먹는다. 수업은 엉망진창이 된다.

다시 〈담포포〉의 메인 스토리로 돌아오면, 맛있는 라멘을 만들기 위해 노력을 하다가 고로는 마지막 카드로 '스승'을 찾아간다. 원래는 산부인과 의사였는데 취미 삼아 라멘집을 하다가 부인도 잃고 병원도 잃은 사람이다. 지금은 거지들과 함께 살며 식도락을 즐긴다. 여기서 식도락은 맛있는 식당의 남은 음식을 골라 먹는 것이다. 그야말로 거지 주제에 칼튼 호텔의 비프 스튜가 어떻고, 어떤 집의 돈가스는 요즘 돼지 품질이 떨어지고 양배추도 기계를 들여놓아 손으로 안 썰어서 망했네, 얼마 전 긴자에서 마시다 남은 피숑 라랑드가 있어 디캔팅 해서 마셨더니 맛이 그만이었다는 등의 경험을 늘어놓는다. 그리고 그중에 하나로 맛있게 오므라이스를 만드는 걸 보여 준다. 실제로 이 오므라이스는 영화가 나온 뒤에 도쿄 니혼바시에 있는 다이메이켄이라는 양식집에서 '담포포 오므라이스'라는 인기 메뉴가 되었다.

지금까지 든 예만 얼핏 보아도 알 수 있는 게 이 영화에 등장하는 음식 메뉴에 우리가 생각하는 '정통 일본 요리'가 없다. 영화에 나오는 전통 일본 요리는 소바하고 단팥죽 정도다. 외국 음식으로는 이 밖에도 딤섬, 볶음밥, 북경오리 등이 나온다. 어느 정도 친해진 주인공 담포포와 고로가 '썸을 타는' 대목은 야키니쿠 식당에서다. 둘은 숯불 위에 갈비를 구워 상추에 싸 먹으며 서로의 아픈 과거를 이야기한다. 정통 일본 요리를 다루지 않은 것은 다루자면 이야기가 진지한 방향으로 흘러 코미디 터치의 영화에 어울리지 않을 뿐 아니라 영화 한 편에 담기에는 범위가 넓고 이야깃거리가 많아서 어려웠을 것이라 짐작해 본다.

일본 음식은 응용과 적응에 뛰어난 메뉴들이 많다. 돈가스는 오스트리아의 슈니첼이 들어와 변형된 것인데 지금은 완전히 일본 음식으로 자리를 잡았고 또 많은 진화를 해서 일본에서는 국민 음식이 되었다. 카레 역시 마찬가지다. 개화기에 일본 해군이 영국으로부터 배워왔다고 하는데 지금은 인도의 난이나 빵이 아니라 흰쌀밥에 어울리는 일본식 카레로 정착하였다. 초등학교 급식에서 가장 인기 있는 카레를 외국 음식이라고 여기는 일본 사람은 아마도 없을 것이다. 크로켓이 변한 고로케가 그렇고, 유럽에서 16세기에 들어왔다는 덴푸라도 같은 경우다. 덴푸라는 하도 오래되어 고문헌을 뒤져도 그 어원이 어디에서 왔는지 모를 정도다. 그런데 일본 사람들은 덴푸라도 각종 신선한 소재 선별에서부터 튀김용 기름을 다루는 데까지 정성을 다하여 '다쿠미'의 경지에 오른 가게가 많다. 튀김옷을 만들 때도 바삭거리게 하려면 밀가루에 글루텐이 지나치게 생성되지 않아야 하므로 얼음물로 살짝 갠다거나 하는 건 기본에 속한다. 이런 일본 음식의 깊은 속내를 두 시간 동안 조금이라도 맛보게 하는 것도 〈담포포〉의 매력이다.

그러면 이 영화에서는 다루지 않았지만
일본 요리의 상징으로 알려진 스시에는 얼마나 많은 다쿠미가 있
을까. 예약을 하는데 수개월이 걸린다는 '스키야바시 지로'는 몇
년 전 다큐멘터리 영화로 외국에도 널리 알려진 유명 점포다. 한
국에는 〈스시 장인: 지로의 꿈〉으로 공개되었다. 이 영화를 보면
일본의 스시, 즉 생선 초밥이라는 게 정성과 경험의 집적으로 만
들어진 문화라는 게 두드러지는데 실제로 스시를 맛있게 만들기
위한 정성이란 점포에서 쏟는 정성만은 아니다. 스시는 거대한 유
통과 물류를 바탕으로 이루어진 하나의 산업이다. 일본에서 가장
바쁜 어항은 어디일까 하는 질문에 사람들이 지리 시간에 배웠던
지식을 끄집어내기 바쁠 때, 예상 못 한 답으로 사람들을 웃음 짓
게 한다는 일화가 있다. 정답은 나리타 국제공항이라는 것이고 사
람들은 허를 찔렸다고 인정하며 납득한다는 이야기다. 그만큼 일
본은 해산물을 많이 수입해다가 먹는 나라다.

다른 농산물이나 육류와 달리 생선은 선도鮮度를 우선시하기에
배편이 아니라 항공 화물을 이용하는 해산물이 많다는 이야기이
기도 하다. 노르웨이에서 연어를, 지중해 연안과 오세아니아에서
축양으로 살찌운 참치를, 맹그로브에서 양식한 새우를 태국과 베
트남 등 동남아시아에서, 장어를 비롯한 여러 양식 어종을 중국에
서, 흰살생선류는 남미와 아프리카에서, 캐나다와 미국에서는 성

게알을, 러시아에서는 명란 등 일일이 열거할 수 없을 만큼 복잡한 글로벌 네트워크가 구축되고 그 위에서 스시집의 카운터가 다양하고 풍성하게 운영되는 것이 현실이다. 물론 일본도 수입산이 아니라 국내산이, 양식이 아니라 천연산이 값도 훨씬 비싸고 좋은 대접을 받는다. 고급 스시집이나 요정에서는 일본산 천연 생선을 다루고 일반 대중들이 부담 없이 찾는 회전초밥집에서는 수입산 양식 생선으로 요리를 만들어 내는 것이 정착을 하였다.

2018년에 도요스라는 곳으로 이전한 도쿄의 쓰키지 어시장은 세계적으로도 유명한 관광 명소다. 새벽에 경매 입찰을 위해 들어오는 참치 물량이 엄청나고 경매 자체가 워낙 장관이라 뉴스 화면으로 여러 나라에 소개되었기 때문이다. 참치 하나만 예를 들어서 소개해보면 무심코 먹는 참치회 한 조각에도 세계적인 이해 관계가 복잡하게 얽혀있음을 알 수 있다.

———————— 전 세계 생산량 80퍼센트를
한 나라가 소비한다

2010년 카타르 도하에서 열린 유엔의 '멸종 위기에 처한 야생 동·식물종의 국제 거래에 관한 협약CITES' 회의에서 대서양과 지중해에서 잡히는 참다랑어의 수출 금지 안건이 부결되었다. 이 뉴스를 '참다랑어 수출 금지 부결'이라고 해서, 일본 5대 신문 모두 1면 머리기사로 다루고 제목도 검정 바탕에 흰 글씨로 크게 뽑아 전했다. 그만큼 중요 뉴스라는 뜻이다. 다랑어의 수출을 금지하자는 모나코의 제안과 EU 수정안 모두 큰 표차로 부결됐는데 일본에서는 수상이 나서서 "마구로 값이 안 오르게 되어 다행"이라는 코멘트를 낼 정도로 심각한 사안이었다.

같은 날 한국에서는 이를 조그맣게 다루었는데 그날 한 신문에 서로 다른 관점의 기사가 동시에 실린 것이 그나마 우리의 입장을 상징적으로 보여 주었다. 마구잡이 남획을 주도한 일본을 비난하는 미국과 유럽 쪽 외신을 보면 일본이 잘못한 것 같고, 한국도 참치를 잡아 일본에 수출하는 원양 산업이 있는 상황이라 일본에 동조하여 수출 금지에 반대한 나라로 유럽과 미국 입장이 지나친 것 같다는 논평도 있었다. 아마도 깊게 연구하지 않은 기자들에게는 난감한 주제였던 모양이다.

사실은 이렇다. 쉽게 얘기해서 다랑어라고 불리는 생선을 일본 사람들이 너무 먹어서 멸종 위기에 처했으니 이제 보호해야 한다, 그러니 유럽 쪽, 즉 대서양과 지중해에서 잡히는 참다랑어(구로마구로)를 수출하지 못하게 하자, 이런 안건이었다. 이미 1990년대 초반에 미국의 환경 단체에서 꺼낸 이슈인데 시간이 흘러가며 유럽의 많은 나라들이 동조했다. 일본이 무서워하는 건 여기서 밀리면 참다랑어뿐만 아니라 다른 다랑어도 언젠가는 그렇게 될 거라는 사실이었다. 자꾸 줄고 있는 건 사실이기 때문이다.

당시 표결에서 일본이 가장 든든하게 생각했던 건 중국이 함께 반대를 해주었다는 사실이었다. 중국은 자원 외교다 뭐다 해서 아프리카 등 개발도상국에 원조를 많이 해서 아프리카 거의 모든 나라가 중국말을 잘 듣는 게 현실이다. 일본 신문에도 중국의 지원 덕이 컸다고 명백히 나와 있다. 그럼 중국은 왜 반대를 했을까? 부유층이 많아져서 참치와 그 뱃살인 도로의 수요가 급격히 늘고 있는 게 이유라고 했다. 물론 자국의 어업을 보호한다는 이유도 있고 외교상 '기브 앤드 테이크'도 고려한 걸로 알고 있다.

일본이 이 표결에 반대를 하기 위해 내놓는 이유는 많이 궁색하다. '잘 보호하고 관리해 가면서 잡겠다' 정도다. "멸종 같은 소리 하고 있네, 무슨 근거로 그런 소리냐", "환경론자의 입김에 밀린 정치 음모다" 일본은 이렇게 절대 말 못 한다. 왜냐하면 실제로 어획량은 줄어드는데 수요는 늘어만 가기 때문이다. 그리고 참치는 양식도 안 되는 생선이다. 어린 고기를 잡아 '축양蓄養'이라 하여 기름진 사료를 먹여 도로(뱃살) 부위를 늘리며 키우는 부분양식만 가능하다. 최근에 몇 군데에서 완전양식에 성공했는데 상업화하려면 수십 년이 걸린다고 한다.

그런데 이 마구로라는 생선은 특이하게도 고급 어종 총 어획량의 80퍼센트 이상이 일본으로 간다. 특히 가장 고급인 참다랑어는 말할 것도 없다. 전 세계에서 나오는데 소비의 8할 이상이 한 나라에서 이루어지는 이런 구조를 가진 식품은 육·해·공에서 나는 동식물을 다 살펴보아도 마구로와 일본밖에는 없는 것 같다. 그러니까 이산화탄소 배출, 환경 오염 이런 것과 달리 마구로의 '멸종 위기'는 그것이 사실이라면 콕 집어서 일본만 '범인'이 되는 것이다.

참치 캔의 참치는 참치가 아니다

위에서 고급 어종이라고 굳이 말한 데에
는 이유가 있다. 우리가 일상으로 먹는 참치는 조금 다르기 때문
이다. 샌드위치도 만들어 먹고, 샐러드도 해 먹고, 김치찌개 끓일
때도 자주 넣는 참치 캔에 들어가는 생선은 마구로가 아니다. 대
부분이 가쓰오라고 불리는 가다랑어다. 참치=다랑어 이렇게 번
역이 된다면 가다랑어에도 다랑어라는 말이 들어 있으니 참치라
고 해도 할 말이 없다. 하지만 가다랑어는 분류상 같은 고등어과
생선에서 갈라져 나왔지만 다른 참치류와는 '계문강목과속종'의
'속屬'이 아예 다르다. 좋게 봐줘야 친척쯤 되는 셈이다.

일본에서는 이걸 말려 가쓰오부시(가다랑어포)를 만들거나 겉만
살짝 익힌 타다키를 만들어 먹지 회로는 잘 먹지 않는다. 우리나
라 참치캔의 원료로 가다랑어가 쓰인다는 것은 회사 홈페이지에
도 나와 있다. 그게 나쁘다는 게 아니라 알고나 먹자는 이야기다.
홈페이지에 가보니 황다랑어를 사용한 참치캔은 고급 참치를 사
용한 프리미엄 캔으로 소개하고, 날개다랑어를 사용한 것은 '참치
의 귀족, 알바코' 이렇게 특별 취급을 하고 있다. 횟감으로 가장 떨
어지는 종이 캔에서는 고급이 되는 거다.

다랑어 가운데 가장 고급이 블루핀, 즉 참다랑어고, 그다음으로 많이 먹는 게 미나미마구로인데 우리나라에선 안 잡혀서 우리말 이름이 없다. 그리고 눈다랑어(메바치) 정도가 횟감이나 스시용으로 주로 쓰이는데, 이들이 우리가 아는 빨간 색의 마구로다. 그다음으로 앞에서 얘기한 황다랑어(키하다)가 있는데, 색깔이 빨갛지 않고 맛도 떨어져서 사시미나 스시용으로는 인기가 없어 주로 캔으로 만든다. 날개다랑어(빈나가)도 있는데 거의 모두 참치캔에 들어간다.

우리나라에서는 '참치 전문 횟집'이라고 가도 황다랑어나 날개다랑어가 많이 섞여 나온다. 색깔이 핑크거나 연한 주황색인 게 그거다. 심지어는 가다랑어도 내는 걸 봤는데 그것만은 안 했으면 좋겠다. 가다랑어는 맛이 강해서 회로는 안 어울리는 생선이다. 일본 사람들도 가다랑어는 타다키로 해서 생강 듬뿍 얹어 먹거나 생마늘하고 먹거나 한다.

이렇게 참치 하나를 놓고 이야기를 길게 늘어놓은 건 생선 하나만 해도 알고 먹는 사람과 모르고 먹는 사람이 부지불식간에 얼마나 차별을 받느냐 하는 것을 이야기하고 싶었기 때문이다. 참치뿐만이 아니다. 한국도 숱한 생선을 전 세계에서 수입해다가 먹는다. 대중 생선인 고등어를 노르웨이에서, 갈치를 세네갈에서, 홍어를 칠레에서 가져다 먹는데 안전하고 맛있는 식탁을 위하여 자세하게 파고드는 탐사보도가 아쉬운 게 현실이다.

〈담포포〉는 두 시간 내내 웃어가며 볼 수 있는 코믹 터치의 재미있는 영화다. 하지만 우리에게는 그 이상의 고민거리를 던져주는 깊은 뜻이 담긴 영화이기도 하다. 일본 음식을 좋아하는 사람들뿐 아니라 한식의 세계화를 진지하게 고민하는 사람에게도 꼭 한번 권하고 싶은 영화가 〈담포포〉다.

飲食映畫

————

12

한·중·일
만두 삼국지

〈올드보이〉와
15년 동안 먹은 군만두

"누구냐, 넌"이라는 대사와 '장도리 액션'으로 유명한 영화 〈올드보이〉는 박찬욱 감독의 작품인데 이는 동명의 일본 만화를 원작으로 삼아 자신만의 스타일로 창조해 낸 걸작이다. 이유도 모르고 감금되어 15년 동안 군만두만 먹다가 풀려난 주인공이 중국집을 전전하며 군만두를 맛보아서 자신이 갇혀있던 곳을 찾아낸다는 설정은 영화적으로 참 재미있는 이야기다. 그러나 곰곰이 생각해보면 한국의 현실에서는 심각한 문제를 드러내기도 한다.

─────────── **이름으로 알아보는 세 나라 만두의 차이**

중국에서 생겨나 한국과 일본으로 전파된 만두를 바탕으로 지금 세 나라 모두 개성이 뚜렷한 군만두 문화를 가지고 있다. 군만두는 말 그대로 만두를 구운 것이다. 그러니까 군만두 이전에 만두가 있는 것이다. 그래서 우선 만두에 대한 이야기를 좀 해야 하는데 우선 용어부터 정리를 해보자.

우리가 만두라고 부르는 것은 중국 사람들이 쟈오즈(餃子: 교자) 또는 빠오즈(包子: 포자)라고 부르는 것이고, 만두라고 하는 한자어는 만터우饅頭라고 하여 중국에서는 우리가 중국집에서 시키는 꽃빵을 크고 딱딱하게 만들어 놓은 걸 말한다. 그러니까 소가 안 든 밀가루 빵을 이르는 단어로 쓰인다. 여기에 날파나 마늘을 중국 된장에 찍어 함께 먹는 게 가난했던 사람들의 식사이기도 했다. 몇 년 전까지만 해도 중국 대도시의 건설 현장에 투입된 둥베이東北지방 출신 일용노동자들의 식사는 그냥 만터우 한두 개에 마늘과 생파 정도였던 시절이 있었다. 정리하면 우리가 설날 먹는 만두는 교자, 분식집에서 파는 동그란 고기만두나 찐빵 같은 것, 다시 말해 표면에 수분이 없어서 손으로 들고 먹을 수 있는 것은 빠오즈다.

일본에서는 교자를 '교자ぎょうざ'라고 하는데 발음이 중국의 쟈오즈나 남방 발음인 까우지 등이 아니라 한국어 발음인 교자인 것이 흥미롭다. 일본 사람들은 야키교자焼き餃子라고 하여 라멘집이나 중국 음식점에서는 거의 다 파는 메뉴인데, 워낙 좋아해서 슈퍼나 편의점에서도 언제나 구입할 수 있다. 소금물에 콩 삶은 것, 즉 에다마메와 함께 맥주 안주(쓰마미)로 단연 상위 랭킹이 아닐까 싶다. 그리고 물만두는 '스이교자水餃子'라고 하여 말 그대로 물만두인데 군만두에 비해서 먹는 빈도가 훨씬 떨어진다. 그래서 일본에서는 교자하면 보통 군만두를 일컫는다. 일본말로 만두는 '만쥬'인데 팥앙금으로 속을 넣은 찐빵도 만쥬라고 부르고, 우리가 고기만두라 부르는 동그란 건 니쿠만쥬, 밤 같은 것을 넣은 일본 과자는 구리만쥬, 이렇게 다 만쥬로 부른다. 그러니까 뜨겁고 찬 것, 주식과 과자, 이런 구별 없이 밀가루 껍질 안에 속이 들어 있는 동그란 모양의 음식을 만쥬라고 통칭한다고 보면 된다.

중국에서도 쑤이쟈오라고 하여 물만두를 많이 먹고, 일본에서도 스이교자를 먹는데, 우리처럼 만둣국이 발달하지도 않았고 또 보편적이지도 않다. 물론 중국 음식에 쑤이쟈오탕미앤水饺汤面이라고 해서 국수에 물만두를 넣은 게 있기는 하지만, 그다지 인기가 많은 음식은 아니다. 게다가 중국의 교자나 일본의 교자를 국으로 끓여 먹으면 한국의 만둣국 같은 좋은 맛이 나지 않는다.

　　그래서 내가 내린 결론은 한국의 만두는 국으로 끓여 먹기 좋게 진화를 했다는 것이다. 중국 교자는 우선 부추를 많이 쓴다. 일본도 그렇다. 이 부추가 향이 강한 식품이라 국에 넣는 음식 재료로는 썩 어울리지 않는다. 자기 주장이 강해서 다른 식품과 조화를 이루기가 힘들다고나 할까. 다른 채소도 식감이 사각사각한 것을 선호해서 푹 끓인 국의 내용물과는 조화를 이루기가 쉽지 않다. 일본의 교자도 독립 식품으로 발달을 해 마늘을 많이 넣기도 한다. 일본 사람들이 마늘을 좋아하는 걸 보면 참 금석지감을 느낀다. 내가 처음 일본에 갔을 때만 해도 지금처럼 마늘을 많이 먹지 않았다. 한국 음식인 야키니쿠(불고기)에 마늘이 들어가 있고 김치에도 들어가 있어서 냄새가 날까봐 점심때는 피하는 사람들이 있었고 이미지 관리를 하는 젊은 여성들과 영업사원같이 고객 상대 업무를 하는 사람들은 주말에만 마늘 들어간 음식을 먹는다는 등의 얘기가 있었는데 지금은 많은 사람들이 신경 쓰지 않는 걸 보면 참 많이 변했다. 다시 교자 이야기로 돌아오면 돼지고기가 또 그렇다. 중국과 일본은 교자 한 개에 들어가는 돼지고기의 양이 많고 조미법이 독특해 국에 넣고 끓이면 역한 맛이 날 때가 있다.

　　그런데 우리나라 만두는 두부도 물기를 싹 빼고 숙주나물도 삶아서 물기를 빼고 다져 넣는다. 그리고 무엇보다도 김치를 씻어서 다져 넣는다. 물론 깔끔하게 만들 경우 배추를 삶아 다져 넣기도 하지만, 나는 이 김치를 씻어 다져 넣은 만두가 정말 절묘한 맛으로 거듭났다고 자신 있게 얘기할 수 있다. 여기에 고기를 다져 넣으니 그 오묘한 배합으로 국으로 끓여 먹기에 알맞은 만두가 되는 것이다. 고기 육수와도 잘 어울리고, 간장 베이스(우리 국간장)의 국물과도 잘 맞는다. 특히 밀 음식과 쌀 음식의 조화를 부드럽게 중개한다. 떡과 만두가 들어간 떡만둣국이 그러한데, 만둣국을 먹다가 나중에 밥을 말아 먹어도 잘 어울린다. 텁텁한 밀 음식이나 자기 개성이 강한 찹쌀떡과 달리 자신을 드러내지 않는 겸손한 멥쌀떡, 많은 걸 갖추고도 고개를 숙이는 수수한 품성의 한국 만두가 구수한 국물 속에서 어우러져 만들어내는 부드러운 협주곡은, 김치에 밥 한 덩이가 가세하여 쿼르텟, 퀸텟이 된다. 그리고 설날에는 상 위에 올라온 모든 명절 음식과 함께 멋들어진 한국 고유의 교향악을 연주하는 것이다. 갑자기 한국 만둣국 예찬론으로 빠진 것 같은데, 모두 사실이다.

이야기가 살짝 한국의 만둣국으로 빠졌는데 만두에 대한 호칭으로 다시 돌아간다. 요즈음 중국 사람들이 알고 있는 상식, 그러니까 속이 없는 건 만터우, 속이 있는 것은 쟈오즈(교자)나 빠오즈라고 구분하는 건 역사적으로 그다지 오래된 것 같지는 않다.『삼국지』속 제갈량이 등장하는 이야기에도 만두라는 단어가 등장하고『수호전』같은 고전에도 인육 만두 이런 게 나온다. 옛날에는 중국에서도 지금의 우리말처럼 다 만두로 불렀던 것 같다. 상하이

명물로 성지앤빠오生煎包라는 게 있는데 소롱포처럼 육즙이 들어 있는 만두를 빚어 밑바닥을 구운 것이다. 파삭파삭한 밑바닥과 부드러운 위쪽 껍질, 그리고 깨물면 고소한 육즙이 흐르는 속이 잘 조화를 이루는 서민적인 미식이다. 그런데 이게 표준어인 만다린(북경어)으로는 성지앤바오즈라고 하지만 정작 상하이 사람들은 성지앤만터우(상하이 말로는 상지뫼타우)라고 부른다. 아마도 만두에서 교자와 빠오즈라는 단어로 세분되는데 상하이 말이나 한국어에는 그 원전이 남아 있는 게 아닌가 한다.

─────── **만두는 전 세계 공통 음식**

사실 이야기가 너무 산지사방으로 퍼져 나가지 않게 하기 위해 한·중·일 삼국으로 한정해서 그렇지, 교자나 만두는 세계 여러 나라의 식문화에서 찾아볼 수 있는 음식이다. 교자나 만두를 '밀가루로 얇게 껍질을 만들어 고기나 채소 등 속의 소를 넣어 싸서 익힌 음식'이라고 정의를 내린다면 여기에 해당하는 음식은 누군가로부터 배우지 않아도 여기저기서 자연발생적으로 나왔다 해도 전혀 이상할 게 없다. 익히는 방식도 삶고 찌고 굽고 튀기는 등 다양하여 각 문화마다 다르게 발전해 온 온 이런 종류의 음식은 비슷해서 들여다 보면 서로 다르고, 다른 음식이라고 생각하고 견줘보면 묘하게 닮아 있다. 내가 먹어본 경험

안에서 간단하게 몇 가지 예를 들어보자.

멀리 남미 대륙의 엠파나다는 거의 모든 나라에서 인기 있는 음식이다. 치즈나 닭고기, 햄, 소고기 등을 넣어 구워낸 만두 모양의 이 음식은 대단히 맛이 좋으면서도 간편해서 남미 서민들의 생활에서 떼려야 뗄 수가 없는 음식이다. 기록으로는 16세기 스페인 갈리시아 지방까지 거슬러 올라가는데 국수와는 달리 마르코폴로가 중국에서 가져온 어쩌고 하는 전설은 보이지 않는다.

인도 요리를 하는 식당에 가면 사모사라는 음식이 있다. 메인 요리를 시키기 전에 맥주 안주 삼아 시켜 먹어도 좋고 애피타이저로도 인기가 있는 품목이다. 문헌에 따르면 페르시아에서 인도로 전파되어 왔다고 하는데 그 이전에는 중앙아시아에서 페르시아로 전해졌다고 한다. 요새 인도식당에서 내는 사모사는 반달형보다는 삼각형 모양이 대세인데 기름에 튀겨내어 춘권 비슷한 식감이다. 소로는 감자, 완두콩, 양파 등을 넣은 것이 많고 양고기 간 것이나 렌즈콩 등 레시피에 따라 변화가 다양하다. 인도계 향신료로 만든 쳐트니를 발라먹는다.

산을 좋아하는 한국 사람들이 많아서인지, 본격적인 고산 등반을 하지 않더라도 트래킹을 위해 몇 년 전부터 네팔을 찾는 사람들이 부쩍 많이 늘어난 것 같다. 나는 아직 가보지 않았지만 한국말을 유창하게 하는 네팔인들이 연 한국 식당이 카트만두에도 많다고 한다. 이곳 식당에 있는 메뉴가 모모다. 중국이나 한국의 교자 또는 만두와 모양도 거의 같고 맛도 비슷하다. 나는 모모를 도쿄에 있는 네팔 식당에서 먹어보았다. 채 십 년도 되지 않아 도쿄에는 네팔인 거리가 생길 정도로 네팔 사람들이 늘어나고 식당도 많이 생겼다. 티베트 전반에 걸쳐 있는 이 음식은 청나라 때 티베트 불교가 만주족의 종교였던 걸 고려하면 당시 청나라에서 전해진 게 아닌가 한다.

영화 〈만추〉를 찍으며 맛 들인 러시아 만두

동양과 서양이 만나는 곳에서 수백 년 번성한 오스만제국의 후손이 사는 터키에 만두가 없을 리 없다. 이름도 만티다. 만투라고도 한다. 내가 터키에 처음 갔을 때는 터키의 색다른 음식들에 눈이 휘둥그레져서 지나쳤는데 나중에 과연 동서양의 좋은 점들이 남아서 조화를 이루고 있구나 하는 걸 천천히 알게 되었다. 터키의 만티는 중앙아시아 여러 나라에서도 만티라고 부르는 음식과 비슷하다. 찾아보니 터키의 경우 역사가 오래되어 15세기부터 먹었다는 문헌이 있다는데, 그 이전 13세기 초 칭기즈 칸의 침략 때까지 거슬러 올라간다는 설도 있다.

몽골의 경우에는 중국과 워낙 가까이 있고 공유한 역사가 오래되어서 만두에 해당하는 만티, 바오즈에 해당하는 부즈 등 단어도 비슷하게 남아 있고 레시피도 아주 유사하다. 나는 러시아와 합작 영화를 추진하면서, 또 영화제에 초청을 받아서 러시아를 여러 번

갈 일이 있었는데 특히 시베리아에 처음 갔을 때 우리나라 찐만두와 모양이 똑같은 음식이 나와 신기해서 물었더니 뼤즈라는 답이 돌아왔다. 중국어 바오즈에서 나온 이름일 것이다.

러시아에서는 교자에 해당하는 음식이 펠메니다. 펠메니는 우리나라 만두의 양 끝을 한데 모아 붙여 동그랗게 만든 것과 흡사한데 크기가 작다. 이탈리아의 라비올리와 우리나라 만두의 중간 정도 크기쯤 될 것 같다. 러시아의 펠메니가 삶거나 찐 교자에 해당한다면 군만두와 비슷한 것으로 피로시키가 있다. 오븐에 굽기도 하고 기름에 튀긴 것도 있는데 잘 만든 피로시키는 정말 맛있다. 피로시키는 러시아뿐 아니라 동유럽이나 중앙아시아에도 널리 퍼져 있다. 나는 예전에 영화 〈만추〉를 찍느라고 일 년 가까이 시애틀을 오가며 그곳에서 수개월 동안 지낸 적이 있는데 그때 단단히 맛을 들인 게 이 피로시키였다. 러시아에서 이민 온 가족이 운영하는 가게라는데 매일 사람들의 행렬이 길게 늘어설 만큼 인기가 좋았다. 감자나 양파보다 연어로 속을 다져 넣은 피로시키가 인기가 있었는데, 나는 특히 양배추가 든 것을 좋아했다. 물론 러시아에 갈 때마다 피로시키를 한 번 이상 먹는 걸 빼놓지 않는다. 그때마다 맛있는 군만두를 생각한다.

이야기는 군만두로 돌아간다. 중국의 군
만두에 해당하는 음식은 궈티에鍋貼다. 중국에서 군만두를 이르는
말은 여러 가지가 있지만 이 단어가 대표적이다. 글자 그대로 해
석하면 냄비에 눌어붙었다는 뜻이다. 중국의 일반 가정에서는 교
자, 그러니까 우리말로 만두를 많이 빚어 먹는다. 특히 북방에서
는 참 많이 만들어 먹는다. 잔뜩 빚어 놓고는 물만두로 삶아서 먹
고 남은 건 다음 날 군만두를 해 먹는다. 차갑게 식은 만두를 프라
이팬에 기름 좀 붓고 지지다가 물을 살짝 부은 뒤 뚜껑을 덮어서
마저 익히면 된다. 이걸 식당에서는 빚은 만두를 삶아 익히지 않
고 처음부터 위와 같은 방식으로 만들어 낸다. 미국에서는 만두를
덤플링dumpling이라고도 하는데 군만두의 경우는 덤플링이라 부
르기도 하고 중국 사람들이 궈티에라고 부르는 걸 뜻 그대로 옮겨
팟스티커pot sticker라고도 한다. 냄비에 눌어붙었다는 뜻의 직역인
셈이다.

일본말로 교자는 구운 만두를 말한다. 엄밀하게는 구웠으니 야
키교자라고 해야 맞는데 워낙 구워 먹는 게 대부분이라서 그냥 교
자라고 하면 군만두를 말한다. 일본 사람들은 중국에서 이 교자
문화를 받아들여 자기네 방식으로 발전을 시켜 전국 도처에 맛있
는 전문점이 많다. 하마마쓰, 우츠노미야 등 교자가 명물로 유명
한 도시도 있을 정도다. 라멘집에 가면 교자 한 접시를 시켜 맥주

한 잔 마시고 라멘을 먹는 게 일본 샐러리맨들의 정해진 주문 방법이기도 하다.

교자는 기름을 살짝 두른 팬에서 어느 정도 구운 후에 물을 붓고 뚜껑을 덮어 익힌다. 맛있게 만들려면 팬으로 교자의 한쪽 면을 노릇하게 구워내는 기술과 다른 쪽을 증기로 촉촉하게 쪄내는 기술의 적절한 배합이 필요하다. 그러니까 바삭한 식감의 한쪽 면과 부드럽고 쫄깃한 다른 면이 함께 만두 속을 싸고 있는 것이니 세 가지 맛을 즐기려면 그만큼 조리에 성의가 필요한 것이다. 그러나 그렇게 어려운 기술도 아니고 최소한의 정성만 있으면 쉽게 만들 수도 있는 건데, 소비자의 탓도 있는 것인지 우리나라에서는 발전하지 못한 게 현실이다.

———— 〈심야식당〉에서 유일하게 사다 파는 요리

그러면 일본에서 군만두가 맛있게 발전한 이야기를 상징적으로 나타내는 일화를 소개한다. 일본 사람들이 남의 문화를 배울 때 우직할 정도로 성실한 태도로 임하고 요령을 부리지 않는다는 이야기는 누구나 들어본 적이 있을 것이다. 분한 마음을 가지는 분도 있겠지만 이건 사실이다. 그리고 앞서 〈담포포〉편에서 잠깐 이야기했듯이 그들은 장인을 우대하고 인정하는 오랜 전통을 가지고 있다. 소개할 일화는 〈심야식당〉이다. 원작이 일본 만화인데 만화로 인기를 끈 뒤에 TV 드라마로 만들어져 그것 역시 대단한 인기를 끌었다. 영화로도 만들어졌고 한국에는 만화, TV 드라마, 영화 모두 수입되어 한때 붐이 일기도 했다. 한국에서 판권을 사서 리메이크도 하였다.

이 〈심야식당〉에 보면 교자 이야기가 나온다. 주인공 마스터가 손님들에게 교자를 시켜주는 대목이다. 이 만화에서 유일하게 자기가 만들지 않고 시켜다 주는 음식이 바로 교자다. 교자를 만드는 사람은 리李상이라고 불리는 중국 사람이다. 그런데 이 리상은 가게가 없이 만들어서 배달만 하는 사람으로 나온다. 왜 그럴까? 사실 그런 사람은 아마도 도쿄에 없을 것이다. 가게가 없다는 것은 얼굴이 없다는 것인데 얼굴 없는 곳에서 나오는 음식이 신용을 얻기는 쉽지 않기 때문이다. 그런데도 굳이 만화에서 가게를 없앤 이유는 특정 이름을 내기 싫어하는 작가의 의도가 아닌가 싶다. 주인공도 이름 없이 마스터(점장)이고, 가게 이름도 메시야飯屋, 그냥 밥집이다. 그래서 뒤집어 생각해 보았다. 만화 속 리상에게 가장 잘 어울리는 가게 이름은 뭘까 하고. 주저 없이 떠오른 이름은 '라이라이켄.' 일본식 표기로는 来々軒이다.

한국 사람이 은행이나 우체국에 가면 서식 샘플에서 '홍길동'을 만나는 것만큼이나 일본 방방곡곡에서 보기 쉬운 중국집 이름이다. 조그마한 집에, 약간 때에 전 흰색 천 위에 붉은색으로 옥호를 적어 놓은 노렌(가게 입구에 늘어뜨린 천)을 걸고 들어가면 테이블 몇 개가 있는 집. 메뉴는 라멘, 탄멘, 야키소바, 야키교자, 텐신동, 가니타마, 맥주 …. 요즘 붐이 불어 일본의 젊은 셰프들이 목숨을 걸고 만들어내는 박력 있는 라멘집과는 차이가 있는 소박한 식당이다. 그러니까 만화의 주인공이 교자만큼은 자신이 만들지 않고 시켜다가 손님에게 낼 만큼 교자는 중국 사람이 잘 만든다는 얘기가 심층에 깔려있는 것이다. 이 에피소드의 포인트는 중국인이 잘 만든다는 게 아니라 일본에서는 맛있으면 인정을 해준다는 데에 있다. 요즘 중국에 일본식 야키교자 전문점이 역으로 상륙을 해 인기를 끌고 있다. 아직은 대도시 몇 군데이니까 찻잔 속의 태풍이라고도 할 텐데 일본인이 응용하여 발전시킨 군만두를 인정하고 좋아해 주는 중국인이 생겨났다는 것은 주목할 만하다.

──────── **오대수는 자신이 갇혔던 곳을 찾을 수 없다**

한국의 '군만두'는 언제부터인가 구운 만두가 아니라 튀긴 만두가 대세가 되었다. 그리고 또 언제부터인가 배달을 하는 중국집에서는 탕수육을 시키면 물론이고, 짜장면이나 짬뽕 같은 걸 2인분만 시켜도 '서비스'로 따라 나오는 메뉴가 된 적이 있었다. 당연히 공짜로 나오는 단무지 정도로 수준이 전락하여 버린 군만두에 성의가 들어갈 리 없다. 원가도 절감해야 하니 직접 빚을 엄두도 못 내고 공장에서 생산되는 싸구려를 납품받아 튀겨내는 집이 대부분이 아닐까 싶다. 그래도 요새 들어 돈

받고 파는 집들이 늘고 그만큼 품질도 좋아지고 있는 것 같아 무척 다행이다 싶다.

이 글 첫머리에 영화 〈올드보이〉에서 15년 동안 군만두만 먹은 주인공이 그 맛을 찾아 자신이 감금된 장소를 찾아낸다는 설정이 영화적으로는 재미있지만 현실에서는 심각한 문제를 제기한다는 이유가 바로 여기에 있다. 한국에 15년 동안 꾸준히 변치 않는 맛으로 일관되게 군만두를 만들어 내는 식당이 과연 존재할까? 군만두가 아니라 다른 메뉴라고 하더라도 마찬가지다. 세계적으로 요식업 전반이 그렇지만 특히 한국에는 너무 쉽게 개업하고 또 너무 쉽게 폐업하는 식당이 많다. 엄청난 비율의 식당이 개업 일 년을 못 넘기고 만다는 씁쓸한 통계도 있다. 그러다 보니 요리사의 이합집산도 심하여 꾸준하게 일관된 맛을 유지하는 식당은 정말 손에 꼽을 정도다. 하물며 다른 곳에서 대량으로 생산된 싸구려 군만두를 납품받아 다시 가열만 해서 내는 풍토가 만연한 한국의 중국요식업 현황을 고려하면 〈올드보이〉의 주인공은 자신의 감금 장소를 찾지 못해야 옳다.

한국에서도 '서비스'로 주지 않고 제대로 돈을 받는 메뉴로 정해 나름 먹을 만한 군만두를 내는 중국집이 점점 늘고 있다. 하지만 이런 집의 군만두도 구워내는 게 아니라 기름에 튀겨 내는 게 대부분이라, 언제부턴가 한국의 군만두는 기름으로 튀겨내는 튀김만두로 정착을 했다고 봐야 할 것 같다. 참으로 유감이 아닐 수 없다. 물론 그래서 더 맛있다고 한다면 그것도 진화이자 긍정적

변화라고 할 수 있겠지만, 나에게는 아무래도 이게 일손을 덜기 위한 그리고 떨어지는 맛을 감추기 위한 술수에서 나온 퇴행의 결과로 보인다.

그래서 입천장만 벗겨지고 맛도 없는 '서비스용 군만두'를 한국 땅에서 추방하고, 한국인의 식탁에서도 정말로 맛있는 군만두 본연의 모습을 볼 수 있게 되려면 소비자의 행동이 중요하다. 손님이 요구하고 찾으면 식당은 그러지 말래도 따라가는 법이다. 자꾸 옛날 타령하는 것 같아 좀 그런데 정말로 옛날엔 우리나라 군만두도 맛있던 시절이 있었다. 중국의 맛있는 궈티에 그리고 일본의 맛있는 야키교자와 어깨를 나란히 할 한국의 맛있는 군만두가 하루라도 빨리 부활하기를 바라는 마음 간절하다.

飮食映畫

——

13

마피아 영화 속
이탈리아 요리의 매력

〈대부〉의 총과 요리의 하모니

영화사에서 '영원한 걸작'으로 꼽히는 명화 〈대부〉에는 음식 이야기가 참 많이 나온다. 이는 먹는 걸 좋아하고 유명한 미식가이기도 한 감독 프랜시스 코폴라의 취향과도 무관하지 않다. 그는 영화를 찍을 때면 미리 배우들을 자신의 집으로 불러모아 대본 리딩을 하면서 매끼 맛있는 음식을 대접하는 걸로 유명하다. 영화 〈대부〉에서 주인공 돈 콜레오네(말론 브랜도)가 저격당한 뒤 마피아 패밀리 간에 피의 보복이 계속된다. 무장을 한 수십 명의 구성원이 언제 일어날지 모르는 싸움에 대비하느라 함께 먹고 잔다. 이때 중간 보스 클레멘자가 돈의 셋째 아들 마이클 콜레오네(알 파치노)에게 요리를 가르치는 장면이 있는데 대충 묘사하면 이렇다.

"마이키, 이리 와 봐. 너도 한 스무 명을 먹일 요리를 해야 할 때가 올 거야. 이걸 보라구. 우선 올리브 오일을 부은 다음 마늘을 넣고 볶지. 그다음에 토마토와 토마토 페이스트를 넣고 또 볶는데, 이때 눌어붙지 않게 조심해야 돼. 그리고 이렇게 소시지하고 미트볼을 쏟아붓고 와인을 넣지. 그리고 이건 나만의 비결이야, 설탕 약간."

영화는 거의 요리 강좌 수준의 비주얼을 보여 준다. 이게 사실은 코폴라 감독이 실제로 배우들을 불러 모아 대본 리딩을 하고 리허설을 할 때 만들어 대접했던 레시피다. 그는 이탈리아계 미국인답게 음식과 와인을 사랑하며 많은 사람과 함께 식사하는 걸 좋아한다. 그의 와인 사랑은 아마추어의 도를 넘어서 스스로 나파밸리에 있는 유명한 와이너리의 주인이 되기까지 했다. 음식 사랑 역시 보통 수준이 아니라서 지금도 샌프란시스코 시내 한복판에 그의 영화사 이름을 딴 조에트로페라는 레스토랑과 카페를 운영하고 있다. 나도 미팅 겸하여 그곳에서 여러 번 식사를 하였는데 메뉴 하나하나까지 신경 쓴 주인장의 자부심이 식당 인테리어나 종업원의 태도 곳곳에서 보여 늘 유쾌하게 식사를 했던 기억이 남아 있다.

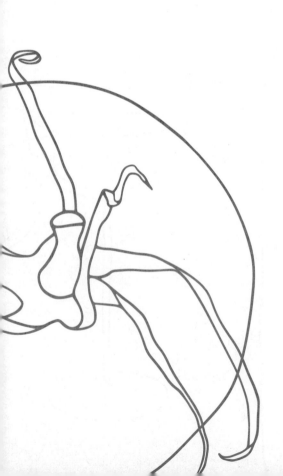

이탈리아 음식 하면 누구나 생각하는 게 붉은 빛깔이다. 주요 식재료인 토마토에서 온 색깔이다. 토마토소스를 바른 피자가 그렇고 토마토소스를 베이스로 한 파스타가 그렇다. 파스타는 올리브 오일 베이스나 크림 베이스도 있지만 역시 가장 대표적인 건 토마토 베이스다. 토마토라는 이름 그대로의 포모도로 소스 파스타가 그렇고, 볼로네제, 푸타네스카, 아라비아타 등 먹음직스러운 토마토의 붉은 빛을 띤 소스는 참으로 다양하다.

그런데 토마토는 언제부터 이탈리아 음식의 상징으로 전면에 나서게 되었을까? 한국 음식의 상징인 고추가 한반도에 들어와 퍼진 게 얼마 되지 않듯이 이탈리아에서 토마토가 국민 식재료가 된 것도 그다지 오래되지 않았다. 아메리카 대륙에 발을 디딘 콜럼버스를 비롯한 유럽인들이 토마토를 유럽으로 가져온 건 16세기 초반이었다. 그런데 정작 유럽 사람들이 토마토를 먹기 시작한 건 그 후 100년이 지나서였다고 한다. 강한 독성이 있다고 믿었기에 그런 것이다. 실제로 토마토와 비슷한 종류의 독성 식물이 있고 토마토의 줄기와 잎에도 독성이 있다고 한다. 토마토가 맛있고 영양이 풍부하다는 사실을 알게 된 뒤 서서히 유럽에 퍼지기 시작했는데, 특히 이탈리아 반도는 따스한 지중해 기후 덕에 일 년 내내 재배가 가능하여 더욱 유행하였다. 토마토를 잘게 이겨서 올리브 오일과 여러 허브를 섞어 납작한 빵 위에 얹어 먹기 시작한 게 나폴리 부근에서 시작했으니 이게 오늘날 피자의 효시라고 알려져 있다.

앞서 소개한 〈대부〉의 장면에서 토마토 페이스트를 넣으라는 대목이 나오는데 이건 수입한 토마토 페이스트 캔을 말한다. 토마토는 그 자체가 산성이 강한 과채라서 끓는 물을 붓고 밀봉을 하면 보존 기간이 긴 통조림이 되기에 일찍부터 이탈리아에서 미국으로 수출하는 상품이 되었다. 이는 제1차 세계 대전 이후에 시작된 트렌드인데, 토마토를 통으로 삶은 홀 토마토whole tomato 캔과 페이스트로 만든 페이스트 캔이 오늘날까지 인기 수출 품목이다. 배고프지 않은 삶을 향해 미국으로 건너간 이탈리아 이민자들은 토마토소스가 들어간 음식으로 고향의 맛을 재현했고 이는 전 세계적으로 퍼지기 시작한다. 요새 한국의 대형 슈퍼마켓에도 이탈리아에서 수입한 토마토 페이스트나 홀 토마토 캔을 여러 종류 팔고 있는데 사실 한국산 토마토로 소스를 만드는 것보다 수입산 캔을 사용하는 것이 값도 싸고 맛도 더 좋다. 한국에서 생식용으로 파는 토마토 종은 소스를 만들기에 적합하지 않기 때문이다. 토마토는 그 종류가 수천 종인데 이탈리아에서는 쓰임새에 따라 당도, 산도, 경도 등이 다른 다양한 종을 재배해 전 세계로 수출하고 있다.

토마토와 함께 이탈리아 식품으로 전 세계에 팔리고 있는 것 가운데 하나가 올리브 오일이다. 올리브 오일을 많이 생산하는 나라로는 스페인도 있고 그리스도 있지만 이탈리아 브랜드는 각별한 대우를 받는다. 영화 〈대부〉에서 돈 콜레오네가 시작한 사업은 올리브 오일 수입이다. 젠코오일이라는 브랜드를 만들어 고향 시칠리아에서 수입을 하기 시작하는데 〈대부 2〉에서 젊은 시절의 돈 콜레오네가 동업자들과 젠코오일의 간판을 걸고 감개무량해하는 장면이 나온다. 마피아 조직인 콜레오네 패밀리는 각종 범죄와 연루된 사업으로 거대한 부를 축적하지만 이 올리브 오일 비즈니스는 수십 년간 계속 유지한다. 〈대부 2〉에서 젊은 돈 콜레오네가 아버지의 복수를 하러 시칠리아로 돌아갔을 때 가져가는 게 바로 젠코오일 브랜드의 올리브 오일 캔이다. 미국의 뉴욕과 이탈리아의 시칠리아로 이어지는 피의 복수에 올리브 오일 캔이 등장하는 게 관객들에겐 인상 깊게 남아 있을 것이다.

〈대부 3〉에는 또 이런 장면도 있다. 돈 알토벨로가 시칠리아로 간 마이클을 암살하기 위해 따라가는데, 고용한 암살자로부터 올리브 오일을 건네받는다. 손가락으로 찍어 맛을 보고는 "엑스트라 버진 오일!" 하며 황홀감에 젖은 듯 눈을 스르르 감고는 여운을 음미한다. '본바닥에서 갓 짜낸 올리브 오일 맛을 어디에 비기랴'라고 찬사를 보내는 이 장면은 진짜로 코폴라 감독이 무슨 이탈리아 올리브 오일 협회 같은 단체의 명예대사를 자임한 게 아닐까 생각이 들 정도로 맛있게 찍었다. 이게 다른 나라 영화였으면 스토리

전개와 관계없는 어색한 PPL(간접광고)일 수도 있겠으나, 무대가 이탈리아고 나오는 사람들이 이탈리아계여서 그런지 하나도 어색하지가 않다.

미국인의 입맛을 거쳐 들어온 이탈리아 파스타

이야기를 잠시 우리나라로 돌려보자. 현재 한국에는 파스타를 내는 식당이 엄청나게 늘어나고 있다. 밸런타인 데이에 연인 둘이 가서 먹기에 가장 인기 있는 메뉴는 파스타라는 기사를 어디선가 본 기억이 있다. 피자는 또 어떤가. 햄버거에 버금가는 인기를 누리고 있어 식당에서뿐 아니라 배달 음식으로도 치킨 다음으로 선호하는 메뉴가 피자가 아닐까 한다. 이 둘이 보급된 데에는 공통점이 하나가 있으니, 바로 미국이라는 중간 거점을 거쳐 소개되었다는 것이다. 피자의 경우 피자헛이 가장 먼저 들어왔고 도미노, 파파존스 등 미국의 유명 체인점이 뒤이어 들어와 성업 중인데 미국과 마찬가지로 두툼한 도우 위에 미트볼이나 페페로니 소시지를 얹은 것이 인기를 끌었다. 나중에 얇은 크러스트 위에 소스를 바른 이탈리아식 피자가 들어와 함께 인기를 끌기 시작했는데 이는 주로 화덕을 구비한 이탈리아 레스토랑에서 내기 시작한 품목이다. 가장 대표적인 것이 마르게리타다. 초록 하양 빨강의 삼색이 이탈리아 국기를 상징하기도 하고, 마르게리타 여왕이 맛있게 먹어 찬사를 보냈다는 일화를 가지고 있는 이 피자는 초록색의 바질, 흰색의 모차렐라 치즈, 붉은색의 토마토소스가 어우러진 품목인데 구성이 심플한 만큼 그 재료가 신선해야 제맛을 낼 수가 있다. 한때 배달 피자 가운데 식물성 기름으로 만든 치즈 대용품을 사용한 것이 많다는 보도가 나온 적이 있는데 한국도 생활 수준이 올라간 만큼 질 좋은 치즈가 더 많이 보급되기를 기대해 본다. 특히 보존 식품이 아니라 신선 식품에 가까운 모차렐라 치즈는 더욱 그러하다.

미국에는 이탈리아계 후손들이 많이 살고 있다. 현재 약 1700만 정도로 미국 인구의 약 5퍼센트라고 하는데 1800년대 말에서 제2차 세계 대전 사이에 이민 온 사람들이 가장 많다고 한다. 그리고 이 가운데 60~70퍼센트가 시칠리아를 비롯한 남부 이탈리아 출신이라는 통계가 있다. 그래서 범죄 조직도 시칠리아계가 가장 많아서 미국 마피아 가운데 시칠리아 출신이 가장 세력이 크다. 영화 〈대부〉도 시칠리아계 마피아의 이야기를 바탕으로 하고 있다. 이 이탈리아계 이민들이 전국 각지로 퍼져서 피자와 스파게티를 미국의 국민 음식 수준으로 퍼뜨렸고 아시아 각지에는 이런 미국식 피자와 스파게티가 먼저 소개된 경우가 많았다. 시간이 흐르며 나중에 이탈리아 본토의 피자와 각종 파스타가 뒤를 따라가 본격 이탈리아 음식이 전 세계에 보급되기 시작했으니 이탈리아계 미국인들이 선조들의 조국에 공헌한 바가 적지 않다 하겠다.

요리에 자부심이 대단한 사람들

　　이탈리아 사람들은 매사에 열정적이어서 음주가무도 둘째가라면 서러워할 정도인데 특히 자기들 음식에 대한 애정과 자부심은 대단하다. 역시 마피아 영화인 〈좋은 녀석들〉에서 주인공들이 감옥에 들어가 수형 생활을 하는 장면이 나오는데 "토마토소스 파스타를 달랬더니 케첩을 쳐준다"는 불평이나, 햄, 살라미, 와인을 들여다 직접 식사를 만들어 먹는 장면, 그리고 면도칼로 정성스럽게 마늘을 얇게 저미는 장면 등은 그네들의 음식에 대한 무한한 사랑을 잘 보여 준다.

　　'케첩으로 토마토소스를 대신한다'라는 진짜 이탈리아 사람의 불만이 무색한 곳도 있으니 바로 일본이다. 일본에는 나폴리탄 스파게티라는 음식이 있다. 양파, 햄, 피망을 넣은 스파게티인데 토마토 케첩을 소스로 사용한 것이다. 달짝지근한 맛으로 아이들한테 인기가 있고 만들기가 간단하여 커피숍 같은 곳에서 메뉴로 넣은 데가 많다. 특히 대학가 커피숍에서는 인기 품목으로 팔린다. 이탈리아 요리가 본격적으로 유행하기 전인 수십 년 전부터 인기를 끈 일본산 '나폴리탄'은 이탈리아의 나폴리와는 아무런 관련이 없는 파스타인데 독자적인 발전을 하여 지금도 많이 팔리고 있다. 실제로 이탈리아 사람들이 일본에서 나폴리탄 스파게티를 먹어보고 맛있어 한다는데 〈심야식당〉에도 이런 장면이 나온다.

　　아까도 이야기했지만 와이너리도 크게 운영하고 식당도 가지고 있는 정상급 미식가인 코폴라 감독의 영화에 음식 묘사가 소홀할 리 없다. 많은 사람이 즐겁게 먹고 마시는 결혼식을 비롯해 많은 파티 장면이 〈대부〉 1, 2, 3편을 통해 빠지지 않고 나오고 이는 영화에서 중요한 역할을 한다. 심지어는 사람을 죽이는 장면에서도 음식이 나온다. 주인공 돈 콜레오네가 총을 맞는 순간도 청과물 집에서 오렌지를 고르는 때였고, 그 복수를 위해 셋째 아들 마이클이 솔로초와 부패한 경찰 간부를 죽이는 것도 '송아지 고기를 잘하는' 브루클린의 레스토랑에서 적들이 방심한 채 음식을 먹는 순간이다. 이 레스토랑 신에 테이블에서 와인을 따주는 웨이터가 나오는데 너무나 익숙하게 보틀 오픈을 하여서 나는 그가 배우가 아니라 실제 웨이터를 기용했다고 확신하고 있다.

〈대부 2〉에서는, 네바다주 레이크 타호에서 성대한 파티를 할 때 앵글로 색슨화 되어가는 마이클 콜레오네의 패밀리 운영 방식이 마음에 들지 않는 구세대 간부 펜탄젤리(마틴 발삼)가 음식으로 불평을 한다. "프레도, 그런데 음식이 왜 이 모양이냐? 릿츠 크래커에 파테(간 다진 거) 얹어 주면서 '카나페'라고 하더라. 카나페는 무슨 썩을. 그래서 내가 고추하고 정어리 내오라고 그랬다." 푸짐하게 먹고 마시며 떠들어야 직성이 풀리는 이탈리아 사람들이 앵글로 색슨식의 파티를 보면 먹는 거 가지고 깨작거리는 것 같아서 나오는 음식에 대한 불만과 조직의 운영 방식에서 오는 갈등을 오버랩 시킨 대목이다. 여기서 고추는 대개 붉은 피망을 말하는데 기름에 절인 정어리와 함께 얇게 썬 빵 위에 얹어 먹는 카나페는 일종의 오픈 샌드위치로 와인 안주로 아주 제격이다.

케이크 한 조각이면 충분하다

역시 〈대부 2〉에 나오는 이야기다. 미국의
마피아들은 1950년대 말 라스베이거스에서 쌓은 노하우로 쿠바
의 군사 독재 정권과 결탁하여 아바나를 거대한 카지노의 도시로
만든다. 미국의 바로 코앞에 있으면서 법망이 미치지 않는 쿠바에
술과 여자와 도박을 마음껏 즐길 수 있는, 퇴폐와 향락의 도시를
세운 것이다. 영화에서는 실제 인물 마이어 랜스키를 모델로 했다
는 유대계 출신 보스 하이만 로스(리 스트라스버그)의 생일 파티 장면
이 나오는데, 내로라하는 마피아의 실력자들이 한데 모여 하이만
로스의 생일을 축하하는 장면에서 쿠바 지도를 그려 넣은 커다란
케이크가 나온다. 노회하고 교활한 하이만 로스는 "케이크를 자르
기 전에 모든 이들이 다 잘 볼 수 있게 하라" 지시하고는 "우리는
이제 그토록 원하던 정부와의 진정한 파트너십을 누리게 되었다"
고 말하며 자신에게 케이크 조각이 돌아오자 "난 조그맣게 잘라줘
요"라고 부탁한다. 카리브해의 눈부신 햇살과 푸른 바다가 보이는
호텔 베란다에서 잘게 잘려 나가는 생일 케이크 장면은, 조직 범
죄 집단이 부패한 정권과 결탁하여 한 나라를 농단하는 실제 역사
와, 겸손함으로 위장한 하이만 로스의 숨은 야욕을 단숨에 그러나

인상 깊게 묘사하는 코폴라 감독의 뛰어난 연출이 돋보인다. 참고로 그 이후 영화는 실제 역사를 따라가는데, 피델 카스트로의 혁명으로 마피아 세력은 새해 맞이 파티를 하다 말고 빈손으로 쫓겨나게 된다.

머리가 좀 모자라서 본의 아니게 패밀리를 배신하는 마이클의 작은 형 프레도(존 카잘)가 동생에게 의심을 사는 것도 음식을 주문하는 데서다. 마이클과 아바나의 노천 카페로 나간 프레도는 웨이터에게 "Por favor, uno banana daiquiri(여기요, 바나나 다이키리 하나요)"라고 되지도 않는 스페인어를 섞어 주문을 한다. 쿠바는 한 번도 와본 적이 없어야 할 형의 이 말에 마이클의 인상이 굳어진다. 선 굵은 연출을 하면서도 작은 디테일을 놓치지 않고 거기에 영화의 스토리까지 실어내는 코폴라의 이런 솜씨에는 경탄하지 않을 수가 없다.

참고로 덧붙이자면 〈대부 2〉를 찍을 당시는 냉전 시대여서 진짜 쿠바로 로케를 간다는 건 상상도 못 하던 시절이었고, 그래서 도미니카 공화국에서 대신 촬영을 했다고 한다. 하지만 지금은 누구나 자유롭게 쿠바를 여행할 수가 있게 되었다. 아바나에는 헤밍웨이가 단골로 드나들던 바가 몇 군데 있어서 그가 즐겨 마시던 다이키리를 파는 곳과 모히토를 파는 곳이 있는데 그의 사진, 사인, 그리고 그의 동상 등을 가져다 놓고 적극적인 헤밍웨이 마케팅을 하고 있다.

— 음식이 완성한 〈대부〉의 명장면들

이 밖에도 〈대부 2〉에는 심야 기차를 타고 가면서 호화 객실에서 고급이지만 혼자 외롭게 식사를 해야 하는 마이클이 크리스털 글라스에 물을 따라서 알약을 먹는 장면이 나온다. 나이는 아직 40대이지만 당뇨든 고지혈증이든 혈압약이든 뭔가 처방한 약을 매일 먹어야 하는 마이클 콜레오네의 스트레스 가득한 인생을 잘 보여 주는 장면이다. 아버지의 생일 파티 저녁에 잘 차려진 식탁에 혼자 남겨져 문밖에서 들려오는 가족들의 생일 축하 노래를 듣는 장면 등 고독한 리더 마이클의 쓸쓸함을 보여 주는 장면도 있는데 이렇게 〈대부〉 시리즈에는 음식과 관련한 명장면이 여러 번 등장한다.

〈대부 3〉 역시 먹는 것이 빠지지 않는다. 가장 임팩트 있는 두 장면을 소개하면 이렇다. 마이클의 딸 메리(소피아 코폴라)와 그의 사촌 빈센트(앤디 가르시아)가 금단의 선을 넘어 사랑에 빠지는 장면이다. 빈센트의 아지트에서 그가 부하에게 먹일 이탈리아 수제비 뇨키gnocchi를 만드는 것을 요리라고는 해본 적 없는 메리가 돕겠다면서 만드는 걸 배우다가 손과 손이 포개지며 서로의 애정을 확인하는 장면이 그 하나다. 뇨키는 감자와 밀가루를 섞어서 만든 것이 가장 보편적인데 한국의 수제비와 비슷한 모양이다. 만들기가 어렵지 않고 어지간해선 물리지 않는 데다, 당연한 이야기지만 잘 만든 것은 대단히 맛이 좋다.

또 하나는 마이클의 여동생 코니(탈리아 샤이어)가 자상한 아저씨로 가장해 마이클을 죽이려는 돈 알토벨로(일라이 월락)를 독이 든 과자로 죽이는 장면이다. 의심 많은 돈 알토벨로는 "애야, 네가 말랐구나. 너도 먹어라"라고 권하며 코니에게 시식을 하게 한다. 서슴없이 입에 넣는 코니를 보고 안심한 그는 맛있게 과자를 먹다가 오페라를 들으며 저세상으로 간다. 어떻게 보면 행복한 죽음일 수도 있으니 콜레오네 패밀리의 마지막 자비라고도 하겠다.

────────── **"총은 놔둬, 카놀리는 챙기고"**

여기 나오는 과자가 이탈리아 시칠리아 지방이 오리지널인 유명한 디저트 카놀리cannoli다. 버터와 설탕을 넣어 만든 밀가루 반죽을 동그란 튜브 모양으로 말아 튀기고 안에 치즈로 만든 달콤한 크림을 채워 넣은 이 카놀리는 〈대부〉 1편에도 등장하여 미국 영화사에 불후의 명대사를 남긴다.

1편에서 콜레오네 패밀리는 돈 콜레오네를 암살하는데 협조한 배신자가 운전수 폴리라는 것을 알아낸다. 그리고 간부 클레멘자가 그를 처형하기 위해 조직이 숨어 있을 아지트를 구한다며 보디가드 로코와 함께 폴리를 교외로 끌고 나간다. "나 나갔다 오리다" "언제 오세요" "몰라. 아마 늦을 거야" "올 때 카놀리 사오는 거 잊지 마세요" 부인과 이런 일상적인 대화를 주고받으며 집을 나선 클레멘자는 한적한 교외에서 소변이 마렵다며 차를 세운다. 그가 소변을 보는 사이에 로코가 폴리의 머리에 여러 발의 총알을 박아 넣는다. 선혈이 낭자한 자동차에서 로코가 나오자 클레멘자는 "총은 차 안에 버려둬. 카놀리는 챙기고(Leave the gun, take the cannoli)"라고 한 마디 툭 던지고는, 아무 일 없었다는 듯 카놀리를 받아 든다.

사람 목숨이 과자 한 봉지만도 못하고 사람 죽이는 걸 구두를 닦거나 동네 산보하는 정도의 일상으로 여기는 무서운 마피아의 일면을 집에서 부인이 사 오라는 과자 한 봉지로 코폴라는 절묘하게 묘사한다. 그리고 이 한마디는 이후 두고두고 인용되는 명대사가 된다.

이탈리아는 사실 먹는 것만 생각하면 참으로 복 받은 나라다. 지중해성의 온난한 기후라 농작물이 잘 자란다. 반도라서 삼면이 바다인 데다 시칠리아 같은 큰 섬도 있어서 해산물도 풍부하다. 알프스의 남쪽 밑으로 자리잡아 각종 버섯과 과일 등 산에서 나는 재료도 다양하고 목축업도 발달했다. 천연 햄, 버터나 치즈 같은 유제품, 와인, 발사믹 식초 등 다양한 분야에서 세계적 명품이 된 브랜드도 많다. 그런 음식을 바탕으로 영화를 찍으니 또 할 얘기가 얼마나 많을까. 나는 세계적으로 인정받는 우수한 한국 영화가 많이 나오고, 또 그 안에 자연스레 녹아든 한국의 음식 이야기가 다양하고 재미있어서 전 세계 사람들이 입맛을 다시는 날이 빨리 오기를 고대하고 있다. 이건 억지가 아니다. 우리에게는 정말로 그만큼 우수한 음식이 많이 있다.

이민자와 하이웨이가 만든
아메리칸 라이프 스타일

〈해리가 샐리를 만났을 때〉의 델리와 다이너

예쁘고 귀여운 용모로 구십년대에 로맨틱 코미디의 여왕으로 군림했던 멕 라이언의 대표작은 뭐니해도 〈해리가 샐리를 만났을 때〉다. 〈시애틀의 잠 못 이루는 밤〉, 〈유브 갓 메일〉, 〈프렌치 키스〉 등 그녀의 매력이 돋보이는 작품은 차고 넘치지만 역시 〈해리가 샐리를 만났을 때〉가 그녀의 최고 걸 작으로 인상에 남는 것은 식당에서 샌드위치를 먹는 명장면이 있어서가 아닐까 싶다. '카츠 델리'라고 불리는 그 집은 당시에도 뉴욕에서 워낙 유 명하고 오래된 식당이었지만 영화가 나온 뒤에 더더욱 유명해져서 뉴요커 뿐만 아니라 많은 외지 사람들도 찾는 명소가 되었다.

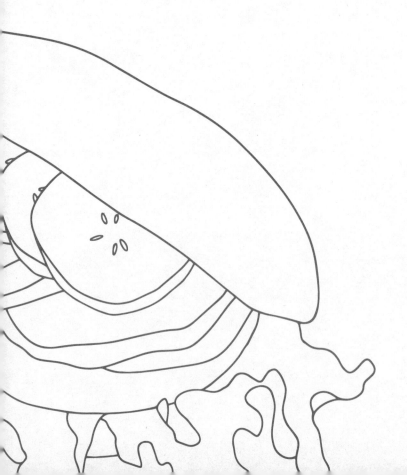

──────── **골목마다 꼭 있는 미국의 서민 음식점**

뉴욕 맨해튼을 거닐다 보면 '델리deli'라는 간판이 매우 흔한데 골목마다 거의 하나 이상 눈에 띈다. 이는 원래 델리카트슨delicatessen이라는 말을 줄인 것으로 유럽에서 이민 온 유대인들이 1800년대부터 퍼트린 업태로 처음엔 코셔 식품(유대교 율법을 따른 음식)을 주로 취급했는데 세월이 흐르며 뉴욕에서 미국 전역으로 퍼져나가며 영업 스타일도 변했다고 한다. 지금은 델리 그러면 미리 만들어놓은 샌드위치류나 샐러드 등속을 파는 조그만 가게에서 간단한 식료품점까지 겸하는 곳 아니면 거기에 더하여 주문을 받고 각종 음식을 만들어 주는 카페테리아까지 규모와 내용이 다양하다. 인종의 용광로라 불리는 뉴욕이니만큼 이탈리안 델리, 그리스 델리 더 나아가 멕시칸 델리, 아시안 델리 등 다양한 델리가 생겨났다.

〈해리가 샐리를 만났을 때〉에서 나오는 카츠 델리의 명물은 뭐니 뭐니 해도 파스트라미 샌드위치다. 나도 뉴욕에 갈 때마다 이걸 먹으려고 꼭 한 번은 들르곤 하는데 콘 비프 샌드위치, 브리스킷(양짓살) 샌드위치, 필리치즈 샌드위치도 어느 가게에 뒤지지 않을 만큼 맛이 좋아서 둘 이상이 가면 골고루 시켜서 나눠 먹곤 한다. 이 집은 영화에서 맥 라이언이 앉아서 신음소리를 내던 그 자리 위에 화살표를 매달아 놓았는데 한동안 그 자리에서 맥 라이언을 흉내 내며 사진 찍는 손님들이 적지 않았다고 한다.

재미있는 건 이 영화에서 샐리(맥 라이언)는 이 집의 시그니처 메뉴인 파스트라미 샌드위치를 먹지 않는다는 점이다. 함께 간 해리(빌리 크리스털)는 물론 파스트라미를 먹는다. 샐리는 핫 터키 샌드위치를 시켰는데 그걸 해체하여 겹겹이 쌓인 두툼한 터키 햄에서 두 장만 골라내 얇게 만들어 먹는다. 이 식당의 파스트라미, 콘비프, 브리스킷 샌드위치는 이름 앞에 '카츠Katz's'라고 상호가 붙는다. 시그니처 메뉴라는 뜻이다. 그런데 샐리는 그걸 시키지 않고 칠면조 샌드위치를 시켜 그것도 재조립해서 먹는 것이다. 이건 그녀의 캐릭터가 그만큼 자기 주장이 뚜렷하고 경우에 따라선 까칠하다고 할 정도로 개성이 강하다는 걸 말해주는 대목이다. 물론 이 장면은 그냥 대화 속에서 흐르듯이 지나가므로 뉴요커, 특히 이 집의 단골이 아니라면 놓치고 마는 내용이다. 미국 영화에서 아는 사람은 알아서 더 재미있고 모르는 사람은 몰라도 되게 심어 놓은 농담을 영화에서는 in-joke 또는 inside joke라고 한다. 특히 우디 앨런의 영화가 그런데, 뉴욕을 사랑하는 영화인들이 만든 영화에는 이러한 대목들이 적지 않다. 예를 들자면 한국 영화에서 주인공이 우래옥에 가서 냉면이나 불고기를 시키지 않고 된장찌개를 시킨다거나 떡볶이 전문점에서 잔치국수를 혹은 간장게장 전문점에서 생선구이를 시키는 장면이 나온다면 아는 사람은 눈치를 채는 것과 같은 맥락일 것이다.

<hr/>

싸고 간편하고 끼니를 해결하는 다이너

〈해리가 샐리를 만났을 때〉는 시카고에서 대학을 갓 졸업한 해리와 샐리가 뉴욕으로 취업을 하러 떠나는 장면에서 시작한다. 서로 모르는 사이인 둘은 18시간에 걸친 자동차 여정을 함께 하기 위해 만난 것뿐이다. 운전을 교대로 하며 짧은 시간 길동무가 된 두 사람은 사사건건 부딪치며 서로 얼마나 취향과 개성이 다른가를 확인한다. 식사 때가 되어 들어간 다이너에서 둘의 차이는 극명하게 드러난다. 해리는 메뉴를 보더니 "난 3번" 하고 주문을 한다. 이게 다이너에서 흔하게 주문하는 방식이다.

미국의 음식 문화를 얘기하자면 빼놓을 수 없는 게 '다이너diner' 문화다. 다이너란 말 그대로 먹는 집 그러니까 한국어로 '밥집'으로 번역해도 무난한 식당을 말한다. 레스토랑이라 부르기엔 메뉴가 간단하고 저렴한 가격에 이용할 수 있다. 열차 차량을 개조해 놓은 것처럼 길고 좁은 바닥에 카운터를 만들어 놓고 테이블을 몇 개 들여놓은 곳도 있고 넓은 바닥에 테이블 좌석을 많이 마련해 놓은 곳도 있다. 대도시의 비즈니스 구역에도 많아서 출퇴근하는 샐러리맨들의 끼니를 해결해 주기도 하고 지방의 조그만 마을에서는 타운 사람들이 모여 마실 가는 장소로도 쓰인다. 그리고 국토가 넓고 자동차 문화가 발달한 미국답게 프리웨이 연변에 숱하게 자리잡고 있어서 오가는 여행객의 시장기와 갈증을 달래주는 게 바로 이 다이너다. 이름은 그대로 다이너라는 말을 쓰기도 하고 카페, 카페테리아 등의 이름이 들어가기도 한다. 요즈음은 데니즈, 아이홉, 하워드 존슨, 워플하우스 등 유명 프랜차이즈가 전국으로 체인점을 늘려가서 이름 모를 로컬 다이너에서 맛있는 음식을 발견하는 재미가 옛날보다 많이 줄어들어 아쉬운 게 현실이다. 미국이 자랑하는 화가 에드워드 호퍼의 대표작으로 유명한 〈밤을 지새우는 사람들Nighthawks〉은 도심 한가운데 있는 다이너 심야 영업시간의 쓸쓸한 모습을 잘 묘사한 걸작이다.

분식점에서 이렇게 주문한다면

영화 〈해리가 샐리를 만났을 때〉의 처음으로 돌아간다. 해리는 "난 3번"하고 시키는데 이게 대개는 계란 두개, 소시지나 베이컨, 와플이나 팬케이크, 감자와 토스트를 이런저런 조합으로 엮고 주스와 커피를 덧붙여 1, 2, 3으로 넘버를 매긴 경우가 대부분이다. 여기서 샐리는 이렇게 시킨다. 프리웨이를 오가는 사람들이 잠시 쉬어가며 간단하게 요기를 하는 다이너에서 이렇게 시킨다는 말이다.

"셰프 샐러드 주세요. 기름하고 식초는 뿌리지 말고 따로 주고요. 그리고 아이스크림 올린 애플파이 주세요. 파이는 데워주고요. 아이스크림은 위에다 얹지 말고 옆에다 주세요. 바닐라 대신 스트로베리로 주세요. 스트로베리가 없으면 아이스크림은 필요 없어요. 그 대신에 거품 크림 주세요. 진짜라야 해요. 깡통 따서 나온 거라면 필요 없으니까 그럴 경우엔 파이만 주세요. 그리고 그러면 파이는 데우지 마세요."

이 말을 속사포로 쉬지 않고 단숨에 쏟아낸다. 이걸 한국으로 옮겨오면 대충 이런 게 아닐까. 김밥천국에 가서 "여기요, 라면 하구 공기밥 하나 주세요. 라면은 면은 오뚜기 진라면에 수프는 삼양라면 걸로 해주시고, 삼양라면 수프없으면 신라면 수프 반만 넣어주시고 파는 미리 넣어 푹 끓여주세요. 계란은 풀어서 젓지 말고 그냥 끓여주세요, 국물 탁해지니까. 그리고 공깃밥은 접시에 떠서 좀 식혔다가 주실래요? 찐밥이면 공깃밥 필요 없고 그냥 김밥 하나 말아주세요. 소시지 빼고 단무지하고 계란 시금치만 넣어서요. 맛살은 어디 거에요? 오양이면 넣고 아니면 그것도 빼구요. 아니, 오양맛살 없으면 그냥 오므라이스로 해주세요. 소스 끼얹지 말고 그냥 볶음밥을 계란부침으로 말아서 케첩만 접시에 따로 담아 주세요."

까칠한 연기로 말하자면 잭 니컬슨을 따라갈 사람이 누가 있을까. 그의 초기작 〈잃어버린 전주곡〉에 이런 장면이 있다. 다이너에 가서 커피하고 빵만 먹고 싶은 그에게 웨이트리스가 부득부득 빵은 메뉴에 없다고 한다. 이쯤 되면 기싸움이다. 몇 번의 실랑이 끝에 웨이트리스도 오기가 난 것이다. 그러자 잭 니컬슨이 이렇게 시킨다. "그럼 메뉴에 있는 치킨 샐러드 샌드위치하고 커피를 가져와. 그런데 샌드위치는 버터 바르지 말고 마요네즈도 바르지 말고, 상추 얹지 말고, 치킨 빼고 말이야." 멍해서 보고 있는 웨이트리스에게 그가 이렇게 덧붙인다. "치킨은 빼서 니 다리 사이에 쑤셔 박으라고."

─────── 다이너 문화가 바로 아메리칸 라이프 스타일

미국의 다이너 문화에는 그들이 자부하는 역사와 나름의 전통이 있다. 그중에는 햄버거의 발상지라고 많은 사람들이 인정하는 가게도 여럿 있다. 코네티컷주 뉴헤이븐에 있는 '루이스 런치Louis' Lunch'가 그 가운데 하나다. 이 집은 우리가 식빵이라 부르는 네모난 흰 빵으로 버거를 만들어 준다. 옛날부터 그랬다고 한다. 케첩도 없는데 감히 달라는 소리는 꺼내지도 못한다. 벽에 "여기는 버거킹이 아닙니다. 당신 방식대로 만드는 게 아니라 우리 방식대로 만듭니다. 그게 싫으면 안 먹으면 됩니다"라고 붙어 있기 때문이다.

필라델피아에는 '필리치즈 스테이크 샌드위치'라 불리는 명물이 있다. 맛있는 스테이크 부위나 로스트 비프를 잘라서 굽고 그 위에 퍼질 듯 녹은 치즈를 올려 긴 롤빵 안에서 잘 어울리게 한 필리치즈 스테이크 샌드위치는 이제는 미국 전역에서 인기 메뉴가 되었다. 그리고 네브래스카주 오마하에서 시작되었다고 하는 '뤼벤 샌드위치'도 다이너의 인기 메뉴에서 빼놓을 수 없다. 콘비프에 사우어크라우트 그리고 러시안 드레싱이 귀리빵 사이에서 조화를 이루는 뤼벤 샌드위치도 잘하는 가게에서 만든 건 중독성이 있으리만큼 맛이 좋다. 물론 이 정도로 특색 있는 메뉴를 제대로 만들어 내는 델리나 다이너라면 어느 정도 규모가 있는 도시라야 만날 가능성이 높다. 넓고 넓은 미국에는 대도시 말고도 조그만 타운이 숱하게 퍼져 있다. 그런 곳에 있는 다이너에서는 햄버거나 치즈버거 아니면 치킨 샌드위치나 클럽 샌드위치 정도가 무난한 경우가 많다. 대신에 로컬성을 살린 대표 메뉴가 한둘쯤 있거나 도넛, 파이 등 디저트에 힘을 준 케이스도 적지 않다.

다이너는 미국의 음식 문화에 국한된 것이 아니라 아메리칸 라이프 스타일 그 자체에 녹아 있어 미국의 과거와 현재를 모두 보여 준다. 그래서 숱한 영화에 다이너가 등장한다. 〈해리가 샐리를 만났을 때〉 같은 로맨틱 코미디뿐만이 아니라 갱영화에서도 자주 볼 수 있다. 한국 관객에게도 친숙한 〈저수지의 개들〉, 〈좋은 녀석들〉, 〈펄프픽션〉에도 다이너는 중요한 무대로 등장한다. 알 파치노와 로버트 드니로가 처음으로 함께 출연한 작품으로 화제가 됐던 갱영화 〈히트〉에서 두 배우가 극도의 긴장감 속에 처음이자 마

지막으로 만나 대화를 나누는 곳도 다이너다. 유쾌한 판타지 〈백
투 더 퓨처〉에서는 다이너 문화의 과거, 현재, 미래를 보여 주며
시대가 변해가는 걸 묘사한다.

───────── 〈블레이드 러너〉의 예언대로
미국에 진출한 아시안 푸드

　　　　　　　　미래 이야기가 나왔으니까 말인데 SF 장
르의 컬트이자 명작인 〈블레이드 러너〉에서는 근미래 다이너의
모습으로 한자 간판이 잔뜩 붙은 아시아 분위기의 식당이 나온다.
젊은 시절의 해리슨 포드는 이 장면에서 젓가락으로 국수를 먹는
다. 1982년에 만들어진 이 영화에서 그려낸 심각한 공해와 산성비
로 음울하게 망가진 도시는 2019년이라는 설정이다. 바로 지금 우
리가 살고 있는 현재가 그 무대다. 다행히도 현재 세계는 그 정도
로까지 망가지지는 않았다. 그러나 이 영화의 상상력이 그려낸 것
가운데 맞은 게 있다면 아시아 음식의 진출이다.

　지난 몇십 년 동안 아시아 음식 문화는 미국에서 참으로 많은
발전을 이뤄 어디를 가도 익숙하게 만날 수 있게 되었다. 물론 한·
중·일의 동아시아뿐 아니라 인도, 태국, 베트남 음식도 많이 진출
하였고 후무스와 팔라펠로 상징되는 중동 음식이나 유럽에 먼저
진출한 케밥 문화도 크게 성장하였다. 이보다 먼저 멕시코 음식이

들어와서 타코는 이미 국적을 따지는 게 무의미할 정도로 미국 음식에 깊숙이 자리잡았다. 친환경적으로 키워서 더 맛있는 고기와 채소를 과카몰레와 함께 말아주는 치폴레 체인점이 젊은이들 사이에 크게 인기를 끌자 맥도날드는 아예 거금을 주고 인수를 해버렸다. 고기 대신 두부를 넣은 일본식 샐러드나 채소를 넣은 각종 스시롤, 다양한 중국식 요리를 조금씩 덜어 용기에 담아 살 수 있는 아시안 델리가 계속 늘고 있다. 기름기가 많고 칼로리가 너무 높아 비만과 성인병을 걱정하는 미국인들 가운데 아시아 음식에 눈을 돌리는 사람이 많아서 그렇다고도 한다.

이런 가운데 멕시코 출생인 타코 속으로 들어가 자리를 잡은 불고기와 김치가 빛을 발하여 대박 상품이 나온 경우도 있으니 김치 타코가 그것이다. 처음엔 푸드 트럭에서 시작하여 트위터로 쫓아다니며 사 먹는 게 유행하기도 했는데 이제는 이런 메뉴들이 점차 식당 메뉴로도 자리를 잡은 것 같다. 한국식 양념치킨이 뉴욕과 LA에서 인기를 끄는가 하더니 미국 사람들도 조금씩 고추장 맛에 노출되어 그 맛을 즐기게 되는 것 같다. 베트남에서 보트피플로 미국에 건너간 이의 창업 신화로 유명한 스리라차 소스에 이어 같은 매운맛이기는 하지만 스리라차의 쏘는 매운맛과는 다른 구수하게 매운맛이 매력인 한국의 고추장은 시간이 걸려도 언젠가는 미국 사람들의 입맛을 사로잡을 것이라고 나는 확신하고 있다.

유럽에서 온 이민자들이 만든 델리 문화
와 넓은 땅덩어리와 자동차가 탄생시킨 다이너 문화는 미국만이
가진 독특한 라이프 스타일이다. 미국을 여행해 본 사람들이 공통
으로 느끼며 이야기하는 것 중 하나가 미국 식당은 양이 대단히
푸짐한 것에 비해 가격이 비싸지 않다는 것이다. 햄버거 체인도
그렇고 다이너도 아주 대도시가 아니라면 계란 세 개에 토스트와
베이컨, 소시지, 주스, 커피까지 모두 해서 10달러 안짝이면 먹을
수 있다. 그리고 한국 식당도 그렇고 다른 아시아 식당에 가도 양
이 아주 푸짐하고 고기 등 식재료를 아끼지 않고 넣은 걸 금세 알
수가 있다.

세계에서 제일 잘사는 나라의 슈퍼에 가보면 먹을 것은 다른 어
느 나라보다도 싸다는 이야기를 많이들 한다. 그러나 이게 좋다고
만 할 수 있는 현상인가. 글을 마무리 짓기 전에 불편한 진실을 한
가지 소개하기로 한다.

2014년하고도 12월 7일 『LA 타임즈』 일요일자 신문에 특집 기
획 기사가 실렸다. 대여섯 페이지나 되는 기사였는데 18개월에 걸
쳐 취재를 했다는 설명이 따랐다. 미국으로 수출되는 멕시코산 농
산물이 급증하면서 미국의 소매상과 소비는 혜택을 받게 되었지
만, 그 농산물을 재배하고 수확하는 사람들은 강제노역수용소와
다름없는 대단히 열악한 환경에서 혹사당하고 있다는 내용의 기

사였다. 기사는 머리글에서 다섯 가지로 요약한 사실을 싣고 나서 본 기사로 들어가는 형식을 취하였다. 일종의 충격요법 같은 구성이라 하겠다. 간단히 옮겨보면 다음과 같다.

* 농장 노동자들은 수개월 동안 쥐들이 득실거리는 캠프에 갇혀 지내는데 침대도 없을뿐더러 화장실도 없는 경우가 있고 물이 제대로 공급되지 않는 경우가 많다.
* 캠프의 상급자들은 종종 노동자들이 바쁜 수확기에 떠나지 못하도록 그들의 임금을 불법적으로 수개월 치씩이나 쥐고 지급하지 않는다.
*노동자들은 가게에서 비싸게 가격을 매긴 생필품을 사느라고 종종 빚더미에 올라앉아서 수확기가 끝날 무렵이면 돈 한 푼 손에 쥐지 못하고 고향으로 돌아가는 경우가 적지 않다.
* 빚에서 벗어나고 비참한 생활 환경에서 탈출하고자 하는 사람은 경비원, 철조망, 캠프 상급자의 폭력과 협박을 마주해야 한다.
* 미국의 주요 회사들은 숙소 위생이나 임금 지급 가이드라인과 같은 노동자의 기본권을 보호하는 사회적 책임을 거의 이행하지 않았다.

이들은 멕시코에서도 가장 가난한 지역에 사는 사람들로 버스에 실려 수백 킬로미터 이상을 이동하여 캠프에 들어오게 되는데, 이들의 임금은 하루에 8달러에서 12달러 정도이니 한국 돈으로 하루에 9,000원에서 13,000원 정도다.

　신문에서는 긴 문장보다도 한 장의 사진이 더 힘을 가지는 경우
가 많다. 이 특집 기사에는 사진이 여러 장 실렸는데 한창 배우고
뛰놀아야 할 나이의 어린 아이들이 밭일을 하고 있는 사진이 무엇
보다 먼저 눈이 들어온다. 초등학교도 안 다닐 것 같은 어린 여자
아이가 밭에서 일하는 모습의 사진을 보니 괜히 내가 죄를 지은
것 같아 가슴이 답답했다. 수출산업은 번창하고 노동자들은 고통
을 받는다는 제목 아래 사진과 함께 실린 특집 기사의 내용은 가
히 충격이다. 리처드 마로시의 글과 돈 바틀레티의 사진인데 사진
은 예술 작품처럼 아름답게 찍은 사진이기에 내용을 알면 더욱 서
글프기도 하다.

─────────── **토마토에 흠집 생길까 손톱 검사까지**

　　　　　　　　위에 소개한 머리글과 중복되는 내용도
들어 있지만 기사의 내용을 아주 간략하게 소개하자면 이렇다. 미
국의 월마트나 세이프웨이 같은 대형 마트에서는 소비자들에게
싼값에 토마토, 피망, 오이, 가지 등을 공급하는데 토마토만 해도
미국에서 소비되는 양의 50퍼센트 이상이 멕시코에서 생산된다.
그리고 이를 공급하는 농장에서는 값싼 노동력을 필요로 하는데,
특히 많은 일손이 집중적으로 필요한 수확기에는 멕시코의 가난

한 지방에서 사람들을 모아다가 농장에 투입한다. 그 근로 여건은 말할 수 없이 비인간적이다.

사람을 때려 넣으려 조악하게 만들어 놓은 숙박 시설은 침대는 커녕 가구도 없어 콘크리트 바닥에 종이 박스를 펴고 자는 게 고작인 데다가, 물도 안 나와서 지저분한 개울물로 빨래를 하고 몸을 씻어야 한다. 쥐가 들끓는 곳도 있다. 혹독한 노동을 견디지 못해 도망갈까 봐 철조망을 둘러놓은 게 수용소와 다를 바가 없다. 도망가지 못하도록 임금은 일이 끝날 때까지 수개월 동안 지불하지 않는다. 그리고 폭력과 협박이 횡행한다.

그리고 이들이 생필품을 사거나 먹을 것을 사는 가게는 회사가 운영을 하는데 폭리를 취해 많은 노동자들이 빚을 지고 있으며 계절 노동이 끝나고 고향에 돌아갈 때 손에 쥐는 돈이 몇 푼 안 되거나 심지어는 빈털터리로 가는 경우도 적지 않다. 농장에서 나오는 급식도 형편없어서 점심도 콩죽, 저녁도 콩죽인 경우도 있다.

농산물을 수확할 때는 토마토 같은 경우 상품에 흠집이 가서 가치가 떨어질까 봐 손톱 검사까지 하는 등 관리가 엄격하다고 한다. 그래서 인터뷰에 응한 이가 "토마토에는 그렇게 신경 쓰면서 우리에겐 아무도 신경 쓰지 않지요"라는 말을 하기도 한다. 많은 노동력을 동원해 농산물을 생산하고 미국에 수출하는 업자는 큰 돈을 버는데, 취재 결과 혹독한 환경에서 많은 문제를 야기한 농장들이 '올해의 수출업체'로 상을 받은 경우도 왕왕 있었다고 한다. 있는 자들이 없는 사람들을 착취하는 세상은 역사적으로 늘 존재해 왔지만 미국인의 풍요로운 식탁 그 이면에도 여전히 이런 현실이 도사리고 있다.

맛있는 미국의 델리 문화를 소개하는 글에 불편한 진실을 밝히는 기사를 소개한 것은 명과 암의 확연한 대비가 되어서다. 사실 관심을 가지고 보면 세계 여러 곳에서 이러한 양극화의 그림자가 드리워져 있음을 볼 수가 있다. 미국의 델리 문화에는 그곳을 드나드는 셀 수 없는 사람들의 숱한 낭만과 즐거운 추억이 중첩되어 있다. 법을 준수하고 착하게 하루하루를 살아가는 일반 미국 시민들은 이런 거대기업의 횡포와 그로부터 피해를 받아야 하는 외국인 노동자들과 직접적인 관계가 없다. 다만 일반 시민들이 조금만 눈을 돌려 이러한 모순된 구조를 바꾸는 데 관심을 가진다면 상황은 언젠가 나아질 것이다. 영화에 보이는 다이너 안의 낙천적이고 순박한 미국인들이 보이지 않는 곳에서 고생하는 사람들과 연결되지 않고 진정한 의미에서 편하게 음식을 즐길 수 있는 날이 언제나 올 것인가 기대해 본다.

飲食映畫

——

15

우리 삶을
풍요롭게 하는 음식

〈바베트의 만찬〉과 유럽의 미식 이야기

잘 만든 요리는 맛이 좋다. 왜 그럴까? 얼핏 보면 참 바보 같은 질문이다. '잘 만들었으니까 맛있지!' 하는 간단명쾌한 대답도 나오고, '맛있게 만든 요리를 잘 만들었다고 하니까' 하는 질문을 뒤집은 명답도 나오지만, 이런 뫼비우스의 띠 같은 질의응답에서 빠져나와 맛있는 음식, 잘 만든 요리에 대해서 잠시 생각해보기로 하자. 이 엉뚱한 것 같은 질문에 대한 대답에는 대단히 중요한 사실이 담겨있다.

비싸거나 호화로운 식단이 아니더라도 우리는 좋은 친구 동료들과 혹은 가족들하고 즐겁게 먹으면 모든 음식이 맛있다. 그러나 스트레스를 받으면 식욕이 하나도 없어서 음식 맛이 어떤지 전혀 모르고 그저 끼니를 때우기 위해 먹기도 한다. 맛있는 음식이란, 몸에 잘 맞는 것이 맛있게 느끼도록 인류가 진화해 왔으므로 기본적으로는 몸에 좋은 음식이라고 할 수 있다. 그래서 잘 만든 요리는 몸에 잘 맞아 맛있게 느껴지는 것이다. 여기까지는 원칙이다. 그런데 '맛있는 것만 찾다가 건강을 망치거나 영양실조(영양의 균형이 깨졌다는 뜻으로 영양 과잉과 부족 둘다 해당된다)에 걸리거나' 하는 것은 인류 역사상 아주 아주 최근의 일로 기나긴 세월에 비춰 보면 예외에 속한다.

인류 문명의 발전은 '요리 인간'에서

인류가 불을 쓰기 시작하며 생긴 습관이 먹을 것을 불에 익혀 먹는 화식火食으로 모든 요리의 원형이다. 우리가 오늘날 먹는 모든 곡식을 생으로 씹어 먹고, 채소, 육고기, 생선을 날로 먹는다고 상상해 보자. 간단하게 얘기해서 과일 몇 종류 빼고는 참 먹기가 힘들 것이다. 소화가 잘 되었을 것 같지도 않다. 날것만 먹다가 익혀 먹기 시작하며 소화와 흡수의 효율이 늘어나 영양 보급이 수월해진 만큼, 인류는 수명이 비약적으로 늘어났고 또 왕성한 번식 활동으로 인구도 증가하게 된다. 모든 인류 문명의 발달은 이를 바탕으로 이루어질 수 있었던 것이다.

이 화식, 즉 불을 쓰는 조리법은 먹을 것에 포함된 영양분이 우리 몸 안에서 소화와 흡수가 잘 되도록 하는 것이 기본 목적이다. 딱딱한 식물 섬유질이나 동물 세포에 열을 가하여 부드럽게 하는데, 예를 들자면 직접 가열하는 게 굽는 것이고, 수분과 함께 가열하는 게 삶는 거다. 또 상하거나 상할 것 같은 음식에 열을 가해 살균을 해서 건강을 해치지 않을 수 있도록 하기도 하고, 여기서 한 걸음 나아가 몸에 필요한 다른 영양소를 함께 넣어 가열하는 방식으로 발전하기도 했다. 그러면서 사람의 입맛은 자연 그대로의 맛보다는 짜고 단 맛을 선호하도록 변했다.

기독교의 성경에 '빛과 소금'이라는 말이 나오듯이 소금은 인간에게 몸의 건강을 유지하는데 필수적인 염분, 즉 각종 미네랄과 전해질을 제공하는 아주 중요한 물질이다. 짜게 간을 한 음식은 싱거운 음식만 먹게 되면 생기는 각종 질병을 막아준다. 단맛은 역시 성경에 '젖과 꿀이 흐르는'이라는 표현에 나오는 꿀로 대표되듯 에너지의 기본이 되는 포도당의 공급원이다. 모든 탄수화물은 다 소화 작용을 거쳐 결국엔 포도당이 되어 몸에 흡수되고 사용된다. 꿀이나 과일에서 얻는 과당이나 포도당은 몸에 그대로 흡수되기 쉬운 에너지 원이니까 몸에서 아주 환영을 하는 맛이다. 참고로 젖은 단백질 공급원이다. 단백질은 우리 몸의 근육과 내장 등의 원재료가 되는 중요한 성분으로 이것이 많이 든 고기, 생선과 같은 동물성 식품은 '감칠맛'으로 우리의 입맛을 즐겁게 해준다.

그리고 지방은 우리 몸에 비축되어 필요할 때 꺼내 쓰기도 하고, 몸이 필요로 하는 곳에 제때에 공급이 가능한 효율 높은 영양분으로, 옛날부터 '기름진' 음식이란 고급 음식과도 일맥상통하였다. 아주 오래전으로 올라갈 것도 없이, 불과 얼마 전까지만 해도 잘 먹은 사람은 '기름기가 돈다'고 했고 못 먹은 사람은 '기름기가 빠져서 꺼칠하다'고 했었다.

그러니까 우리가 단 것을 좋아하고, 짠 것을 좋아하고, 기름기를 좋아하는 것은 당연한 일이다. 다 몸에 좋은 것들이니까. 불행한 것은 인류의 발전 과정에서 이런 것이 넘쳐나서 과도한 섭취를 하는 것을 걱정하게 되고 이로 인한 질병을 고민하게 된 것은 아주, 아주, 아주 최근 짧은 시간에 국한된 사실이라는 것인데, 현세대가 거기에 해당된다.

화식의 원시 요리법은 문명의 발달과 함께 그 방법이 다양해진다. 토기 문화의 발달로 물을 담을 용기가 발달하면서 삶거나 끓이는 행위가 수월해지고, 청동기와 철기로 만든 그릇들이 실생활에 사용되기 시작하면서 찌거나 볶거나 하는 식의 조리법도 분화되고 발전하게 된다. 자, 그러면 이러한 사실을 염두에 두고 오늘의 영화 〈바베트의 만찬〉으로 들어가 보기로 하자.

──── 유럽에서도 인정하는 프랑스 요리의 맛과 멋

준수한 외모의 소유자도 아니고 세련된 매너나 교양도 없는 젊은 남자가 숱한 미녀들이 나를 숭배하고 따를 거라며 미국으로 떠난다. 그리고 그는 소원을 이룬다. 비결은 하나, 이 청년은 영국인이었다. 영화 〈러브 액츄얼리〉에 나오는 한 대목이다. 미국인들은 영국식 발음의 영어 앞에서 약해진다는 사실을 풍자한 에피소드다. 아무리 자기네가 돈이 더 많아도 '원조'에 대한 동경은 하루아침에 극복되는 게 아닌 모양이다.

음식 이야기를 하려는데 먼저 영어 발음 이야기를 꺼낸 건 음식에서도 이와 비슷한 경향이 있어서다. 서양 사람들의 프랑스 요리에 대한 동경이 그것이다. 요새 프랑스 파리를 가보면 골목골목에 피자를 파는 피자리아가 있고 파스타를 내는 트라토리아도 흔하다. 그러나 이탈리아에선 로마, 피렌체, 밀라노 어디를 가도 프랑스 레스토랑은 흔하지 않다. 음식 무역의 불균형이라 부를 만하다. 영국이나 독일 등 유럽 여러 나라에도 이탈리아 음식의 진출은 몇십 년 들어 괄목할 만한 성장세를 보인다. 유럽만이 아니다. 아시아에서도 최근 들어 타파스라고 해서 스페인 요리를 내는 간이식당이 이곳저곳에 생겨나고 있다. 도토리를 먹여 키운 이베리코 돼지로 만든 햄인 이베리코 하몽 베요따가 스페인산 와인과 함께 여러 나라에서 인기를 끌기 시작했다.

스페인이나 이탈리아 사람들의 자국 요리에 대한 자부심은 대단하다. 그러나 이들도 입 밖으로는 내지 않지만 내심 부러워하는 게 있으니 오랜 세월 세계적으로 쌓아 올린 프랑스 요리의 명성과 권위다. 최근 들어 바뀌는 경향이 보이기는 하지만 얼마 전까지도 영국 황실이나 미국 백악관에서도 국빈 만찬 메뉴는 전통적으로 풀코스 프랑스 요리를 냈다. 일본의 경우도 국빈 맞이 공식 행사에서 프랑스 요리를 중시하기는 마찬가지다.

자국 요리에 대한 자부심이 엄청난 이탈리아 사람이나 스페인 사람들도 속으로는 프랑스 요리가 가지고 있는 '넘사벽' 같은 도도한 이미지에 대한 동경이 있는 판에 그렇지 않은 형편의 영국이나 독일, 북유럽 사람들은 말할 것도 없다. 내놓고 인정하고 부러

위한다. 뒤집어 생각해보면 내놓고 부러워하는 게 오히려 콤플렉스가 없는 게 아닌가 싶기도 하다.

─────── 제대로 먹는다는 철학이 깃든 미식 영화

영화 〈바베트의 만찬〉은 덴마크 영화다. 내 기억으로 이 영화는 아쉽게도 한국에서 그다지 흥행을 하지 못하고 지나가 버린 명작 가운데 하나다. 이 영화는 얼핏 보기엔 덴마크 사람들이 만든 프랑스 요리를 예찬하는 영화다. 음식을 다룬 영화를 고르라고 하면 많은 평론가들이 주저 없이 손에 꼽는 작품이기도 하다. 이 작품은 그해 아카데미 외국어 영화상을 수상했다. 이 영화는 우리가 매일 먹는 음식을 맛있게 그리고 제대로 먹으면 얼마나 우리의 인생을 얼마나 풍요롭게 해주는가를 영화라는 매체가 지닌 장점을 통해 마음껏 펼쳐 보인다. 비싼 돈을 써가며 맛난 음식, 고급 음식을 찾아다니는 호사가들의 '미식 붐'을 묘사하는 것이 아니라, 제대로 먹는다는 철학이 깃들인 미식은 혀끝의 말초적인 자극과 쾌락을 넘어서 산다는 것의 의미와 아름다움을 깨달을 수도 있다는 점을 알게 해준다.

프랑스 요리도 복잡한 것 같지만 글머리에 소개한 기본 원칙에서 크게 벗어나지 않는다는 걸 유념하고 들여다보면 이해가 빨리 간다. 시장기를 느끼는 사람에게 우선 위장에 지나친 자극을 주지 않도록 수프나 부드러운 음식을 먹는 것으로 시작한다. 그리고 양으로는 부담이 가지 않으면서도 식욕을 돋우는 음식을 내는 게 순서상 옳다. 그다음에 생선이나 고기로 양으로도 본격적인 주식이 되는 요리를 낸다. 두 가지를 다 낼 거면 그 사이에 입가심을 할 수 있도록 채소나 산뜻한 요리를 낸다. 그리고 미각이 여러 맛을 접해 좀 둔해졌을 수도 있으므로 마지막으로 감칠맛이 강한 치즈 같은 것을 낸다. 그리고는 소화를 돕는 단 것, 초콜릿이나 케이크 같은 것을 낸다. 여기에 곁들여 샴페인, 화이트 와인, 레드 와인, 브랜디와 커피 등의 순서로 마실 것을 곁들이는 게 보통 식단의 구성이다. 복잡한 것이 아니라 몸에서 찾는 영양소를 맛있게 느끼도록 진화한 신체가 원하는 것을 공급한다는 원칙을 지키며 요리법이 발전해 온 것이다.

──────── 맛있는 음식을 즐기는 것은 조물주의 뜻

프랑스 요리를 이야기하는 김에 프랑스 사람 이야기를 잠깐 하고 넘어가자. 브리야사바랭 이야기다. 서양 미식을 논하면서 빠질 수 없는 이 사람은 『미식 예찬』이라는 명저와 함께 음식과 관련된 숱한 명언을 남겼다. 우리에게도 익숙한 "당신이 무엇을 먹는지 말해 달라. 그러면 나는 당신이 어떤 사람인지 말해주겠다"라는 말도 그의 잠언이다.

그의 잠언 가운데 내가 좋아하는 말은 "조물주는 인간이 살기 위해서는 먹지 않으면 안 되게 만들었고, 식욕으로써 먹도록 인도하고, 쾌락으로 그 보상을 해준다"이다. 우리가 맛있는 것을 먹으며 행복을 느끼는 것이 조물주의 뜻이라는 것은 얼마나 멋진 말인가.

이제 영화 〈바베트의 만찬〉을 본격적으로 다룰 준비는 다 되었다. 영화의 처음 절반은 지루할 정도로 느린 템포로 어느 가난한 덴마크 어촌 마을의 일상을 다룬다. 그리고 나머지 절반은 딱 식사 한 끼를 그린다. 마치 생중계라도 하듯이 세세하게 풀코스 디너를 다룬다. 그러나 전혀 지루하지 않고 도리어 관객들도 몰입하여 디너 테이블에서 식사를 하는 사람들의 반응을 셰프의 시선에서 바라보게 만든다. 이 영화는 스포일러가 없어서 내용을 알고 보아도 감상에 지장이 없다. 오히려 아는 만큼 더 잘 보이는 영화다. 간단하게 줄거리를 소개한다.

덴마크의 어느 바닷가 작은 마을에 경건한 목사가 살고 있었다. 그에게는 두 딸이 있는데 둘 다 미모가 워낙 빼어나 마을 젊은이들이 이 자매를 보고자 일요일이면 교회로 몰려들었다. 그러나 워낙 쾌락을 멀리하고 금욕적인 삶이 경건한 신앙인의 자세라는 아버지의 뜻에 두 딸은 꽃 같은 세월을 그대로 흘려보내고 독신으로 나이를 먹어간다. 이 두 딸에게도 한 번씩 사랑이 꽃필 기회가 있었으니 한 사람은 스웨덴 장교였고 다른 한 사람은 파리의 유명한 오페라 가수였다. 그러나 세월은 덧없이 흘러 목사 어느덧 아버지도 세상을 뜨고 두 자매가 중년을 넘어 노년으로 접어들 무렵 이

집에 프랑스 여인이 한 명 들어와 가정부를 자청한다. 파리 코뮌의 혼란을 피해 몸만 빠져나온 이 여인의 이름은 바베트였다. 이때가 1870년대 중반쯤 되겠다. 바베트는 갈 데라고는 없으니 먹고 재워만 주면 급료도 필요 없다고 한다. 젊은이들은 더 이상 교회에 나오지 않고 함께 늙어가는 몇몇 마을 사람들만 남은 이 마을에서 바베트는 열심히 일을 해 두 자매와 기력 없는 노인네들에게 식사를 제공한다. 식사라고 해야 두 자매가 지시한 대로 수십 년동안 변치 않은 단순한 메뉴다. 딱딱한 빵을 물에 불려 푹푹 삶은 죽과 생선 말린 것을 물에 불려 푹푹 삶은 생선죽. 그들은 변함없이 수십 년 동안 그러려니 하고 매일 같은 메뉴를 먹는다.

바베트가 변화 없는 일상이 반복되는 이 마을에 온 지도 십수년. 그동안 바베트의 유일한 낙은 파리에 있는 지인에게 부탁하여 매달 복권을 한 장씩 사는 것이었다. 그러던 어느 날 바베트는 복권이 당첨되어 1만 프랑을 받게 된다. 큰 돈이 생겼으니 파리로 돌아갈 거라는 두 자매의 예상과는 달리 바베트는 계속 남아있겠다고 한다. 그 대신 마을 사람들을 초청하여 저녁을 한 끼 프랑스식으로 제대로 대접하게 해달라 부탁을 한다.

응낙은 했지만 식재료를 잔뜩 사들이는 바베트를 보면서 두 자매는 불안해진다. 평온하게 살아온 그들의 생활과는 어긋나는 일이 아닐까? 두 자매와 마을 사람들은 혓바닥을 자극하는 새로운 맛이 마치 피해야 할 악마의 유혹이기라도 한 양, 모여서 흔들리지 말자고 굳게 약속을 한다. 음식에 대해서는 아무 표현도 하지 말고 그냥 묵묵히 한 끼만 먹으면 끝나는 거라고.

화려한 풀코스 만찬을 즐기는
순박한 어린 아이들

다리미로 다린 빳빳한 식탁보를 반듯하게
펼치고 그 위에 조달해온 크리스털 와인 잔, 샴페인 잔, 물잔, 식기
세트와 촛대로 테이블 세팅을 마치고 바베트는 마을 소년의 도움
을 받아 식사를 내기 시작한다.

첫 번째 코스는 식전주인 스페인의 아몽띠야도 셰리를 곁들인
바다거북 수프. 마을 사람들은 잔뜩 긴장한 모습으로 수프를 먹기
시작한다.

두 번째 코스는 메밀 팬케이크에 캐비어와 사워크림을 얹은 블
리니 드미도프. 와인은 뵈브 클리코 샴페인. 애써 참으려고 하는
마을 사람들의 얼굴 표정이 조금씩 밝게 변하기 시작한다.

세 번째 코스는 퍼프 파이로 감싼 메추리 요리. 메추리는 푸와
그라와 트뤼플 소스로 속을 채웠다. 와인은 클로 드 부조의 피노
누아. 마을 사람들의 얼굴에 화색이 돌면서 식탁에 변화가 일어나
기 시작한다. 옆에 앉은 이웃, 친구들과 과거에 잘못했던 일을 고
백하고 또 서로 시시덕거리며 너그럽게 용서를 하고 그런다.

네 번째 코스는 꽃상추 샐러드. 이제 마을 사람들은 약속 따윈

〈바베트의 만찬〉과 유럽의 미식 이야기   259

다 잊은 표정이다.

다섯 번째 코스는 럼주를 넣고 무화과와 설탕에 절인 체리를 곁들인 스펀지 케이크. 샴페인과 함께. 행복이 퍼져나가는 방 안에서 두 자매의 얼굴에도 회한의 표정이 사라지고 평화로운 미소가 번진다.

여섯 번째 코스는 소테른산 디저트 와인에 모둠 치즈와 과일. 식탁에 앉은 사람들은 적극적으로 음식과 술을 즐기며 떠들썩하게 이야기를 나눈다.

일곱 번째 코스는 커피와 그랑 상파뉴 코냑. 이제 아무것도 거칠 것이 없는 것 같은 마을 사람들은 순박한 어린 아이로 돌아간 것 같다.

식사를 마치고 나온 마을 사람들은 별빛이 아름다운 밤하늘 아래 마을 광장에서 손에 손을 잡고 빙글빙글 춤을 춘다. 수십 년 동안 억눌렸던, 기도로도 찬송으로도 풀리지 않던 가슴 속에 응어리진 무언가가 사라진 느낌이다. 행복이 넘치는 밝은 표정으로 괜히 누군가를 미워하고 대상 없이 분노하며 살던 과거와 결별한 듯한 표정이다.

고마워하는 두 자매에게 바베트가 말한다. 자기는 떠나지 않는다고. 아니, 못 떠난다고. 이제 무일푼이니까. 깜짝 놀란 두 자매가 묻는다. 당첨된 돈은 어쨌냐고. 바베트가 말한다. 파리에서 여자 셰프로 유명했던 카페 앙글레의 전설적인 셰프가 바로 자기라고. 그리고 오늘 먹은 12명이 카페 앙글레에서 제대로 식사를 하면 딱

1만 프랑이 든다고.

────────── **맛있는 음식은 사람을 얼마나 행복하게 하는가**

이 영화가 나온 뒤 유럽과 미국에서는 한
때 이 영화에 나오는 메뉴와 와인을 그대로 재현하여 내는 레스토
랑이 여러 군데 있었다. 바베트가 덴마크에 와서 십수 년이 흘렀
으니 영화 속의 디너는 시기적으로 보아 1890년대 끝자락쯤 될 것
이다. 그때 이미 이렇게 완성된 메뉴를 낼 수 있었던 것이 프랑스
요리다. 프랑스 요리가 본격적인 발전을 한 것은 프랑스 혁명 후
에 실직을 한 궁정 요리사들이 밖에 나와 식당을 차리고 신흥 부
르주아 계급에게 장사를 하면서라는 게 정설이다. 한 접시씩 요리
가 나오는 서빙 방법은 추운 나라 러시아의 풍습을 들여온 것이라
고 하는데 확실한 근거는 찾지 못했다. 그리고 혁명 전의 궁정 요
리는 사실 이탈리아 피렌체의 메디치 가문에서 프랑스 왕실로 시
집간 카트린 왕비 때부터 본격적인 발전을 하기 시작했다고 한다.
프랑스 요리는 그러고 보면 이탈리아 요리에도 신세를 진 셈이고
러시아의 영향을 받기도 한 것이다. 원래 문화라는 게 이렇게 주
고받으면서 발전하는 것이기도 하다.

프랑스 요리의 매력은 다양하고 풍성한 식재료를 구할 수 있는
천혜의 자연 환경에서도 기인한다. 바닷가재, 굴, 넙치 등 대서양

에서 잡히는 해산물과 지중해에서 잡히는 해산물의 맛이 다르다는 것을 프랑스 사람들은 입맛으로 안다. 초원 지대에서 편하게 자란 소, 돼지, 닭도 유달리 맛있고 여기서 나오는 우유, 버터, 치즈, 계란 역시 프랑스 사람들의 자랑거리다. 그러나 무엇보다도 프랑스 요리를 발달하게 한 것은 프랑스 사람들의 음식에 대한 관심과 애정일 것이다. 버터와 생크림을 듬뿍 사용한 소스를 많이 사용하는 프랑스 요리가 한때는 건강상의 문제로 약간의 논쟁이 있었던 적도 있지만 지금은 억울한 누명이 벗겨진 것 같다.

영화 〈바베트의 만찬〉을 보는 관객들은 비록 눈으로만 이지만 참 많은 호사를 한다. 그러나 이 영화의 진정한 매력은 값비싸고 귀한 재료로 만든 음식이 얼마나 맛있는가를 묘사한 데에 있는 것이 아니라 바로 이런 음식을 먹으며 사람들이 얼마나 행복해질 수 있는가를 잘 그렸다는 데에 있다. 브리야 사바랭의 잠언에도 나오듯이, 육신과 영혼이 함께 하여 하나의 생명이 살아갈 수 있을진대 관념적인 사고만으로 음식의 즐거움을 떨쳐내려고 한다면 이는 조물주의 뜻을 거역하는 것이다.

飮食映畫

——

16

세계 미식의 꽃,
프랑스 와인과 요리

〈미드나잇 인 파리〉와 음식의 교양

우디 앨런 감독의 〈미드나잇 인 파리〉는 그가 지닌 여러 방면의 재주가 응축된 만년의 걸작으로 여러 번 보아도 싫증이 나지 않는 영화다. 그는 이 작품에서 도시 구석구석마다 자유와 예술혼이 넘쳐흘러 세계의 예술가들을 끌어모으던 시절의 파리를 잘 그리고 있다. 그리고 한편으로 졸부의 천박함을 드러내는 미국인을 등장시켜 파리의 매력을 이해하는 사람과 그렇지 못한 이들을 잘 대비하여 풍자하고 있다.

　　이 영화에서 펼쳐지는 신기하고 매력적
인 파리의 밤을 다루기 전에 이야기를 잠시 조선 말로 돌려본다.
1883년 9월 민영익, 홍영식, 서광범은 수행원을 데리고 보빙사報聘
使라는 이름의 외교사절로 미국을 방문한다. 이들 일행은 뉴욕시에
서 일주일간 산업 시찰도 하고 업계 인사들도 만나는데 하루는 방
문한 대형 보험회사의 초대로 델모니코스라는 레스토랑에서 점심
식사를 대접받는다. 이 레스토랑은 지금도 같은 자리에서 같은 이
름으로 200년 전통을 내세우며 영업을 하고 있다. 1883년 9월 18일
『뉴욕 타임스』 기사에 의하면 보빙사 일행은 '그런대로 식사를 잘
했다(They eat ordinary fare in an ordinary manner)'고 한다.

　　이들이 어떤 메뉴를 대접받았는지는 기록에 나와 있지 않지만,
같은 해 11월 26일에 같은 식당에서 있었던 뉴욕상공회의소 주최
만찬 메뉴를 코넬 대학의 데이터베이스에서 찾아낸 이(이글루스 블
로그 迪倫(dylanzhai.egloos.com))가 있어 여기에 옮겨 본다. 그림에서 보듯
이 메뉴가 전부 프랑스어로 되어 있다.

우선 찬 바람 부는 11월이니 굴을 먹는다. 수프는 두 가지로 셰비녜 스타일의 콘소메와 커리플라워 크림 수프. 그다음이 오되브르인데 요즈음에는 애피타이저, 스타터, 카나페로 불리기도 한다. 이날은 레이니에 스타일의 꿩발 요리다. 그다음이 생선 요리다. 글씨가 희미한데 아마도 마세냐 스타일의 농어 커틀릿이 아닌가 싶다. 그리고 다음이 분명하지는 않지만, 소고기 안심 요리의 일종이다. 그다음 메인이 시작되는데 오늘의 메인은 세 가지 선택이 가능하다. 리용 스타일의 어린 칠면조 요리 그리고 우사드 스타일의 사슴 고기 안심 요리쯤이 되는 것 같다. 그리고 따예이랑 스타일의 송아지 내장 요리다.

잠깐 쉬어가며 입맛을 새로이 하라고 소르베, 그러니까 셔벗을 먹는다. 그리고 구이다. 구이는 오리 구이와 꿩 구이가 올라왔다. 그다음에 콩 요리, 그러고 나서 디저트가 나온다. 푸딩이나 젤리, 또는 샤를로트 중에서 선택이 가능하다. 그 뒤에 케이크, 아이스크림, 마지막으로 과일과 커피. 요리 이름도 프랑스식이고 조리법도 철저히 프랑스식이다. 미국 상류 사회의 식사 문화가 그랬던 것이다.

조선에서 간 보빙사 일행이 먹었던 것은 점심이고 여기 소개한 메뉴는 만찬이니 내용은 조금 다르겠지만 하나 틀림없는 게 있으

BANQUET·
·IN·COMMEMORATION·OF·THE·EVACUATION·OF· THE·CITY·OF·NEW·YORK·BY·THE·BRITISH·

·MENU·

Huîtres

Potages
Consommé à la Sévigné   Crème de choux-fleurs

Olives   **Hors d'oeubre**   Céleri
Timbales à la Reynière

Poisson
Escalopes de bass à la Masséna

Relebé
Filet de boeuf à la Condé

Entrées
Dindonneaux à la Lyonnaise
Mignons de chevreuil à la Hussarde
Côtelettes de ris de veau à la Talleyrand

Sorbet
Fortuna

Rotís
Red-heads & perdreaux
Salade

Entremets
Épinards   Petits pois   Haricots verts

Sucrés
Pudding à l'imperatrice
Gelée Macédoine   Charlotte Bengalienne

Pièces montées
Petits fours   Gâteaux variés

Glaces
Napolitaine   Merveilleuse
Fruits & dessert
Café

TIFFANY & CO

니 조선 사람들이 미국에 가서 미국 사람들로부터 프랑스 요리를 대접받았고 메뉴는 전부 프랑스어로 쓰여 있었다는 사실이다. 실제로 미국 백악관에서 국빈 만찬을 할 때 프랑스 요리에 프랑스 와인을 내다가 캘리포니아 와인도 내기 시작한 게 불과 수십 년 전의 일이다.

영국 황실의 경우도 마찬가지다. 버킹엄 궁전의 만찬 메뉴는 모두 프랑스어로 쓰는 것이 관행이었다. 최근에 들어서야 프랑스어와 영어를 병기하기 시작했다고 한다. 일본의 경우도 마찬가지여서 요새도 궁중 만찬의 경우 와인은 언제나 고급 프랑스산 와인이고 메뉴도 프랑스 요리를 중심으로 낸다. 오바마 대통령이 초대받은 2014년 일본의 궁중 만찬도 프랑스 요리에 화이트 와인은 코르통 샤를마뉴 99년산이, 레드 와인은 샤토 마고 94년산이, 샴페인은 돔 페리뇽이 나왔다. 상황이 이러하니 프랑스 사람들의 자국 요리와 와인에 대한 자부심이 어떠할지는 짐작이 가고도 남는다.

―――――――――― **파리에서 굳이 캘리포니아 와인을 찾는 이유는**

이제 이야기는 다시 영화 〈미드나잇 인 파리〉로 돌아간다. 주인공 길 펜더(오웬 윌슨)는 할리우드에서 잘 팔리는 시나리오 작가인데 순수 문학에 대한 열망을 버리지 못하고 파리로 이주하여 소설가가 되는 게 꿈이다. 하지만 그의 약혼녀 이네즈(레이철 맥아담스)는 베벌리 힐스나 말리부 해변의 고급 주택에서 즐기는 할리우드 상류층의 삶을 동경한다. 그녀의 아버지는 대단히 성공한 미국의 실업가지만 길의 눈에는 천박한 졸부로밖에 보이지 않는다. 그녀의 아버지 눈에는 사윗감이 여러모로 마음에 안 드니 피장파장이다. 길과 이네즈는 기업 매수를 하기 위해 파리에 온 이네즈의 부모와 만나 저녁을 먹는다.

이네즈의 아버지는 프랑스 요리나 이런 것들에 관심이 별로 없는 듯하다. 시켜 놓은 샴페인이 모에 샹동이다. 모에 샹동이 질 낮은 샴페인은 절대 아니지만 파리의 최고급 호텔 최고급 레스토랑에는 이보다 개성 있고 맛있는 샴페인이 다양하게 구비되어 있는데 굳이 그걸 시킨 것이다. 우디 앨런은 화면에 보이는 샴페인 하나로 극 중 인물의 취향을 보여 주고 있는 것이다. 영화는 길이 이네즈 부모의 와인 테이스팅에 참석하는 장면으로 그를 더욱 또렷하게 묘사한다. 이네즈의 부친은 호탕하게 웃으며 크게 말한다. "나야 언제나 캘리포니아 와인을 마시지만 오늘은 나파밸리가 6,000마일이나 떨어져 있으니!"

캘리포니아 와인에도 질 좋은 와인은 얼마든지 있다. 로버트 몬다비에서 만드는 오퍼스원도 그렇고 소량 생산을 하는 와이너리에서 나오는 와인 가운데 품평회에서 높은 점수를 받는 경우는 허다하다. 하지만 수백 년의 전통을 가지고 꾸준하게 명성을 이어온 프랑스 와인에는 아직 비길 바가 안 된다. 특히 이 영화 속 와인 테이스팅에는 얼핏 스쳐 지나가서 눈치채기 힘들지만 샤토 오브리옹, 샤토 마고, 샤토 라피트, 샤토 디켐 등 명품 중의 명품이 즐비하게 나온다. 이런 걸 앞에다 두고 나파밸리가 멀어서 운운하는 것은 객기 아니면 치기에 다름 아니다. 유머를 잃지 않는 우디 앨런은 멀리 석양 노을이 비친 에펠탑을 배경으로 파리의 전경이 내려다보이는 아름다운 장면에서도 유쾌한 풍자를 잊지 않는다.

───────── 나파밸리의 보이지 않는 '먹이사슬'

　　　　　　나파밸리의 와인 이야기가 나온 김에 몇 년 전에 나온 영화 한 편을 소개한다. 이번에도 불편한 진실을 한 가지 짚고 넘어가기로 하자. 영화 제목은 〈푸드체인Food Chains〉, 우리말로 옮기면 말 그대로 '먹이사슬'이다. 2014년 베를린 영화제와 트라이베카 영화제에서 첫선을 보였고 미국에서는 뒤이어 극장에서 일반 영화와 같이 개봉했다. 마침 내가 미국에 머물던 시기라 이 영화에 대해 알게 되었고 웬만하면 영화관에서 보려고 했는데, 시간이 안 맞아서 아이튠즈에서 사서 보았다. 하지만 그 덕에 이렇게 글로 소개할 수도 있게 되었으니 차라리 잘된 것인지도 모르겠다.

　　영화에는 〈위기의 주부들〉이라는 미국 드라마에서 인기를 끈 에바 롱고리아가 출연뿐 아니라 프로듀서로도 참가하는 등 적극적으로 참여하였다. 평소에도 자선 단체 일을 많이 하고 사회 참여를 적극적으로 하는, 미모만큼 마음씨도 아름다운 배우라고 한다. 영화의 내레이션은 한국 팬들에게도 잘 알려진 포레스트 휘태커가 맡았다. 그리고 우리나라에도 번역 소개된 『패스트푸드의 제국』의 저자이자 동명 영화의 프로듀서이기도 한 에릭 슐로서 역시 이 영화에 프로듀서로 참여하며 출연도 하였다.

영화는 초반에 1960년대에 나온 다큐멘터리 영화 하나를 소개한다. 가난한 흑인과 멕시코 계절노동자들이 착취당하는 실정을 고발한 영화다. 굳이 설명을 하지 않아도 그냥 사진 몇 컷만 보면 짐작이 간다. 당시 CBS 방송의 에드워드 머로우 기자가 〈부끄러운 수확〉이라는 제목으로 노예 수준의 중노동과 저임금에 시달리는 농업 노동자의 실태를 보도하여 충격을 주었다는 내용이다. 이 에드워드 머로우는 매카시즘에 맞서 싸웠던 용감한 저널리스트로 조지 클루니가 제작하고 감독한 영화 〈굿나잇 앤 굿럭〉의 중심 인물이다. 미국에도 이렇게 저널리즘이 살아 있었던 적이 있다고 〈푸드체인〉의 제작진이 영화에서 설명하는 걸 보면 역사는 반드시 전진하는 것만은 아닌 지도 모르겠다.

이 흑백 다큐멘터리를 영화에서 소개하는 이유는 그로부터 50년이 지났지만 미국에서 농업 노동을 맡아 하는 계층, 그러니까 말 그대로 먹이사슬 맨 밑에 있는 사람들은 하나도 변한 게 없다는 걸 보여 주기 위한 장치다. 흑인 노예에서 동유럽 이주 빈민층, 중국과 일본 등의 아시아 이민, 중남미 이민, 불법체류자 등 계속 바뀌어 가며 혹사를 당하는 사람들이 저변에 있다는 이야기를 하는 것이다.

─────── 와인에 녹아 있는 검붉은 노동자의 땀과 피

영화는 미국 플로리다주의 이모칼리라는 마을에서 농업 노동자들이 저임금과 열악한 노동 환경을 개선하기 위해 이 농장에서 토마토를 비롯한 농산물을 납품받는 대형 슈퍼 앞에서 단식 농성을 하는 과정을 기본 골격으로 삼고 있다. 여기서 소개하고 싶은 대목은 와인으로 유명한 나파밸리에 관한 이야기다.

〈샌프란시스코에 두고 온 내 마음I Left My Heart in San Francisco〉라는 명곡의 가사에 들어 있는 '아침 안개가 차갑지만 ~'라는 가사처럼 북부 캘리포니아는 오전에는 태평양에서 불어오는 서늘한 공기로 안개가 자욱이 덮이다가 오후에는 안개가 활짝 걷히고 따가운 햇살이 내리쬐는 기후라서, 맛있는 와인을 생산하기에는 천혜의 장소로 알려져 있다. 잘 정리된 포도밭에 불어와 깔리는 안개는 한 폭의 그림을 연출한다. 그리고 이곳에서 포도를 수확하는 사람들의 모습은 속사정을 모르면 목가적인 모습으로 비치기도 한다.

그런데 영화에서 설명하는 바에 따르면 포도 수확철에 동원되는 계절 노동자의 삶은 비참하고 고달프기 이를 데 없다. 이 영화가 언젠가 한국에 소개되길 기대하며 몇 가지 예를 들면 이렇다.

2000년대 초부터 나파밸리가 한국의 누구누구도 와이너리를 구입할 만큼 세계적으로 많이 알려지면서 리조트나 관광지로 점점 더 유명해졌다. 당연히 부동산값이 뛴다. 돈 없는 노동자들은 숙소를 구하기가 더더욱 어려워지면서 점점 더 먼 곳으로 밀려난다. 수확철에는 몇 시간씩 버스를 타고 와야 하는 거리에서 동원된다. 그리고 침대는커녕 하늘 가릴 공간도 없는 곳에서 노숙을 하며 일을 한다. 그런데 십 달러짜리 와인이건 수백 달러 와인이건 와인 한 병에 들어가는 포도 수확 노동자의 임금, 그러니까 제조원가에서 포도 수확에 쓰이는 비용은 겨우 25센트에 불과하다고 한다. 영화에서는 이들 노동자의 임금을 두 배로 올려도 원가는 50센트가 올라가지만 노동자들의 수입은 두 배로 늘어난다고 설명한다.

영화에서는 비싼 와인이 즐비한 나파밸리의 멋진 와인샵과 우아한 레스토랑의 모습도 보여 주는데, 열 마디 말보다 한 장면의 비주얼로 더 잘 설명할 수 있는 게 영화의 힘이다. 영화에서는 취재 대상이 된 여성 농업노동자에 대한 성폭력과 성희롱의 비율이 일반 여성 노동자에 비해 월등히 높다는 것을 보여 준다. 이래저래 힘이 없을수록 약자의 피해 상황이 가중되는 게 안타까울 뿐이다. 영화는 마지막에 가서 단식 농성을 하는 노동자들이 연대하는 다른 이들과 함께 촛불 집회를 하는 모습이 나온다. 그리고 영화의 끝에 이 영화가 완성될 즈음에 미국의 대형 슈퍼들이 비인도적인 곳에서는 납품을 받지 않겠다고 약속을 하는 등 소정의 결실이 보이기 시작했다는 자막이 나온다. 희망이 조금씩 보이는 대목이기도 하다.

유럽의 와인은 아무 문제없고 나파밸리의 와인만 문제가 있다고 이야기하는 게 아니다. 유럽에서도 동유럽과 아프리카에서 들어온 이민의 불법 노동이 문제로 대두되고 있다. 독일 영국, 프랑스, 이탈리아에는 매년 수십만 명의 이민이 들어오는데 농업 분야에는 예외 없이 저임금으로 일을 하는 경우가 많다. 다만 농업도 미국 같은 대규모의 기업농이 아니라서 문제가 그만큼 심각하지는 않은 것 같다. 주제에서 벗어났으니, 전 세계가 열광하는 월드컵의 환성 뒤에는 저임금에 혹사당하며 축구공을 꿰매는 방글라데시나 파키스탄의 어린이들이 있듯이 감미로운 와인의 향기 뒤에도 슬픈 사람들이 있다는 것을 기억하고 원래 이야기로 다시 돌아가자.

————————— 백 년 전 와인을 오늘도 마시는 파리의 매력

〈미드나잇 인 파리〉의 가장 큰 매력은 시간을 넘나들면서 활기찼던 1920년대의 파리를 그리면서 스콧과 젤다 피츠제럴드 부부, 헤밍웨이, 피카소, 달리, 장 콕토, 드가, 로트렉 등 전설적인 인물들을 만나는 데 있다. 마시는 와인과 샴페인은 오늘날과 변함이 없다. 그게 바로 프랑스의 힘이 아닌가 한다.

영화 〈쉰들러 리스트〉에서도 비슷한 장면이 나온다. 영화는 부

드러우면서도 관능적인 탱고 뮤직이 흐르며 시작한다(이 곡은 영화 〈여인의 향기〉로 더욱 유명해진 〈포르 우나 카베사〉다). 독일군 장교들을 접대하며 인맥을 관리하는 주인공 쉰들러(리암 니슨)의 수완이 돋보이는 장면이다. 여기서 그는 "28년, 29년 라투르? 마고? 부르고뉴는 어때? 37년 로마네 콩티?"라고 말한다. 로마네 콩티는 요새 싼 것도 한 병에 천만 원이 넘고 희귀 빈티지는 한 병에 수천만 원을 호가하는 와인이다. 쉰들러가 독일군에게 얼마나 공을 들이는지가 이 한 마디에 담겨 있다. 넣은 돈 이상으로 빼내는 게 유능한 사업가이니 쉰들러가 아낌없이 최고급 와인을 마구 대접할 때에는 더 큰 속셈이 있는 게 당연하다. 미국, 영국뿐만 아니라 당시 적국이던 독일에서도 프랑스 와인에 대한 동경이 얼마나 대단했는지를 알 수 있는 대목이기도 하다.

와인이 나오는 또 한 편의 영화를 간단히 소개한다. 〈사이드웨이〉는 알렉산더 페인 감독이 만든 영화로 캘리포니아 산타바바라 지역의 와이너리를 배경으로 벌어지는 블랙코미디 드라마다. 주인공 마일즈(폴 지아매티)와 잭(토머스 헤이든 처치)은 단짝 친구인데 잭의 결혼을 일주일 앞두고 추억만들기 여행을 떠난다. 전성기를 넘어서 내리막길을 걷는 배우인 잭은 마지막으로 로맨틱한 모험을 해보려 안간힘을 쓰는 중이다.

안 팔리는 작가 지망생인 마일즈는 자신감을 잃고 매사에 부정적인 데다가 가벼운 우울증 증세까지 있다. 그런데 그는 와인에 대해서는 애정도 깊고 지식도 해박하다. 미각과 후각도 일반인보다 뛰어나서 와인에 관해서 만큼은 누구에게도 지지 않는다는 자부심도 있다. 영화에선 그가 이곳저곳 와이너리를 방문하며 와인 테이스팅을 하는 장면이 여러 번 나온다. 실제로 흥행에서 크게 성공한 이 영화는 캘리포니아 와인 업계가 성장하는 데 도움이 되었고 이 영화에서 마일즈가 저평가한 메를로 품종 와인은 판매가 그 이후 몇 년간 줄었다는 보고서도 나왔다.

아무튼 이 영화의 백미는 그가 신줏단지 모시듯이 모셔 놓은 와인인 61년산 슈발 블랑을 마시는 장면이다. 프랑스 상테밀리옹 지역의 그랑크뤼급 와인인 슈발 블랑 중에서도 빈티지 와인이니 틈틈이 소설을 쓰며 영어를 가르쳐 생계를 유지하는 그에게는 보물이나 다름없다. 스포일러 방지를 위해 자세한 내용은 생략하는데, 첫 번째 소설이 출판된다든지 아니면 그만큼 좋은 일이 있으면 마시기 위해 고이 간직한 와인을 그는 결국 동네 햄버거집에서 스티로폼 커피잔에 따라 벌컥벌컥 마셔버리고 만다. 캘리포니아 와인을 좋아하는 애호가에게도 결국 정상은 프랑스 와인에 있다는 이야기가 상징하는 바가 크다.

이렇듯 프랑스 요리는 와인 종주국의 명성에 힘입어 해외로 함께 진출하였고 프랑스 요리에는 역시 프랑스 와인 이런 이미지로, 서로 밀어주고 끌어주며 전 세계 미식계를 수백 년 동안 평정해 왔다. 그리고 조리법과 함께 식사 예법도 전 세계에 커다란 영향을 끼쳤다. 지난 수십 년 사이에 미국에 누벨 퀴진 붐이 불더니 캘리포니아 퀴진라는 새로운 장르가 생겨났고, 일본에서는 전통 교토 요리를 바탕으로 프랑스 요리를 가미한 새로운 퓨전이 생겨났다.

그와 함께 피자와 파스타라는 대중적 품목의 세계적 확산을 바탕으로 이탈리안 파인다이닝도 급속하게 퍼져나가고 있다. 이뿐만 아니라 스페인 요리도 타파스와 바르bar 문화가 퍼져나가면서 맹렬한 기세로 아시아에 진출하고 있다. 물론 여기에는 이탈리아 토스카나 지방의 와인이나 스페인 리오하 지방의 와인을 필두로 한 두 나라의 질 좋은 와인도 큰 기여를 하고 있다. 그런가 하면 미식의 나라로 남미의 페루가 부상하면서 서서히 페루 요리가 미국 대도시에 고급 레스토랑을 중심으로 그 존재를 알리고 있다. 그러면서 남미의 칠레 와인과 아르헨티나 와인 가격이 요 십수 년 사이에 많이 올랐다. 이렇게 세계 곳곳에서 변화가 감지되고는 있지만 여전히 프랑스 요리와 프랑스 와인의 그늘은 세계 미식 업계에 길게 드리워져 있다.

한국의 기성세대에는 파인다이닝 하면 뭔가 부담스럽고 마음이 편치 않다는 사람이 많았는데, 요즈음 젊은 세대에서 조금씩 변화가 보이는 것 같아 다행이다. 사실 예절과 교양이라는 게 정신적·물질적 여유에서 나오는 것이니 그만큼 전보다 잘 먹고 잘 살게 되었다는 반증이기도 하겠다. 해외 여행을 가도 컵라면하고 고추장 챙겨 다니면서 사진 찍기 바빴던 예전 세대와 달리 요즘 젊은이들은 없는 예산을 쪼개서라도 현지의 맛있고 이름난 식당을 한 번이라도 찾는 경우가 많은 것 같다. 바람직한 일이다.

우리나라는 최고의 냉면집이라는 데를 가도 숟가락과 젓가락은 통에 들어 있어 손님이 알아서 꺼내 먹어야 하고 간장과 식초는 싸구려 플라스틱 용기에 담겨 있는데 주둥이에는 더께가 앉아 있는 경우가 왕왕 있다. 요새같이 바이러스가 손으로 쉽게 옮는 세상에는 특히 누구의 손길이 닿았을지도 모르는 '셀프 수저통'은 더욱 지양해야 할 것이다. 식탁은 어떻게 닦았는지 손님들은 오래 전부터 휴지를 꺼내 그 위에 수저를 얹는 걸 당연하게 여긴다. 김치찌개 명가라는 곳을 가도 찌그러지고 삭아서 녹물이 새어 나오는 양은냄비에 끓여내는 걸 서민적이라고 좋아한다.

서민적인 걸 좋아하는 건 자유지만 서민적이지 않은 걸 먹고 싶을 때 다른 선택이 있는가 하고 되물어보면 한식에는 마땅한 대안이 없는 게 현실이다. 궁중 요리라는 이름으로 혹은 한정식이라는 이름으로 여러 시도가 있었고 일본의 가이세키를 참고한 것 같은

퓨전 한식도 나오고 했지만 아직 정착하지는 못한 것 같다. 그러
다 보니 아직도 손님을 모시고 격식을 찾을 땐 양식당을 가고 중
식당이나 일식집을 가야 하는 게 오늘날 한국인이 처한 환경이다.
식당에서 먹어도 4,000원인 소주는 서민들의 든든한 우군이다. 하
지만 그 반대의 고급 한국술도 있어야 서민적인 것이 오히려 빛이
난다. 한국의 요식업계는 프랑스 요리와 프랑스 와인의 세계를 들
여다보며 배워야 할 것이 아직도 많은 것 같다.

잊혀지지 않는
치명적인 달콤함

**⟨아마데우스⟩와
⟨포레스트 검프⟩의 초콜릿**

〈에델바이스〉, 〈도레미 송〉 등 아름다운 선율의 명곡들로 가득한 영화 〈사운드 오브 뮤직〉은 관광 산업에서도 잘 만든 영화 한 편의 영향력이 얼마나 큰가를 잘 보여 준다. 오스트리아의 잘츠부르크에서 찍은 이 영화 덕택에 지금도 현지에서는 '사운드 오브 뮤직 투어' 등 촬영지 순례 같은 다양한 상품이 마련되어 관광객을 맞이한다. 이 영화를 TV로 접한 지금의 젊은 세대들에겐 그 임팩트가 덜할 수 있겠지만 내 또래 세대에는 이 영화를 보고 누구나 잠 못 이루거나 영화를 보고 또 보며 영화 속 세계에 푹 빠진 이들이 엄청 많았다.

그림에서나 보던 알프스 밑의 호숫가 대저택. 예쁘고 잘생긴 아이들이 절경 속에서 들로 산으로 다니며 춤추고 노래하는데 어찌 매혹되지 않을 수 있을까? 그리고 신분을 뛰어넘어 심지어는 주님과의 약속도 내치고 참사랑을 찾는 주인공 마리아의 이야기에 모두들 감동하지 않을 수 없었다. 이 영화에 들어간 많은 노래 가운데 〈내가 좋아하는 것들 My Favorite Things〉은 스탠더드 명곡이 되어 많은 재즈 뮤지션들이 부르거나 연주하기도 하였다.

"개가 물거나 벌이 쏘거나 내가 슬퍼질 때, 내가 좋아하는 것들을 생각만 하면 기분이 좋아진다"는 내용의 가사에서 내가 좋아하는 것들은 지금 우리가 들어도 좋은 것들이다. "장미꽃 위에 떨어지는 빗방울, 귀여운 아기 고양이의 수염, 속눈썹 위에 살포시 내려앉는 눈송이, 둥그런 달밤에 날아가는 기러기 떼" 등이 그런 것들인데 먹는 것이 두 개가 들어 있다. '파삭파삭한 애플 슈트루델'과 '국수를 곁들인 슈니첼'이 그것이다.

애플 슈트루델Strudel과 슈니첼Schnitzel 모두 오스트리아가 원산지이거나 그곳의 것이 유명한 음식인데, 애플 슈트루델은 우리가 아는 애플 파이 같은 것으로 모양은 맥도날드에서 값싸게 파는 애플 파이와 많이 닮았다. 슈트루델은 버터를 발라가며 겹겹이 쌓은 얇은 밀가루 반죽 사이에 속을 넣은 일종의 페이스트리다. 겉은 파삭파삭하고 안에 들어 있는 소에 따라 맛이 달라 인기가 있는데 그 가운데에서도 제일 유명하고 대표적인 게 애플 슈트루델이다.

몇 년 전 빈에 출장을 갔을 때 시간이 나서 빈 미술사 박물관에 구경을 갔다. 방대한 전시에 대단히 만족을 했는데 다리가 아파 잠시 쉬려고 관내 카페에 들어갔다. 자리에 앉아 뭘 시킬까 메뉴를 들척이니 웨이터가 와서 "비엔나 커피에 애플 슈트루델이요?"라고 먼저 물었다. 일본 사람들이 많이 와서 먹고 갔구나 실감할 수 있었다. 비엔나 커피는 블랙 커피에 휘핑 크림을 얹어 내는데 녹아내리는 크림의 단맛과 블랙커피의 쓴맛이 조화를 이루는 커피로 빈에서 수백 년의 전통을 가진 음료다. 원래 이름은 아인슈

패너Einspänner인데 일본으로 들어오면서 어려운 발음을 버리고 빈 (비엔나)의 특산 커피라는 뜻으로 비엔나 커피라고 불리기 시작했다고 한다.

그런데 이걸 빈의 카페 종업원이 잘 알아서 비엔나 커피를 시키겠냐고 물어주니 관광객의 힘이 대단하단 것을 알 수 있었다. 하긴 우리나라도 비엔나 커피가 들어와 다방이나 카페에서 고급 커피로 팔리던 시절이 있었는데 그때 이 이름도 함께 들어왔으니 한국 관광객도 현지에 가서 비엔나 커피라고 주문을 하는지도 모르겠다. 애플 슈트루델 역시 오스트리아의 명물 페이스트리인데 워낙 고소하고 달콤해서 오히려 커피는 그냥 블랙이나 설탕을 안 넣은 에스프레소가 잘 어울리지 싶기도 하지만 입맛이야 개개인의 취향이니 어느 게 정답이라고는 하기 어려울 것 같다.

슈니첼은 고기를 얇게 펴서 밀가루나 빵가루를 발라 기름에 튀기듯 지진 건데 오스트리아에서는 특히 송아지 고기로 만든 걸 의미한다. 요즘엔 오스트리아 현지에서도 종류가 다양해져 돼지나 닭으로 만든 슈니첼도 흔하게 사 먹을 수가 있는데 돼지나 닭으로 만든 슈니첼은 이름에 돼지 슈니첼이나 닭 슈니첼이라고 명기되어 있다. 이 슈니첼이 다른 나라로 건너가 커틀릿 요리가 탄생하였고 그게 일본으로 들어가 돈카츠豚カツ가 되었다는 것이 정설이다. 그리고 그 돈카츠가 한국으로 들어와 전 국민의 사랑을 받는 돈가스가 된 것이다. 일본에서는 그 이후 원재료 고깃값이 싸지면서 등심, 안심 등의 고기가 두툼해지고, 기름에 지져내는 유럽과

달리 넉넉한 기름에 튀기는 식으로 변했다.

그런데 나는 슈니첼을 오스트리아에서 여러 번 시켜 먹어보았는데 특별히 소스를 주는 경우를 보지 못했다. 레몬 한 쪽을 주고 그걸 뿌려 먹도록 하는 건 본 적이 있지만 말이다. 특히 〈사운드 오브 뮤직〉의 노래 가사처럼 슈니첼에 누들(국수)을 곁들인 건 보지 못했다. 그런데 곰곰이 생각해보니 일본 전통 돈가스집 중에는 돈가스 옆에 토마토소스 스파게티를 조금 곁들여 내는 곳이 아직도 제법 있는 편이다. 본바닥에서는 없어진 풍습이 일본에 화석처럼 남아있는 건지 아니면 자연스레 발생한 우연의 일치인지는 아직까지도 모르겠는데 어쨌거나 슈니첼과 국수는 잘 어울리는 조합인 것 같기는 하다.

〈사운드 오브 뮤직〉의 모든 노래는 브로드웨이의 명장 리처드 로저스와 오스카 해머스타인이 만들어낸 작품이니까, 미국인이 듣고 이해하거나 상상할 수 있는 오스트리아 음식에서 나온 가사일 것이다. 여담으로, 이 영화에서 〈에델바이스〉는 오스트리아를 상징하는 노래처럼 소개되고 불리는데 이 또한 앞서 말한 미국인 콤비의 창작곡이다. 그런데 〈에델바이스〉를 오스트리아의 국가라고 굳게 믿은 할리우드 출신 대통령 로널드 레이건은 오스트리아 대통령이 미국을 방문했을 때 굳이 이 노래를 연주하도록 하였다. 측근 참모들이 내용을 설명하며 아니라고 했을 때 고집을 피우는 그의 모습을 상상해 본다. 실제로 그는 현실과 할리우드 영화를 여러 번 혼동했는데, 전쟁 때 용감하게 싸웠던 미군 병사들의 일화를 실감 나게 연설을 한 적이 있는데 역사적 사실이 아니라 할리우드 영화 줄거리인 것이 나중에 밝혀진 적도 있었다. 워낙 연설을 잘하는 그였기에 많은 미국인이 그의 이야기에 깊은 감동을 받았는데 나중에 씁쓸한 뒷맛이 남았다.

〈사운드 오브 뮤직〉으로 돌아가서, 가정교사로 들어간 마리아가 폰트랩 대령 일가와 함께 첫 번째 식사를 하는 장면이 나온다. 어려서 처음 영화를 볼 때는 늘어뜨린 샹들리에 아래 마련된 으리으리한 디너 테이블을 보고 서양 부자들은 저렇게 먹고사는구나 하고 압도됐었다. 이 글을 쓰느라 다시 찾아보니 사실 그렇게 놀랄 정도는 아니었다. 다만 식기가 고급이고 물잔과 와인잔이 바카라 제품 같았다. 나이를 먹으니 감동은 덜하고 눈은 세속적이 된다.

〈사운드 오브 뮤직〉으로 세계에 널리 알려진 도시이지만 그곳에 사는 사람들이나 도시 자체로 보면 영화의 배경 정도로 인식되는 게 억울할 정도로 잘츠부르크는 대단히 아름답고 유서 깊은 곳이다. 이곳은 또한 모차르트의 고향으로도 유명하다. 천재 모차르트가 태어나 자란 곳이기도 하고, 모차르트가 죽은 뒤 그의 부인이 만년을 보내며 그의 모든 자료를 모은 곳이기도 하다.

오스트리아를 여행해 본 사람이라면 누구나 사거나 먹어본 것이 있다. 포장지에 모차르트의 얼굴이 그려진 동그란 초콜릿이 그것이다. 입에 넣자마자 녹는 그런 부드러운 초콜릿이 아니라 무슨 조그만 대포알처럼 생겨서 입에 넣고 깨물기가 쉽지 않다. 하지만 그게 매력이겠거니 하고 입에 넣은 뒤 살살 굴려가며 녹여 먹으면 나름대로 먹는 재미가 쏠쏠하다.

복수형으로 모차르트쿠겔른Mozartkugeln, 일반적으로는 모차르트쿠겔Mozartkugel이라 부르는 이 상품은 우리나라의 족발집이나 보쌈집처럼 '원조' 경쟁이 붙은 상품으로도 유명하다. 모차르트가 세상을 떠난 지 백 년쯤 지나서 잘츠부르크에서 과자 집을 하던 파울 휘르스트라는 사람이 진짜 원조라고 한다. 모차르트의 얼굴을 포장지에 박은 초콜릿을 만들어 모차르트쿠겔이라고 이름 붙여 팔아 대박이 났는데, 이를 본 다른 업자들이 따라 하기 시작하였다. 쿠겔이란 게 독일어로 대포알처럼 동그란 구형을 뜻하는 단어로 처음에는 모차르트봉봉이라고도 부르다가 쿠겔로 정착하였다고 한다. 잘츠부르크뿐만이 아니라 오스트리아의 다른 도시에서도 나오고 나중에는 옆 나라 스위스와 독일에서도 나왔다. 세계적인 식품업체 네슬레도 뛰어들어 상표를 놓고 다투다가 결국엔 리얼 잘츠부르크, 리얼 오스트리아, 오리지널 오스트리아 등의 이름이 붙은 모차르트쿠겔을 각각 판매하게 되어 오늘에 이르게 되었다고 한다.

주옥같은 선율의 명곡들을 숱하게 남겨 후세에도 두고두고 사랑과 존경을 받는 모차르트는 자신이 사후에 음악 말고 초콜릿 모델로도 인기를 끌 것이라고 생전에 상상이나 했을까. 영화 〈아마데우스〉는 젊은 나이에 요절한 볼프강 아마데우스 모차르트의 죽음을 다룬 작품으로 개봉 당시 아카데미상을 휩쓸었던 명작으로 꼽힌다. 그의 천재적 재능을 부러워하다 못해 시기와 질투가 가득 한 당대의 유명 음악가 살리에리가 그의 죽음에 관련되었음을 암시하는 내용인데 이는 어디까지나 작가의 상상력에서 나온 이야기다. 저세상 사람이 된 살리에리가 알면 퍽이나 억울해할 노릇이다.

 **초콜릿 한 알이 만들어낸 명장면**

이 영화에서 모차르트의 아내가 살리에리 집에 찾아갔을 때 그녀의 눈길을 사로잡은 것은 뽀얀 밀크 초콜릿이었다. 마음껏 먹으라는 듯 접시에 담뿍 담겨 있는 하얀 '비너스의 젖꼭지'는 부자가 되면 이렇게 맛있는 음식을 실컷 먹을 수 있다는 것을 암시라도 하듯 도도한 모습으로 모차르트의 아내를 유혹한다. 모차르트의 아내는 초콜릿 하나를 살짝 집어 누가 볼까 얼른 입에 가져간다. 나는 이 모습을 모차르트가 살리에리가 쳐놓은 덫에 빠지는 것을 초콜릿 한 알로 상징하는 명장면으로 기억하고 있다.

지금은 흔해서 초콜릿이 귀한 걸 모르는 세상이 됐지만 지금도 가난한 나라에서는 초콜릿은 대단히 귀하고 고급스러운 과자다. 내가 자라던 시절만 해도 초콜릿은 정말 어쩌다 먹는 과자였고 시골에 가면 '쪼꼬렛'을 먹어보지 못한 아이들이 숱했다. 모차르트가 활동하던 시기의 초콜릿은 유럽에서 귀족들이나 먹을 수 있는, 지금보다 훨씬 더 귀중한 음식이었다. 초콜릿은 다른 무엇으로도 대체할 수 없는 달콤하고 쌉쌀한 맛에다가 형언하기 힘든 향기를 내뿜는 독특한 음식이다. 이게 유럽에 처음으로 소개되었을 때 돈 있는 사람들 사이에서 인기가 대단하였다. 처음에는 고급 음료로 마셨다.

원래 미대륙에서 원주민들이 초콜릿의 원료가 되는 카카오를 먹던 방법 역시 음료였다. 그것이 정복자 스페인 사람들에 의해 스페인에 소개되었는데 고추 같은 것을 넣는 대신에 설탕을 넣어 마시는 법이 고안되었고 그 이후 점차 유럽으로 퍼져나갔다. 카카오와 설탕과의 만남은 약용으로 소개된 음식이 기호품으로 변하게 된 계기이기도 하였다. 그러나 아직 우리가 아는 초콜릿은 아니었다.

1800년대에 들어서 네덜란드에서 코코아 가루와 코코아 버터를 분리하는 법이 고안되었고, 뒤이어 영국에서 고형 초콜릿이 발명되었다. 그 뒤 스위스에서 한 약제사가 밀크 초콜릿을 개발했는데 바로 앙리 네슬레다. 오늘날 전 세계 사람들을 상대로 하는 다국적 식품기업 네슬레의 효시가 바로 이 밀크 초콜릿이었으니 1875

년의 일이다. 뒤이어 스위스 베른에 있는 루돌프 린트라는 약제사가 초콜릿의 표면을 매끄럽고 부드럽게 만드는 제법을 만들었는데 이게 세계적으로 인기를 끌었다. 여기에 주목한 스위스의 선발업자 슈프륑글리 집안에서 매수 합병하여 Chocoladefabriken Lindt & Sprüngli AG라는 국제적 거대기업이 되었는데 그냥 줄여서 린트라는 이름으로 스위스 초콜릿 브랜드의 대명사처럼 되어 오늘까지 이어지고 있다. 이 네 가지 발명을 '초콜릿의 4대 기술 혁명'이라고 부른다. 오늘날 전 세계 사람들이 초콜릿 하면 떠올리는 맛이 완성된 것이다.

그 뒤 상품으로서의 초콜릿은 커다랗게 두 갈래 길을 걷는다. 하나는 미국의 허시, 영국의 캐드버리, 스위스의 네슬레와 린트처럼 거대한 글로벌 기업들이 대량 생산 제품을 만들어 낸 것이다. 이는 초콜릿 제품의 생산단가를 낮추어 일반 대중에게 보급하는 데 기여를 하였다. 또 하나는 유럽의 조그만 가게나 가내 기업 규모의 장인들이 수제품을 만들어 비싸게 파는 게 그것이다. 특히 프랑스와 벨기에를 중심으로 이런 풍토가 조성되고 발달하였는데, 그런 연유로 초콜릿을 만드는 장인을 쇼콜라티에라고 부른다. 옆 나라 이야기라 은근히 부럽고 약 오르기도 한데 일본 사람들이 고급 초콜릿에 대한 이해가 깊고 찾는 이도 많아서 최근 몇 년 전부터 세계적인 쇼콜라티에들이 일본의 긴자나 시부야에 점포를 내는 것이 자랑이고 성공의 상징처럼 여기는 트렌드가 생겼다.

초콜릿 하면 또 빠질 수 없는 영화가 하나 있으니 톰 행크스가 열연한 명작 〈포레스트 검프〉가 그것이다. 그 영화는 버스 정류장에서 버스를 기다리는 포레스트 검프가 옆에 앉은 사람들에게 자기 이야기를 하는 데서 시작을 한다. 그가 가지고 있는 상자는 초콜릿 박스다. 영화는 두시간 반을 넘겨서야 그의 이야기가 끝이 나고, 그가 가려고 하는 곳은 버스를 탈 필요도 없는 아주 가까운 곳이라는 게 밝혀진다. 그리고 그는 단숨에 내달아 그의 첫사랑이자 마지막 사랑인 제니와 재회한다. 그리고는 초콜릿 박스를 내민다. 그녀에게 주려고 가져왔다고 말하며 단서를 하나 붙인다. "내가 먼저 몇 개 꺼내 먹었어"라고. 이 영화를 혹시 아직도 안 보신 분들이 있을까 봐 더 이상의 설명은 생략하도록 하겠다. 대신 관람을 강력 추천한다.

〈포레스트 검프〉에서 초콜릿은 아주 중요한 알레고리로 등장한다. 검프가 몇 번이고 영화에서 이야기한다. "엄마가 말했거든. 인생은 초콜릿 박스와도 같다고. 열어보기 전에는 뭐가 나올지 전혀 알 수가 없는 거라고." 이 영화가 나온 게 1994년인데 당시의 한국 관객들은 이 대목을 잘 이해 못 했을 수도 있었을 것이다. 아니면 관념적으로 이해를 하였다고 해도 실감을 하기는 쉽지 않았을지도 모른다. 한국 사람에게는 초콜릿 박스라는 게 생소하니까 말이다. '해태 새알 초콜릿을 사면 해태 새알 초콜릿이, 롯데 밀크 초콜릿을 사면 밀크 초콜릿이 들어 있는 것이지 뭐가 나올지 모른다는 게 무슨 뜻이야' 하고 반문했을 수도 있다. 우리에게는 미국처럼 누군가에게 선물을 할 때 각종 견과류와 누가, 캔디 등이 섞여 한 박스 안에 여러 맛을 내는 초콜릿이 들어 있는 상자를 장만하는 풍습이 없기 때문이다.

몇 년 전부터 신세계나 현대 등 백화점 지하 식품 매장에 고급 초콜릿 가게들이 들어와서 이런 식의 초콜릿 모둠을 팔기도 하는데 가격이 너무 비싼 것 같다. 하긴 돌이켜보면 미군 부대 피엑스에서 암시장으로 흘러나온 초콜릿밖에 없던 시절에서 짧은 시간에 장족의 발전을 하기는 하였다. 나는 한국이 진짜 초콜릿을 생산하기 시작한 때를 생생하게 기억하고 있다. 1968년이었다. 해태에서 크게 광고를 하면서 초콜릿의 국산화를 선전했는데 모델이 신동우 화백의 홍길동 캐릭터였다. 50원, 30원, 10원짜리가 각각 나왔는데 10원짜리는 한입에 넣기에도 너무 작았다. 늘 초콜릿에 굶주려 있던 나는 나중에 미국으로 유학을 갔을 때 거의 단지만한 커다란 유리병을 두 개 장만하여 거기에 각각 M&M's 새알 초콜릿과 땅콩 초콜릿을 가득 채워 넣었다. 그리고 그걸 책상 위에 얹어놓았는데 물론 다 먹지도 못했지만 그냥 보기만 해도 흐뭇해서 흡족해했던 기억이 난다. 초콜릿의 신비한 맛은 아직도 그 무엇으로도 대체가 불가능하다고 여기고 있다.

그런가 하면 영화 〈아마데우스〉에서는 초콜릿이 살짝 등장하면서 강렬한 인상을 주지만, 아예 초콜릿이 주연처럼 중요한 비중을 차지하는 영화도 있으니 2000년에 나온 〈초콜릿〉이 그것이다. 나라에 따라 '쇼콜라'라고도 읽는데 그냥 편의상 초콜릿이라 부르자. 쥘리에트 비노슈와 조니 뎁이 나오는 이 영화는 쇼콜라티에인 한 여인이 어린 딸을 데리고 바람 부는 대로 옮겨 다니는 데서 시작한다.

무대는 1959년 프랑스의 한 조그만 마을, 대단히 보수적이고 누구나 그저 그렇게 평범한 일상을 사는 그 마을의 읍장은 화려한 옷에 외향적인 성격의 주인공 비안느(쥘리에트 비노슈)의 등장에 불쾌하다. 무신론자에 싱글맘이기까지 한 어디 한군데 마음에 드는 곳이 없는 여인 비안느는 마을에다 초콜릿 가게를 차리고 그 마법과 같은 초콜릿의 맛으로 마을 사람들의 생활을 하나하나 바꿔가기 시작한다. 얻어맞고 살면서 인생이 그런 건가 여기던 여인이 자신감을 가지게 되면서 독립을 하게 되고, 할머니와 손자가 화해를 하고 또 중간에서 방해를 하던 엄마는 뉘우치면서 가족에 행복이 찾아오는 등 마을에 커다란 변화가 일어나고 비안느는 마을에 정착을 하기로 마음먹는다. 달콤하고 향기로운 초콜릿의 맛이 인생의 기쁨, 아름다움과 대비되는 포근한 영화인데 초콜릿의 매력이 그만큼 대단하다는 건 영화를 보는 관객도 모두 공감을 하였다고 생각한다.

그런데 이렇게 우리네 삶에 행복과 즐거움을 가져다주는 초콜릿에는 어두운 그림자가 짙게 드리워져 있다. 원료가 되는 카카오 생산지의 열악한 환경이 문제다. 초콜릿의 1인당 연간 소비량은 2017년 기준으로 스위스 8.8킬로그램, 오스트리아 8.1킬로그램, 그 뒤를 독일, 아일랜드, 영국, 스웨덴, 에스토니아, 노르웨이, 폴란드, 벨기에, 핀란드, 슬로바키아, 네덜란드, 뉴질랜드, 덴마크, 호주, 체코, 러시아, 미국, 프랑스 순으로 뒤를 잇는다. 미국이 4.4킬로그램이다.

원료가 되는 카카오는 전 세계 생산량이 연간 500만 톤 정도 되는데 아프리카가 300만 톤이고 아시아가 100만 톤, 그리고 중남미가 100만 톤 정도다. 특히 아프리카에서도 코트디부아르와 가나가 합해서 250만 톤 정도로 세계 생산량의 절반 가까이 된다. 그 뒤를 인도네시아, 나이지리아, 카메룬, 브라질, 에콰도르, 멕시코, 페루, 도미니카 등이 따른다. 나라 이름을 보면 금방 알겠지만 이만큼 철저하게 생산국과 소비국이 다른 상품도 없을 것이다.

특히 아프리카의 코트디부아르와 가나에서는 어린 아이들이 카카오 농장에서 노예처럼 혹사당하며 가혹한 노동을 강요받고 있는데 카카오 농장에서 부려먹기 위한 아동 납치와 인신 매매도 성행하고 있어 문제가 되고 있다. BBC 등 양식 있는 미디어가 이를 보도하면서 선진국의 정치가들도 나섰고 유엔 산하의 국제노동기구ILO도 이 문제를 다루기 시작해서, 몇 년 전부터 아동 착취와 학대가 없는 환경에서 생산된 카카오를 사용하자는 공정무역 방식도 시도되고 있다. 하지만 총 생산량에서 이 방식으로 생산되는 상품의 양은 아직은 미미한 수준이다.

어느 기자인가가 가나에 가서 카카오 농장에서 일하는 어린이를 만났다. 그리고 초콜릿을 주었다고 한다. 그러자 초콜릿을 처음 먹어보는 그 아이는 자기가 일하는 농장의 카카오와 그 맛있는 초콜릿이 연관이 있다는 사실을 전혀 몰랐고 놀라기만 했다는 슬픈 이야기가 생각난다. 밸런타인 데이에 초콜릿을 주고받는 일본과 우리나라에서 초콜릿은 친구들 연인들 사이의 우정과 사랑을 확인하는 징표처럼 되었다. 너무 많이 넘쳐나서 먹지 못하고 유통기한을 넘기기도 하고, 잊어버려서 나중에 버리기도 하는 경우도 왕왕 있을 것이다. 초콜릿을 먹을 때 아프리카의 어린이들을 생각하고 공정무역에 조금 더 신경을 쓴다면 상황은 그만큼 나아질 것이다.

하늘이 내린 것만 같은 맛의 초콜릿이 우리의 삶을 풍요롭게 해주기만 하고, 세계 어디에서도 초콜릿이 누군가의 희생을 바탕으로 만들어지지 않는 날이 빨리 오면 얼마나 좋을까 기대해 본다.

체 게바라를 따라가며
맛보는 혁명의 맛

〈모터사이클 다이어리〉와
중남미의 음식 문화

엠파나다. 중남미 어딜 가도 있는 서민적이고 친근한 음식이다. 동양권 문화의 군만두 비슷하지만 껍질은 파이 비슷해서 식감은 다소 다르다. 아시아의 군만두, 슬라브 문화권의 피로시키, 라틴 문화권의 엠파나다. 모두 고기나 채소를 섞어 만든 속을 밀가루 반죽으로 껍질을 빚어 쌌다는 것, 그리고 부자에서 서민에 이르기까지, 어린 아이부터 할머니 할아버지까지 누구나 좋아한다는 것을 공통점으로 들 수 있다. 영화 〈모터사이클 다이어리〉에 이 엠파나다가 나온다.

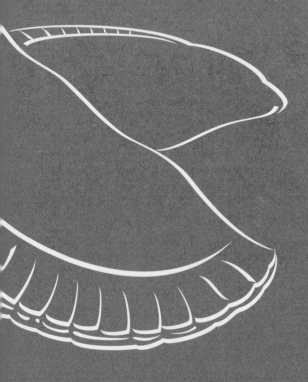

청년 의사 게바라를 혁명가로 바꿔 놓은 여행

　　　　　　　　체 게바라는 세계 많은 젊은이들의 우상
이다. 그가 추구하고 실행했던 노선의 반대편에 서 있는 나라의
젊은이들에게도 그의 인기는 아직도 식을 줄 모른다. '선진 자본
주의' 국가들의 젊은이들은 그의 얼굴이 담긴 포스터를 방에다 걸
고, 티셔츠를 입고, 커피잔을 애용하며 혁명가 체 게바라를 흠모
하고 숭상한다. 〈모터사이클 다이어리〉는 바로 그가 젊었던 시절
오토바이로 남미를 여행한 이야기를 다룬 영화다.

　이 영화는 게바라가 남긴 동명의 책을 바탕으로 만들었고 원작
을 충실하게 따랐기에 극적인 상황이나 반전 같은 영화적 장치가
거의 없다. 그럼에도 전 세계적으로 흥행에 성공하였다. 물론 할
리우드 블록버스터에 비교할 정도는 아니지만 일반적인 영화에
비하여 지루한 전개에 저예산 작품, 게다가 언어도 스페인어라는
여러 불리한 요소를 고려한다면 충분히 흥행에 성공했다고 볼 수
있다. 성공의 이유 중 하나로 '혁명'이라는 단어가 지닌 묘한 마력
을 지적해야 할 것 같다. 혁명은 실제로 치러낸 사람들에게는 기
억하고 싶지 않은 숱한 과거가 들어 있는 단어다. 피, 고통, 죽음과

같은 끔찍하지만 치러야만 했던 대가가 체험으로 녹아있다는 말이다. 그러나 경험하지 않은 젊은이들은 이 혁명이라는 단어에 가슴이 설렌다. 이 단어가 발하는 빛을 받으면 정의, 숭고한 과업, 심지어는 희생이라는 말에도 매력과 낭만이 깃드는 것 같다.

이 작품은 게바라가 1951년 친구 알베르토 그라나도와 함께 한 여정을 다루고 있는데 아르헨티나에서 출발하여 안데스 산맥을 넘어 칠레와 페루를 여행한다. 영화에서는 생략됐지만 실제로 게바라는 페루에 이어 콜롬비아와 베네수엘라를 여행하고 미국 마이애미에서도 한 달가량 머문 뒤 자신의 집이 있는 아르헨티나의 부에노스아이레스로 돌아온다. 그가 이 여행에서 보고 겪고 느낀 일들이 아르헨티나의 젊은 의사 에르네스토 게바라를 영원한 혁명가 체 게바라로 바꾸어 놓았다.

우선 그가 태어나서 자란 아르헨티나로 가보자. 20세기 초 아르헨티나는 세계에서도 손꼽힐 정도로 아주 잘사는 나라였다. 드넓고 비옥한 대지에서 곡식을 키우고 목축을 하여 유럽으로 수출을 하며 부를 축적했다. 유럽에서 고급 대리석 등 많은 건축 자재를 실어와 부에노스아이레스를 남미의 파리라고 불릴 정도로 아름답게 건설한 것도 이 시기였다. 엄청난 수의 가축을 유럽으로 실어 나르고 돌아올 때 안전한 항해를 위해 배의 흘수선을 채워야 하는 이유도 있었지만 유럽에서 돌마저 실어날라 도시를 건축할 여유가 있었던 나라가 아르헨티나였다.

영화에서 게바라는 여행의 첫 번째 기점으로 미라마르라는 곳에 사는 여자 친구 집에 들른다. 유럽풍의 저택에 사는 상류층 가정이다. 샹들리에가 걸린 널찍한 다이닝룸에서 고급 식기에 담긴 고기 요리와 와인을 즐기는 식사를 대접받는다. 아르헨티나의 소고기와 와인은 둘 다 훌륭하기로 정평이 나 있다.

──────── 풀 먹고 자란 아르헨티나 소고기의 고소한 맛과 향

나는 처음 아르헨티나에 갔을 때 듣던 바와 달리 소고기가 너무 맛이 좋아서 깜짝 놀랐다. 아르헨티나 등 남미 국가에서는 아사도라고 하여 바비큐를 많이 먹는다. 특히 가우초라고 불리는 카우보이들이 야외에서 소를 통째로 구워 내는 장면은 장관이다. 도시에서는 구이전문 식당에서 파리샤(아르헨티나 발음인데, 다른 곳에서는 파리쟈 또는 파리야라고 불린다)라고 불리는 숯불 그릴에 등심, 안심 등 여러 부위를 스테이크로 구워낸다. 아르헨티나 소고기의 가장 큰 특징은 순전히 초원에 놓아 키워 풀만 먹고 자란 소라는 점이다.

땅이 비좁은 우리나라나 일본은 말할 것도 없고 미국도 소는 거의가 사육장에서 옥수수, 콩 등 고단백 사료를 먹여서 키운다. 성장 속도도 빠르고 마블링이라고 하여 체내 지방이 많이 끼어 그 맛에 길들여진 소비자들이 선호하는 고기다. 이런 고기를 곡류를 먹여 키웠다고 해서 '곡물 사육 소고기grain-fed beef'라고 하고, 아르헨티나처럼 풀만 먹여 키운 고기를 '목초 사육 소고기grass-fed beef'라고 부른다. 호주같이 땅이 넓은 곳에서는 풀을 먹여 소를 키우다가 아시아 소비자의 구미에 맞추려고 마지막에 체내 지방을 늘리기 위해 비육장에서 몇 개월 키워 출하한다. 이런 고기를 '목초 사육-곡물 비육 소고기grass-fed, grain-finished beef'라고 한다.

한반도에서 지구 중심을 향해 아주 긴 꼬챙이를 꿰어 한없이 간다면 아르헨티나가 나온다. 지구 정반대에 있다는 뜻이다. 체 게바라는 그만큼 먼 아르헨티나에서 태어나 자랐다. 이야기가 나온 김에 아르헨티나 소고기 이야기를 좀 더하기로 하자. 체 게바라 덕에 한국 사람들도 좀 더 맛있는 소고기를 먹고 살 수 있을까 싶어서다.

──────── **마블링이라는 신화**

한우꽃등심, 설화등심, 투뿔등심 등 가게에 따라 이름은 가지가지인데, 맛도 좋고 귀하다는 만큼 값도 그만큼 비싼 고기들이다. 이제부터 꽤 도발적인 이야기다. '한우가 진짜 맛있다'에 의문을 던지는 내용일 수도 있다. 고깃집이든 마트에서든 아주 귀한 대접을 받는 이 대리석처럼 알록달록한 무늬의 소고기를 한국인들은 스테이크처럼 구워도 먹고 양념에 재워 구워도 먹고, 혹은 얇게 썰어 샤부샤부나 스키야키로 해 먹기도 하지만 대개는 그냥 구워 소금이나 소금 기름에 살짝 찍어 먹는 게 대세일 것이다.

나는 친구들이나 식구들이랑 고기를 먹게 되면 한우를 찾지 않은지 오래되었다. 물론 집에서 요리해 먹기 위해 사는 고기도 웬만하면 호주산이나 미국산이다. 가성비가 뛰어나서가 아니라, 맛이 더 좋아서다. 엄밀하게 말하자면 1++ 등급, 즉 플러스 마크가 두 개라고 해서 '투뿔'이라고도 불리는 한우는 기름기가 너무 많아 언제부턴가 한 점, 두 점 먹으면 금방 질려 선뜻 내키지가 않게 되었다. 물론 우리가 먹는 육류의 향과 고소한 맛은 지방에 더 많이 들어 있다. 그래서 마블링을 선호한다. 그러나 과유불급이라고 지방에 지나치게 의존하다 보면 고기 본연의 맛을 놓치기 쉽다. 그리고 지나치게 느끼해서 한순간에 물리기도 한다.

마블링이라고 해서 고기 근육질 사이사이에 지방이 잘 스민 고기를 최고를 치는 건 일본과 한국뿐이다. 원래는 미국에서 시작했는데 '와규'니 '고베 비프'니 해서 일본에서 '신화' 수준으로 일어섰고 우리나라에서도 한우가 뭐니뭐니해도 최고라는 '신화'가 생겨났다. 그 뒤 청출어람, 파랑은 쪽빛에서 나왔으되 쪽빛보다 더 파랗다는 말처럼 일본과 한국의 마블링 신화는 미국을 훌쩍 넘어섰다. 음식 방면에서 최고의 저술가로 알려진 해럴드 맥기도 자신의 저서 『음식과 요리』에서 고기에 낀 지방으로 소고기 품질을 가르는 나라는 세계에서 미국, 일본, 한국뿐이라고 지적하고 있

다. 최근엔 옆 나라 일본에서도 의문을 제기하는 말들이 나오고 있다. 아직은 소수의 의견인 것 같은데 거대한 댐에 구멍이 뚫린 것 같은 느낌은 든다. 모두가 '시모후리(霜降り: 서리가 내렸다는 뜻으로 좋은 마블링을 뜻한다)' 소고기를 떠받들고 동경하는 세태에서 감히 내가 틀린 게 아닌가 싶어 반대 의견을 내기가 약간 조심스러운 모양이다.

우리나라에서도 마블링은 '근내지방도筋內脂肪度'로 등급을 판정하는데, 여기에 의문을 품고 문제를 제기하는 목소리가 조금씩 나오고 있다. 이와 관련하여 좋은 다큐멘터리가 나와서 상도 받고 했던 이야기는 이 책의 다른 글('인류 최후의 식량, 옥수수')에서 간단하게 소개했다. 미국에서는 십여 년 전부터 부유층에서는 풀 먹여 키운 소고기를 먹는 트렌드가 유행하기 시작돼 지금까지 이어지고 있다. 미국은 홀푸드 같은 고급 슈퍼에서는 풀 먹여 키운 소고기를 취급하는데 일반 소고기보다 가격이 비싸다. 레스토랑도 이런 걸 취급하는 곳이 늘어나서 요즈음은 이런 데만 전문적으로 소개해주는 사이트도 여러 군데 있다.

미국 사람들이 풀 먹여 키운 소고기를 선호하는 데에는 여러 이유가 있다. 우선 비육장의 비인도적인 환경에 저항을 해서 거부하는 경우가 있다. 공장식 사육에 반대하는 게 이유다. 풀을 먹고 반추를 하며 살아야 할 소가 한곳에 모여 고단백의 사료를 먹고 자라기에 여러 질병에 걸리고 고통스러워하기 때문이다. 둘째는, 원래 오랜 세월 그러니까 수십만 년 혹은 그 이상 진화해 온 대로, 풀을 먹고 자란 소가 건강하고 그래서 우리 몸에도 더 알맞은 영양 성분을 가진다는 이유에서다. 물론 지방 함량도 적어서 먹는 사람의 건강에 더 좋다는 점을 들기도 한다.

────────── **한우는 정말 수입 소고기보다 맛있고 안전할까**

우리 쪽으로 이야기를 돌리자면, 이 두 가지가 다 맞다 하더라도 우리나라에는 들여올 수가 없는 게 현실이다. 목초지를 조성하기는커녕 아파트 지을 땅도 모자란 나라에서 풀을 먹여 소를 키울 수는 없는 노릇이다. 아주 옛날처럼 소고기를 귀하디 귀하게 여겨 어쩌다 조금 먹는 특별한 음식으로 여기면 모를까. 설사 몸에 좋다 하더라도 가격이 비싸지면 일반 서민들과는 더욱 멀어지게 될 테니 그것도 문제다. 그러나 한 가지 확실하게 짚고 넘어가고 싶은 게 환경이나 가격 이런 거 다 떠나서 맛만 놓고 볼 때 과연 어느 소고기가 더 맛있냐 하는 걸, 서적이나 학술 논문 이런 거 말고 자신의 입맛으로 직접 가늠하면 확실한 답이 나온다. 풀 먹여 키운 소고기grass-fed를 인정하는 쪽에서도 몸에는 좋을지 몰라도 맛은 그저 그렇다거나 질기다 혹은 특유의 냄새가 난다 등의 평가를 하는데, 아르헨티나에 여러 번 방문하여 먹어본 결과는 드넓은 팜파스 초원에서 풀만 먹고 자란 아르헨티나 소고기가 최고라는 평가에 손을 들어주고 싶다.

우리나라에서는 점심에 김치찌개, 된장찌개와 뚝불 혹은 불고기 정식 같은 소고기로 만든 메뉴의 가격 차가 그다지 크지 않다. 소고기가 그만큼 흔해진 것인데 그래도 한우는 여전히 비싸다. 그리고 기름이 근육 사이 사이에 많이 들어간 고기가 높은 등급을 받고 더 비싸게 팔린다. 어차피 우리나라는 소고기를 수입해 먹어야 하는 나라인데 수입 소고기는 '좋은 품질의 한우' 그러니까 비싼 국산 소고기 대신 싼맛에 사 먹는 대체재라는 인식이 뿌리박힌 것 같다. 그렇다면 한우는 정말 맛이 있는 걸까? 한우는 정말 수입 고기보다 안전한 걸까? 다시 말해 한우는 그 비싼 가격이 수입 소고기에 비해 맛과 품질, 안전 측면에서 정당화될 만큼 우수한가 하는 점을 한번 돌이켜 보자는 이야기다.

한우가 맛있고 고급이라는 것이 정말 팩트인가에 대해 의심의 눈초리를 보내는 사람들이 있다. 한국에서 살아 본 외국 사람들과 외국에서 살아본 한국 사람들이다. 이들은 한국의 '한우'라는 품종이 외국의 육우에 비교해 어디가 우수한가에 의문을 던진다. 지난 세월을 돌아보면 한국의 축산 농가를 보호하기 위한 제반 정책이 있었다고 할 때, 한국의 '축산 농가'란 과연 몇 명이 종사하는 산업이며 소고기 소비자 5000만 명의 이익과 대비하여 균형 잡힌 정책이 시행되고 있는가 하는 점도 한 번쯤 짚어볼 때가 되지 않았나 싶다.

이와 관련해서 늘 궁금했던 점이 있다. 자연 상태에서 풀을 먹여 키운 소는 광우병 걱정이 훨씬 덜한데 우리나라는 왜 브라질이나 우루과이, 아르헨티나 같은 데서 소고기 수입을 하지 않을까? 알아보니 가격도 훨씬 싼데 무슨 이유가 있는 것일까? 미국에서는 풀 먹여 키운 소가 비싼 가격임에도 돈 있는 사람들이 찾기 시작했다는데 그 이유는 어디에 있을까?

조심스럽게 추측을 해 본다. 미국 정부의 보조를 받고 생산된 값싼 곡물 사료로 소고기를 만드는 미국의 축산업자들과 이 사료를 수입하여 한우를 만드는 한국의 축산업자들은 곡물로 키운 소고기를 팔아야 한다는 점에서는 이해를 같이 한다. 그래서 곡물로 키운 소의 마블링 부위가 맛있고 품질이 뛰어나다는 것을 선전해야 한다. 얼핏 경쟁 관계에 있는 것 같아도 풀 먹여 키운 소고기가 주목을 받는다면 그 반대쪽에서 같은 입장에 서 있는 것이다. 그게 건강에 더 좋고 맛까지 뛰어나다는 걸 소비자들이 알게 되면 곤란해질 수 있을 것이다. 물론 우리나라와 남미가 멀리 떨어져 운송 비용이 많이 들고, 수출을 위한 안정적인 공급처를 확보하고 무역이나 검역 등 선결해야할 문제를 다룰 협회의 파워가 미국이나 호주에 비해 약한 것도 이유로 꼽을 수 있을 것이다. 아무튼 나는 몇 번을 먹어 봐도 풀 먹고 자란 소고기가 더 맛있다. 이 부분은 나의 주관적인 판단도 들어 있고 또 경험을 공유한 사람도 적어

설득력이 떨어진다고 해도 어쩔 수가 없기에 안타까운 대목이라고 하겠다.

우리나라는 완전히 수입 사료에 의존하여 소와 돼지를 키운다. 좁은 국토에서 배설물도 처리하기 힘들어 토양 오염도 심각한 걸로 알려졌다. 사육 환경도 열악하여 항생제도 다량으로 사용한다고 한다. 더구나 자주 발생하는 구제역으로 인한 대량 살처분은 막대한 경제적 손실과 국토 오염을 야기한다. 차라리 그럴 바에야 서서히 축산 농가를 줄여 나가며 가성비 좋은 외국산 고기를 수입해서 먹는 게 낫지 않을까? 환경 면으로나 건강 면으로 또 소비자의 경제적 이점 면에서 값이 싸고 맛도 좋은 남미산 풀 먹인 소고기를 수입하는 걸 적극적으로 검토하면 어떨까 생각해 본다.

───────── **남미의 대표적 서민 음식, 엠파나다**

게바라를 쫓아 영화 이야기로 되돌아간다. 게바라는 안락함이 보장된 상류층의 삶을 거부하고 여행을 계속하는데 둘은 안데스를 넘어 칠레로 들어간다. 도중에 자신의 환경과 다른 곳에서 사는 많은 빈곤층을 만나는데 칠레에 가니 돈도 떨어지고 배는 고프다. 여자를 좋아하는 친구 그라나도는 길에서 눈에 띈 칠레 아가씨 두 명에 이끌려 게바라를 데리고 동네 간이식당에 따라 들어간다. 억양만으로 아르헨티나에서 온 청년임을 안 아가씨들은 인심 좋게 와인 한 병을 사준다. 넉살 좋은 그라나도는 "우리 아르헨티나의 풍습은 빈속에 와인을 마시지 않습니다"라며 자신들이 대단히 배가 고프다는 걸 알린다. 그러자 아가씨들은 "그럼, 엠파나다를 시키면 되지요"라며 인심 좋게 엠파나다를 열두 개나 시켜 준다.

엠파나다는 앞에서 설명했듯이 군만두 비슷한 고기 파이의 일종이다. 속에 다진 소고기를 넣은 것, 햄과 치즈가 든 것, 닭고기가 든 것 등 내용물에 따라 모양을 다르게 빚어서 보기만 해도 내용물을 알 수가 있다. 탱고 쇼 같은 공연을 하는 곳에서 간단한 음식으로 엠파나다를 내기도 하고 길거리에서도 간식으로 언제나 간단하게 사 먹을 수 있다. 이 엠파나다는 남미의 모든 나라에서 대중과 밀착된 음식이다. 게바라는 언어도 같고 정복자들이 들어온 이래 같은 역사를 겪어온 남미 사람들이 나라별로 분리된 게 오히려 이상한 것이라 여기고 '범 남미 메스티소 연합'(토착민과 유럽인의 혼혈인 메스티소가 남미 인구의 대부분을 차지한다)을 꿈꾸었다. 아르헨티나인이 칠레에 가서 같은 언어로 소통하고 늘 익숙한 엠파나다를 얻어먹으며 남미 통일의 당위성을 찾았던 것은 아닐까 생각해 본다.

게바라와 친구는 칠레에서 페루로 간다. 페루에서 게바라는 마추픽추를 찾아가 이 찬란했던 문명이 하루아침에 정복자들에 망하고 말았다는 현실을 마주하며 깊은 생각에 잠긴다. 페루는 남미에서도 미식으로 유명한 나라다. 바다에서 나는 풍성한 해산물과 산에서 나는 각종 곡물과 채소를 재료로 한 맛있는 음식이 많다.

페루 출신의 스타 셰프 가스통 아쿠리오는 대중적 인기도 대단하여 대통령에 나가면 당선될 것이라는 이야기도 많은데 본인이 고사를 한다는 소문이다. 지금은 전 세계적으로 유명한 세비체라는 레몬과 라임으로 맛을 낸 생선 요리도 페루가 종주국이다. 칠레와 페루가 50년 이상 원조 논쟁을 해 온 술 피스코사워도 엄밀하게 승부를 가려보면 솔직히 페루가 이기지 싶다. 감자에 관한 앞선 글('하정우는 왜 감자를 먹었을까')에서도 말한 적 있지만, 페루는 감자가 수천 종류가 되며 시장에 가도 수백 종류를 판다. 실제로 위에 말한 가스통 아쿠리오가 하는 식당에서 감자만 가지고 만든 요리를 먹은 적이 있는데 색깔과 식감이 다른 감자들이 섞여 있어 감자에 대한 새로운 경험을 하기도 하였다.

영화로 되돌아간다. 게바라는 페루에서 한센병 환자들이 모여 사는 곳으로 가서 의료 봉사를 한다. 그는 한센병이 피부접촉으로 전염되지 않는다고 믿으며 장갑을 끼지 않고 환자들과 손도 잡고 어울린다. 의료진과 환자들은 강을 사이에 두고 떨어져 사는데 마지막 환송의 밤에 찬물에 뛰어들어 수영을 해 환자들 마을로 가서 마지막 밤을 그들과 함께 한다. 그는 어려서부터 지병으로 천식이 있었기에 이는 대단히 위험한 일이었다. 그 뒤 영화는 그가 베네수엘라 카라카스에서 화물 비행기를 얻어타고 다음 행선지로 떠나는 것으로 끝이 난다. 게바라가 쓴 『모터사이클 다이어리』를 두 시간에 담기에는 내용이 너무 많았기에 어쩔 수 없었을 것이다.

조금 더 게바라의 궤적을 따라가 보기로 하자. 혁명가가 된 후 그는 많은 중남미 나라들을 다니다가 반혁명 쿠데타가 일어난 과테말라에서 그에 대한 암살령이 내리자 멕시코로 망명한다. 그리고 거기서 평생 혁명동지가 되는 피델 카스트로를 만난다. 멕시코의 주식은 옥수수다. 옥수수 가루나 밀가루로 만드는 납작한 전병인 토르티야가 멕시코 사람들에겐 우리의 밥과 같은 존재다. 조그만 전병을 반으로 접어 안에다 고기와 치즈 등을 넣은 게 타코이고 커다란 전병으로 고기, 밥, 채소, 콩, 아보카도 등을 둥글게 만 것이 부리토다. 치즈, 고기, 콩을 전병 안에 켜켜이 놓고 지진 것이 케사디야고, 고기와 콩, 치즈, 채소에 살사 소스를 뿌리고 전병으로 싼 뒤 오븐에 구운 것이 엔칠라다다.

나는 멕시코에 가면 타코가 너무 맛있어서 다른 걸 먹고 싶은 마음이 들지 않는다. 남미의 엠파나다처럼 서민적이면서도 맛있는 게 멕시코의 타코다. 이방인에게도 이렇게 맛있게 다가오는 타코를 먹었을 서양인들을 상상해 보는 것도 재미가 있다. 멕시코에서 토르티야를 먹으며 망명 생활을 해야 했던 혁명가는 체 게바라와 피델 카스트로뿐만이 아니다. 볼셰비키 혁명가로 레닌과 함께 소비에트 혁명을 이끈 레프 트로츠키도 만년을 멕시코에서 보냈다. 그는 멕시코의 민중화가 디에고 리베라와 프리다 칼로 부부의 도움으로 멕시코로 망명했다. 하지만 결국 스탈린이 보낸 자객에 의해 멕시코에서 불운의 죽음을 맞이한다. 나는 멕시코에서 식사할 때마다 게바라나 카스트로, 트로츠키가 타코, 부리토, 케사디야, 엔칠라다, 화히타 등 토르티야로 만 음식 가운데 무얼 가장 좋아했을까 궁금해하곤 한다.

쿠바 하면 모히토지!

게바라가 혁명에 성공했던 쿠바로 넘어가보자. 쿠바 사람들에게는 좀 미안하지만 솔직히 쿠바에는 이렇다 할 미식이 없다. 그래서 〈아메리칸 셰프〉라는 영화로 유명해진 '쿠바 샌드위치'를 소개하는 걸로 마무리하고자 한다. 쿠바 샌드위치는 바게트 비슷하게 생긴 쿠바 브레드 사이에 햄과 치즈를 넣고 겨자를 바른 핫 샌드위치다. 이게 사실 쿠바보다는 마이애미에 정착한 쿠바계 이민들이 미국에 퍼뜨린 음식이라고 보는 게 더 타당한 것 같다. 그나마 아바나에 갔을 때 눈에 띄었던 것은 헤밍웨이가 좋아했다는 쿠바의 전통 칵테일 모히토였다.

60년이 넘도록 미국의 경제 봉쇄에서 살아남으며 치러야 했던 대가는 너무도 컸다. 지금도 50년이 넘은 자동차를 고쳐서 타고 다니는 게 너무도 당연한 곳이니, 분명히 있었을 고유의 음식 문화가 꽃을 피우기는커녕 많이 시들었을 것이다.

미국 남부는 캘리포니아에서 텍사스를 거쳐 플로리다에 이르기까지 중남미 출신이 인구 분포에서 백인을 넘어서기 시작했다. 농업과 제조업의 기본은 이미 히스패닉이 받쳐주고 있다. 미국 전역에 걸쳐 타코 체인 타코벨이 번성하듯 엠파나다에서 토르티야까지 중남미 음식이 자리를 잡아가고 있다. 우리나라에도 이태원에서 시작해 홍대 쪽으로 중남미의 이국적인 맛이 서서히 보급되고 있다. 한국에도 미국의 패스트푸드를 넘어 아르헨티나의 풀 먹인 소고기처럼 건강하고 맛있는 중남미의 다양한 음식이 소개되면 좋겠다.

칼로리 풍부한
러시아의 뜨거운 음식

〈닥터 지바고〉와 카페 푸시킨

영화 〈닥터 지바고〉는 세월이 흘러도 색이 바래지 않는 명화처럼 여전히 걸작으로 남은 작품이다. 로마노프 왕조가 무너지며 러시아에는 소비에트 연방이 들어선다. 그리고 70년이 지나서 다시 소련은 러시아가 된다. 볼셰비키 혁명과 두 번의 세계 대전 그리고 소비에트 연방의 해체라는 엄청난 격변 속에 숱한 생명이 희생되었고 굶주림은 옛날 이야기가 아니라 불과 얼마 전까지만 해도 혼돈 속의 러시아에서 많은 사람들이 매일 대해야 했던 끔찍한 현실이었다. 영화 〈닥터 지바고〉에서 시작해 현재 모스크바에서 성업 중인 고급 레스토랑을 따라가며 러시아의 식탁을 엿보기로 하자.

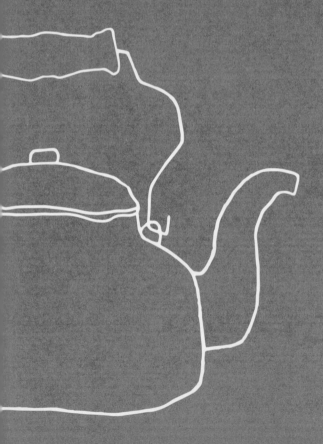

혁명과 전쟁이 끊이지 않은 나라

〈닥터 지바고〉의 초반부에는 혁명 전야의 모스크바 시내 모습이 잘 묘사되어 있다. 눈이 쌓인 추운 밤거리에 시민들이 몰려 나와 시위를 벌인다. 춥고 배고픈 사람들이다. 평화적으로 시위하는 이들은 차르의 기병대에게 가차 없이 무력 진압을 당한다. 숱한 사람들이 죽어 나가고 다친다. 호화로운 실내 장식으로 꾸며진 고급 레스토랑에서 춤과 미식을 즐기던 선남선녀들은 잠시 베란다로 나와 바깥의 소동을 강 건너 불 보듯 무심히 쳐다보고는 다시 은은한 실내음악이 흐르는 따스한 실내로 들어간다. 이날 저녁 레스토랑의 손님들 가운데에는 여주인공 라라가 있다. 그녀는 나이는 어리지만 이미 타고난 매력을 뿜어내는 성숙한 여인의 자태가 돋보인다. 그의 데이트 상대는 다른 사람도 아닌 어머니의 연인 빅토르 카마로프스키.

빨간 융단이 깔린 고급 테이블에서 웨이터가 주문을 받는데 카마로프스키는 가스코뉴식 송아지 간 요리를 시킨다. 이 식당의 메뉴는 당연히 프랑스 요리다. 라라는 아예 프랑스어로 햄 요리를 시킨다. 제정 말기 러시아 상류사회가 프랑스어를 많이 사용하고 프랑스 문화에 젖어 있다는 것을 보여 주는 장면이다. 한 가지 여담으로, 간이라는 부위는 뭔가 야성적인 이미지를 떠올리게 한다. 핏덩어리와 같은 간은 사람에 따라 호불호가 갈리는데, 영화의 이 장면에서도 간 요리를 시킴으로써 카마로프스키의 냉혹하고 공격적인 모습을 복선으로 깐 게 아닌가 싶기도 하다. 그때 밖으로 지나가는 데모 행렬의 현수막에는 '빵을 달라'는 구호가 씌어 있다.

귀족들의 사치, 향락과 대비된 서민들의 고난과 희생은 다가올 혁명의 예고편처럼 비쳐진다. 시간이 몇 년 흐른 뒤, 어려서 함께 자란 토냐와 결혼을 한 지바고는 종군의사로 전장에 나갔다 제대하고 집으로 돌아온다. 돌아와 보니 저택은 소비에트 위원회에 접수되어 공동주택으로 바뀌어 있었고 자신의 가족은 집주인에서 쪽방을 얻어 사는 신세로 바뀌어 있었다. 돌아온 첫날 저녁 토냐가 차린 저녁을 마치자 장인이 힌트를 준다. 저녁이 맛있었다고 부인에게 한마디 해주라고. 그제서야 지바고는 샐러미 하나를 구해서 석 달을 아껴두었다는 사실, 벽시계를 주고서 커피를 구해왔다는 사실을 알게 된다. 장인은 반만 남은 시가에 불을 붙이며 "모스크바에 남은 마지막 시가를 태운다"고 말한다. 고생을 유머로 희석하는 생활의 지혜가 엿보이는 대목이다. 지바고가 전선에 가 있는 동안 혁명과 전쟁으로 인해 궁핍한 생활을 해야 했던 모스크바 시민들의 모습을 알 수 있는 장면들이다.

부족한 물자로 스트레스를 받아 모두가 날이 서 있던 어느 날, 이복동생 예브그라프가 찾아온다. 그는 KGB의 전신 체카에서 근

무하는데 형 지바고가 쓴 시가 공산주의에 반하는 내용이라 소비에트 당국에서 노리고 있으니 모스크바를 벗어나 안전한 곳으로 가라고 한다. 그의 주선으로 우랄산맥에 있는 바리키노라는 곳으로 지바고의 가족은 이주하고, 그곳에서 씨감자를 구해 감자 농사를 짓는 지바고 일가는 평온을 찾고 배고픔에서 벗어나게 된다. 허브도 심고 해서 조금씩 식생활도 나아지기 시작한다. 인간에게 농사를 지을 수 있는 토지라는 게 얼마나 중요한 것인지를 대부분의 도시인은 관념적으로는 이해해도 진정으로 실감하기는 힘들다. 나는 학창 시절 이 영화를 보다가 수선화가 잔뜩 핀 들판을 배경으로 지바고가 열심히 농사를 짓는 모습, 감자를 수확하는 모습에서 농사가 참 중요한 거로구나 느꼈던 기억이 난다. 한국 영화에서도 농사짓는 모습을 많이 보았을 터인데 왜 외국영화를 보면서 그렇게 느꼈는지는 아직도 그 이유를 모른다.

─────────── 모든 세대가 공유하는 배고픔의 기억

영화 이야기로 돌아가서, 그러던 어느 날 지바고는 옆 마을 유리아틴의 마을 도서관에 갔다가 6개월간 간호사로 함께 종군했던 라라와 재회한다. 둘은 전장에서 함께 일하며 서로 연정을 느끼게 되지만 지켜야 할 선은 지킨다. 그러나 넓고 넓은 러시아에서 하필이면 옆 마을에서 다시 만난 건 운명이라

해도 할 말이 없는 법. 지바고는 이성으로 억제했던 감정이 터지며 라라와 뜨거운 사랑에 빠진다. 요샛말로 하자면 두 집 살림이 시작된 셈이다. 그리고 지바고는 부인 토냐가 둘째를 임신한 것을 알고 괴로워한다. 부인 토냐와 라라 사이에서 괴로워하던 지바고는 라라에게 마지막 이별을 고한다. 하지만 그는 펑펑 우는 라라를 뒤로 하고 집으로 돌아오는 길에 빨치산에 납치되고 만다. 의사라는 직업이 요긴하다고 여긴 빨치산이 지바고를 감시하고 있었던 것이다. 2년간 빨치산과 함께 돌아다니며 의사 일을 하던 지바고가 드디어 참지 못하고 탈주를 감행한다. 돌아와 보니 식구들은 모스크바로 돌아갔고, 이제는 러시아를 떠나 파리에 있다는 소식을 듣는다. 그것도 라라로부터. 유리아틴에 라라는 계속 남아 있었던 것이다. 라라가 외출한 사이 빈집에서 배고픔에 굶주린 그를 맞이해 준 건 라라가 쪄놓은 감자였다.

행복도 잠깐, 카마로프스키가 찾아와 라라의 신변이 위험하다는 소식을 전한다. 행방불명 되었던 라라의 남편이 볼셰비키 이름으로 많은 악행을 저질렀는데 그가 자살을 했으니 이제 위험이 그녀에게 닥칠 거라는 이야기였다. 처세에 능한 카마로프스키는 자신이 소비에트 정부로부터 극동의 대사직을 맡아서 가게 되었다며 함께 가자고 권유한다. 지바고는 라라를 홀로 보낸다. 자신은 더러운 타협을 거부한 채. 라라는 어쩔 수 없이 따라간다. 이미 뱃속에 지바고의 아이가 자라고 있었기에. 영화에는 안 나오지만 아마도 카마로프스키와 라라는 노보시비르스크, 이르쿠츠크, 울란

우데, 치타, 하바롭스크를 거쳐 블라디보스토크로 갔을 것이다. 남북 관계가 잘 풀리면 우리가 서울이나 속초, 양양에서 기차로 모스크바를 갈 수 있는 행로의 역순이다.

나는 러시아 문단에서 최고의 위치에 올라간 한국계 작가 아나톨리 킴의 작품을 영화화하는 데 참여하여 그동안 러시아를 여러 차례 가 볼 기회가 있었다. 〈복수〉라는 소설인데 무대는 일제 강점기의 한반도와 해방 이후의 사할린이다. 러시아 측 사정으로 아직도 못 만들고 있는데 언젠가는 좋은 영화로 만들기를 기대하고 있다. 아무튼 그덕에 서쪽의 상트페테르부르크에서 동쪽 사할린까지 여러 군데를 다녀 보았다. 영하 40도가 넘는 혹한의 시베리아도 경험하였고 따스한 봄날의 시베리아도 즐길 기회가 있었으니 운이 좋은 편이라고 여기고 있다. 나라가 넓으니 음식도 다양한데 대체로 추위를 이기려고 열량이 높은 음식을 섭취하는 편이다. 이제는 러시아의 국민 음식이 된 우리나라의 히트 상품 '팔도 도시락 라면'이 어딜 가나 인기인데 여기에도 마요네즈를 듬뿍 쳐서 먹곤 한다.

러시아에서 사람들을 만나 이야기를 나누다 보면 옛날에 배고팠던 기억에 대해서 누구라도 할 말이 참 많은 것 같다. 제2차 세계 대전 당시 레닌그라드(현재는 상트페테르부르크)가 봉쇄되었을 때 숱한 아사자가 나왔는데 요새 사람들의 상상을 초월하는 기아로 고생을 했던 이야기가 한두 세대를 거쳐 전해 내려온 것이다. 그리고 스탈린의 압정 하에서 농업 정책의 실패로 늘 배를 곯았고 그 이후 소비에트 연방 붕괴 후의 혼란에서 사회 인프라가 망가지면서 또 숱한 사람들이 배를 주릴 수밖에 없었기에 끔찍한 기아에 허덕이는 이야기는 그칠 줄을 모른다. 그래서인지 현재 러시아 사람들은 그럴 수만 있으면 언제라도 참 푸짐하게 먹고 사는 것 같다. 나는 영화제 심사위원으로 여러 번 초청을 받아서 늘 잘 먹고 지낸 셈인데 그들과 이야기를 나누며 이런저런 굶주림과 관련된 에피소드를 많이 들을 수가 있었다. 마땅한 영화를 예로 들 수가 없으니 지난 경험을 바탕으로 그들이 먹고 지내는 모습을 간단히 소개해 보자.

──────── 열량 높은 음식이 사랑받는 추운 나라

우선 이곳은 아침이 늦은 편이다. 그래서 누구나 다 그렇냐고 물었더니, 아침 식사 시간은 계절에 따라 다르고 직업에 따라 다르다는 대답이 돌아왔다. 보통 시베리아 쪽 호텔은 아침 뷔페가 오후 1시까지였다. 그리고 1시부터 오후 4시까지 점심 뷔페다. 아침 7시부터 오후 4시까지 뷔페식당에는 먹을 게 끊이지 않는 넉넉함이 마음에 들었다. 이건 예외라고 해도, 아침 9시 반 정도면 싹 치우는 미국의 호텔과는 달리 모스크바 호텔의 아침 뷔페 마감 시간도 빨라야 오전 11시였다. 위도가 높아서 겨울엔 밤이 길고 여름엔 백야도 있는 나라니까 식사 시간도 다양하다 싶었다. 그리고 영어로는 디너라고 번역하고, 영미의 식습관에 맞춰 때로는 런치라고도 번역하는 '오베드'가 오후 늦게 시작하고, 영어로 서퍼라고 번역하거나 영어권의 식습관에 맞추어 디너라고도 번역하는 '우진'이 밤늦게 시작한다.

외국에서 온 사람들이 좋아하는 음식으로는 러시안 샐러드가 있다. 러시안 샐러드라고 불리고 경우에 따라서는 캐피탈 샐러드라고도 불린다는 러시아의 대표적 샐러드는 현지 공식 명칭이 '올리비에'다. 감자, 당근, 고기, 삶은 계란 그리고 올리브 등을 조그맣고 네모나게 썰어서 마요네즈와 섞어 먹는 요리인데 이게 아주 맛이 좋다. 넣는 재료도 레시피마다 다르고 마요네즈에 더해 드레싱에 다른 걸 보태기도 해서 먹을 때마다 미묘한 맛의 차이가 재미있다. 러시아에서는 마요네즈를 참 많이 먹는다. 날씨가 추운 지방이라 따뜻한 수프는 끼마다 빠지지 않고 나오는데, 특히 시베리아 지방에서는 칼로리가 한층 높은 요리를 먹는다. 고기, 채소, 올리브, 레몬이 들어간 수프에 사워크림이 얹혀 나오곤 하는데 붉은색 무인 비트가 들어간 보르시가 대표적인 수프다. 크림을 휘휘 저어서 먹는데 맛이 좋다.

돼지고기로 만든 요리도 인기가 있는데, 사이드로 감자 요리를 곁들이기도 한다. 이들 요리의 특색은 초록색 허브인 딜을 참 많이 사용한다는 점이다. 빵도 평범하게 생긴 빵인데 평소에 한국에서 먹던 것과는 텍스쳐도 다르고 맛도 다른 게 많다. 이곳저곳 다니면서 빵을 먹어 보면 나라마다 지방마다 맛이 하나같이 다르다.

그러다 보니 드는 생각이 우리가 빵은 아무리 노력해도 그걸 주식으로 삼는 사람들 수준을 따라가기란 어렵겠구나 싶다.

윤기가 자르르 흐르는 따끈따끈한 흰 쌀밥의 맛을 알고 즐기는 데에는 한국인 모두가 도사다. 거기에서 한 걸음 더 나아가 열무김치에 비벼 먹는 꼬들꼬들한 보리밥, 꼭꼭 씹을수록 고소한 현미밥, 서리태가 알맞게 섞인 콩밥, 붉게 물든 팥밥, 다 입맛대로 개성대로 맛있게 먹을 줄 안다. 밥뿐이 아니다. 워낙 많이 먹다 보니 공장에서 나온 똑같은 재료를 가지고도 꼬들꼬들한 면발과 얼큰한 국물을 최상으로 살려내기 위해 라면을 끓일 때만은 진지한 노력을 아끼지 않는 대한민국 남성들이 많다. 평생 주식으로 먹는 음식과 어쩌다 먹는 음식의 발전 속도가 같을 수는 없다. 하지만 뒤집어 생각해 보면 한국이 몇십 년이라는 짧은 시간에 입맛이 그런대로 참 많이 다양해졌구나 싶기도 하다. 옛날에는 간식 위주였던 한국의 빵 문화가 주식·간식·후식을 모두 커버하는 제빵과 제과 산업으로 급성장하며 맛과 종류에서 괄목할 정도로 달라졌으니 말이다.

그리고 또 하나 빼놓을 수가 없는 게 이들이 즐겨 먹는 음료 캄포트다. 주로 크랜베리로 만드는데 다른 과일을 쓰기도 한다. 선명한 붉은 빛이 인상적인데 거의 매 끼마다 나온다. 러시아의 국민 음료다. 그리고 언제부터인지는 모르지만 겨울 보드카엔 최고의 안주라며 끼니마다 먹던 게 생선을 얼려 얇게 포를 뜬 '프로즌 사시미'다. 러시아말로는 스트로가니나라고 한다. 얼린 횟감에 소금과 후추만 뿌려 먹는데 보드카와 썩 잘 어울린다. 펠메니라는 러시아 만두도 맛이 좋은데 시베리아 쪽에서는 속은 사슴 고기를 쓰는 경우가 많다. 아무래도 흔한 동물을 먹기 마련이라 시베리아 사람들은 사슴 고기를 참 많이 먹는 것 같다. 여기서 사슴이란 순록reindeer을 말한다.

───────── 시베리아에서 먹은 원시적 요리의 원초적 맛

　　　　　　　　2013년 겨울 시베리아에 머물 때 초청한 측에서 마련해준 투어로 현지 소수민족의 민속박물관을 방문하고 그들의 음식을 대접받을 기회가 있었다. 그 고장에서 대대로 살아온 소수민족의 전통 생활 양식과 풍습을 보전하기 위해 만든 박물관인데, 소수민족의 색채를 없애고 소비에트의 기치만 내건 정책을 오랫동안 고수해 오다가 2010년 이후에야 겨우 생겨난 움직임이라 박물관이라 부르기에도 애처로울 정도로 소박한 규모였다.

수렵과 어로가 큰 비중을 차지하는 전통 생활 방식을 고수하는 이 민족의 성인 남자들은 제2차 세계 대전 당시 소비에트 정부에 의해 대대적으로 동원되었다가 전쟁에서 거의 다 죽었다고 한다. 대부분이 러시아 말을 몰라서 지휘관의 말귀도 알아듣지 못한 채 전장에 끌려나갔다고 하니 참으로 가여운 죽음이라 하지 않을 수 없다. 그래서 젊은 여자들은 갓난아이나 어린 사내아이들이 자라

기를 기다릴 수도 없는 노릇이라 그때부터 외부 남자들과 결혼을 하여 '피가 섞이게 되었다'고 박물관에서 안내하는 이가 안타까운 표정으로 설명을 해주었다. 늦게나마 민족 고유의 전통을 재현하고 지키는 게 중요하다는 인식이 퍼져서 최근에는 고유 언어로 라디오 방송을 하는 시간도 있다고 한다.

그럼 얻어먹은 식사 이야기를 해보겠다. 식빵하고 크랜베리, 두 가지 하얀 분말이 나왔는데 하나는 설탕이고 다른 하나는 소금 같았다. 나온 음식을 보니 아무리 궁리해 보아도 설탕은 크랜베리에 뿌려 먹는 것 말고는 용도가 없었다. 옛날에 우리도 딸기, 토마토, 수박에 설탕 쳐먹던 시절이 있었던 기억이 났다. 설탕이 귀하던 시절의 이야기다. 그리고 생선 요리가 나왔다. 생선을 삶은 요리인데 강에서 잡은 묵순이라는 민물고기라고 했다. 잔뜩 잡아서 얼려두고 겨우내 먹는다는 설명이었다. 자세히 보니 잘게 썬 양파 조각이 붙어 있어서 어떻게 요리한 거냐고 물었다. 그냥 물에 넣고 끓인 거에요. 그냥요? 내장 빼고 비늘은 털어내고요. 양파가 보이는데요? 아, 양파는 넣지요. 소금은요? 소금도 넣구요. 그리고 또요? 그것뿐이에요. 통역을 거쳐 대충 이런 대화를 하고 확인해 보니 소금하고 양파만으로 조리한 음식이었다. 맛은 나름 좋았다. 그리고 국으로 나온 게 고깃국이었다. 사슴 고기라고 했다. 어떻게 끓였냐고 물었다. 그냥 물에 넣고 끓인 거에요. 그냥요? 내장 빼고 껍질 벗겨서요. 양파가 보이는데요? 아, 양파는 넣지요. 소금은요? 소금도 넣구요. 그리고 또요? 그것뿐이에요. 역시 사슴 고기에 양파하고 소금만 넣고 끓였다는 이야기다. 이것도 나름 맛은 좋았다.

　빵을 뜯어 먹으며 뜨거운 고깃국을 후후 불어 마시고 삶은 생선을 잔가시를 조심해가며 먹다 보니 어느덧 배가 불렀다. 영하 20도가 넘는 추운 겨울에 밖에 있다가 집 안으로 들어가면 따뜻한 음식이 더 맛있게 느껴진다는 걸 실감한 식사이기도 했다. 다 먹고 다음 일정을 위해 이동하는 차 안에서 곰곰이 생각해보니 이렇게 단순하게 조리한 음식을 먹어본 것도 참 오랜만이다 싶었다. 조금 전에 먹은 음식의 맛을 곰곰이 돌이켜 보았다. 생선은 약간 비린 것도 같고, 고기는 약간 누린 맛도 있는 듯했다. 여기서 비리다거나 누리다라는 표현은 불쾌감을 나타내는 것이 아니다. 생선에서는 생선맛이 나고 고기에서는 고기맛이 난다는 말이기도 하다. 우리 몸에 동물 단백질이 부족하면 이 맛이 좋게 다가오고 반대면 싫게 느껴지는 중간선에서 사람들은 생선의 맛과 고기의 맛을 즐기기도 하고 물리기도 하는 게 아닌가 싶었다. 요리가 무엇인가를 다른 각도에서 생각해 볼 수 있었던 식사였다.

───────── **우리 입맛에 딱 맞는 러시아의 죽 요리**

　　　　이야기가 나온 김에 몇 가지 더 소개를 하자면 펠메니라고 불리는 러시아 만두도 유명하고 일종의 고기 볶음인 비프 스트로가노프도 서방에 널리 알려진 러시아 음식이다. 다양한 민족으로 이루어진 나라라서 음식 문화도 여러 곳의 영향을 받았는데 샤슐리크는 시시케밥과 비슷하다. 무엇보다 맛있는 건 피로시키다. 양배추나 감자 혹은 고기로 속을 넣은 일종의 파이인데 오븐에 굽는 경우가 많지만 때로는 기름에 튀기기도 한다. 숲이 많고 들이 넓어서 다양한 버섯요리가 지방마다 발달했는데, 우리나라에서는 보지 못한 여러 종류의 버섯을 맛볼 수가 있었다.

러시아 음식을 말하며 빼놓을 수 없는 건 수프와 죽이 참으로 다양하다는 점이다. 카샤라고 해서 조, 메밀, 보리, 수수, 귀리, 쌀 등 각종 곡류로 죽을 만들어 아침 식사로 먹는데, 내가 특히 좋아하는 건 그레치카라고 부르는 메밀 죽이다. 한국이나 일본에서는 메밀을 가루로 내 국수로 해 먹는데 러시아에서는 통 메밀을 그대로 삶아 죽으로 만든다. 삼각뿔 모양의 메밀을 씹으면 입안에서 한알 한알 톡톡 터지는 재미가 있다. 워낙 땅이 넓다 보니 바다에서 먼 지역은 당연히 해산물이 귀하다. 묵순이라 불리는 고기를 비롯해서 강이나 호수에서 잡히는 민물고기도 많이 먹는데 연어, 게 등 바다에서 나는 물고기를 귀하게 여긴다.

영화 〈닥터 지바고〉에서 시작하여 모스크바에서 성업 중인 '카페 푸시킨'이라는 곳에 초대 받아 간 이야기를 하며 러시아의 과거와 오늘을 비교하려고 이 글을 시작했다. 카페 푸시킨이라는 레스토랑은 실내 장식부터 각종 집기까지 뉴욕이나 파리 등 세계적인 대도시의 고급 레스토랑에 견주어도 결코 뒤지지 않는 수준이다. 인테리어는 제정 러시아 시대의 호화로움을 살렸고 집기는 고전적인 것들과 모던한 것들을 잘 조화시켰다. 물론 가격은 만만치 않다. 예전 러시아로 회귀하는 게 아닐까 싶을 정도로 갈 때마다 호화로운 식당이 늘어나는 것 같다.

한번은 알만한 사람의 부인 생일 파티에 초대받아 간 적이 있는데 그 규모와 내용에 깜짝 놀랐다. 파티장의 입구에는 실내악단이 연주를 하고 있었고 안에는 재즈 밴드가 연주를 하고 있는데 쉬지 않고 음악이 나오라고 밴드 두 팀이 교대로 연주를 하고 있었다. 샴페인을 수십 박스나 준비해 놓고 그 귀하다는 캐비어도 엄청나게 마련해 놓았다. 나는 눈치 안 보고 실컷 먹을 수 있어 좋았지만 신흥 부자들의 씀씀이와 지방 도시 서민들의 삶을 보면서 역사는 돌고 도는구나 느낄 때가 한두 번이 아니었다.

조금 전에 카페 푸시킨으로 마무리를 짓겠다고 했는데 깜짝 놀란 사실이 있어 덧붙인다. 모스크바에 '그랑 카페 닥터 지바고'라는 레스토랑이 생겼단다. 찾아보니 아주 성업 중이다. 판매 금지가 된 소설에서 시작하여 서방에서 만든 영화를 거친 뒤 이제는 신흥 부자들의 입맛을 맞춰주는 식당에 그 이름을 내어준 〈닥터 지바고〉에서 러시아의 오늘을 살짝 엿본다.

飲食映畫

——

20

중동의
맛있는 유혹

〈아라비아의 로렌스〉와 케밥
그리고 후무스

영화 〈아라비아의 로렌스〉는 영화사에 길이 남을 명작이다. 그리고 대작
이다. 상영 시간만 해도 네 시간 가까이 된다. 단순히 상영 시간이 길어서
대작이 아니라 영화의 내용과 규모도 대단히 폭넓고 크다. 컴퓨터 그래픽
이라는 기술이 생기기 훨씬 전, 아니 컴퓨터라는 단어조차 생소하던 시절
인 1962년에 이런 영화를 모두 실사로 찍어서 만들었다는 걸 상기하면 장
면 장면에 더욱 감탄하지 않을 수 없게 된다.

이 영화에 나오는 음식을 가지고 이야기를 하자면 이야기는 쉽게 끝난다.
물이다. 사막에서 생명을 유지하는데 제일 소중한 것은 바로 물이다. 사람
은 꽤나 굶어도 살지만 물을 마시지 않으면 곧 죽는다. 그래서 사막에서 살
아가는 사람들에게 제일 중요한 게 오아시스고 우물이고 행낭에 챙긴 물
주머니다. 영화를 보면서 관객들은 평소에 흔하디흔해 귀한 줄 모르던 물
이 이렇게 소중하구나 하고 실감을 하게 된다.

물이 소중하다는 걸 강조하려고 이 영화를 글의 소재로 고른 건 아니다. 이
런저런 영화를 골라가며 우리나라 말고도 러시아, 유럽, 중남미, 프랑스,
미국, 중국, 일본 등지의 음식 문화를 나름 짧게나마 고루 소개를 하고 싶
어 지역적인 안배를 하다 보니 중동을 꼭 넣고 싶었다. 그런데 문제는 음식
을 소재로 한 중동 영화를 찾기가 힘들다는 거였다. 우리에게 익숙한 영화
중에 음식을 다룬 것은 고사하고 그냥 소개할 만한 중동 영화, 아니면 중동
을 다룬 영화도 너무나 드물었다. 찾아보니 요즘 나온 서구 영화들은 중동
을 다뤄도 기껏해야 테러리스트와 싸우는 미군이나 특수부대 이야기가 대
부분인 게 현실이다. 그런 가운데 얘기가 잠깐 껑충 뛰어 〈어벤져스〉로 이
동한다.

"슈와르마 먹으러 갈래? 여기서 두 블록 떨어진 곳에 가게가 있는데 먹고 싶어." 천신만고 끝에 지구를 구한 아이언맨 토니 스타크가 동료인 캡틴 아메리카와 헐크, 토르에게 말하는 마지막 대사다. 영화는 여기서 끝난다. 아니, 여기서 끝이 아니다. 우리나라에서도 절대적 인기를 끌고 있는 마블의 〈어벤져스〉 시리즈는 영화가 끝나는 맨 끝머리에 쿠키 영상이라고도 불리는 보너스 영상을 삽입한다. 앞으로 나올 작품을 암시하기도 하고 보너스답게 익살맞은 컷을 담기도 해서, 마블 팬들은 이걸 보고 나가느라 엔딩 크레디트가 끝까지 올라가도록 자리를 지킨다. 〈어벤져스〉의 쿠키 영상은 이들 어벤져스 멤버 전원이 다 같이 묵묵히 슈와르마를 먹는 장면이다. 허름한 식당의 심야 장면답게 주인과 종업원은 뒤쪽에서 청소를 하며 가게 닫을 준비를 한다. 세상을 구해낸 영웅들과 심야의 슈와르마, 이 부조화가 팬들을 또 한 번 웃게 만드는 것이다.

여기서 슈와르마는 아랍어인데 터키어로는 되뇌르 케밥이라고 하여 전 세계에 널리 알려진 음식이다. 고기를 커다란 꼬챙이에 켜켜이 꿰어 쌓아 불 앞에서 천천히 돌려가며 굽는 음식이다. 잘 익은 겉면을 긴 칼로 베어내 빵 사이에 끼워 먹기도 하고 둥근 빵으로 말아서 먹기도 하며 때로는 그냥 먹기도 한다.

우리나라 젊은이들이 세계 각지로 배낭여행을 하며 접하게 되는 중동 음식 가운데 특히 유럽에서 제일 인기가 있는 것이 아마 바로 이 되뇌르 케밥일 것이다. 독일에서는 터키인들이, 다른 나라에서는 레바논 사람 아니면 이집트 사람들이, 이런 식으로 나라마다 출신도 다양한 중동계 이민들이 간편하고 저렴하게 이 되뇌르 케밥 또는 슈와르마를 판매한다. 유럽뿐만이 아니라 일본, 동남아에도 많이 퍼졌고 우리나라에도 이태원과 홍대 앞에 여러 군데 생긴 걸로 알고 있다. 그런데 같은 음식을 놓고 한쪽은 되뇌르 케밥 다른 한쪽은 슈와르마로 부르는 만큼이나 영화 〈아라비아의 로렌스〉에서는 터키인과 아랍인 두 민족 사이에 거리가 있다. 아니 거리가 있는 정도가 아니라 서로를 적으로 놓고 죽자고 싸운다.

──────────── **우리는 중동을 몰라도 너무 모른다**

우리는 그동안 중동에 대해 너무나 무지했다. 최근 들어 연구자도 늘어나고 언론에서도 그나마 조금씩 이슬람 문화에 대해 관심을 가질 만한 보도가 나오는 건 다행이라 하겠다. 하지만 다른 문화권에 비해 아직은 많이 아는 바가 없다고 해도 틀린 말은 아닐 것이다. 아는 바가 없는 게 아니라 오히려 역으로 잘못된 정보에 물들어 있다고 하는 게 더 정확할지도 모르겠다. 중동의 갈등을 놓고 오랜 세월 미국은 이스라엘의 편을 들어왔다. 미국의 언론과 할리우드는 이스라엘과 대립하는 모슬렘, 아랍 국가, 중동 지역 대부분에 관하여 관대하거나 객관적이지 못했다는 건 우리도 어느 정도 알고 있는 사실이다. 할리우드 영화도 그러한 구도에서 크게 벗어나지 못하여 중동의 문화를 그리는 데 스테레오 타입으로 묘사한 경우가 많았다.

할리우드의 역대 명작에 빠지지 않는 〈벤허〉의 경우를 보자. 벤허는 우여곡절을 겪은 후에 다시 자유의 몸이 되고 로마의 장군 아리우스의 양아들이 된다. 그는 유대 지방으로 돌아가는 길에 동방박사의 한 사람인 발타자르를 만나고 또 아랍의 족장 일데림을 만난다. 말 경주에 일가견이 있는 셰이크 일데림은 벤허의 경주에 대한 눈썰미를 보고 로마의 원형 경기장에서 말 경주를 하면 메살라에 대한 복수도 할 수 있을 거라고 설득한다.

부와 권력을 가진 셰이크 일데림은 영화에서 광대같이 우스꽝스럽게 묘사된다. 마누라를 여러 명 가져야 문명인이라든가, 부하에게 말을 때리면 네 몸의 피를 한 방울도 남기지 않고 뽑아버리겠다는 등 무식하고 잔인한 말을 서슴지 않는 캐릭터로 나온다. 성찬을 베풀어 벤허와 발타자르를 대접하고는 트림을 한다. 그리고 벤허에게 저녁이 마음에 들지 않았냐고 묻는다. 동방박사가 트림을 하라고 손짓을 하고 그제서야 벤허는 '꺽' 하고 트림을 한다.

셰이크는 대만족하여 껄껄 웃으며 잘 먹어주어서 고맙다고 말한다. 관객들의 웃음이 터지는 대목이다. 나는 수십 년 동안 진짜로 아랍 국가에서는 배불리 먹으면 트림을 해야 잘 먹은 걸 표시하는 거라고 믿고 살았다. 나중에 찾아보고 물어보니 전혀 사실무근이었다. 〈벤허〉는 아카데미 11개 부문을 수상한 명작인데도 남의 문화를 그리는 데는 이렇게 무심하였으니 다른 영화들이야 오죽했을까 싶다.

─── 할리우드의 아랍인은 악당 아니면 졸부

세월이 한참 흘러 냉전이 종식되었다. 소련 사람들을 악역으로 그리던 시대가 간 것이다. 할리우드에 새로운 악역으로 단골손님처럼 등장한 존재가 바로 아랍 사람들이다. 아랍 사람들은 자살 폭탄 테러를 서슴지 않는 데다가 교양도 없고 무식한 인종으로 묘사되기 일쑤였다. 제임스 캐머런 감독의 〈트루 라이즈〉에서는 무시무시한 테러리스트가 테러 성명을 녹화하는데 배터리가 다되었는데도 혼쭐이 날까 봐 그냥 녹화 시늉을 하는 '모지리'로 나온다. 이 영화는 장르가 액션 코미디이므로 그냥 웃고 넘어가 줄 만은 하다.

톰 크루즈의 인기 시리즈 〈미션 임파서블〉은 007 영화처럼 종횡무진하는 주인공을 따라 세계 여러 곳이 나오는데 〈미션 임파서

블: 고스트 프로토콜〉에서는 두바이와 뭄바이가 나온다. 1초도 긴
장을 늦추지 않도록 몰아가는 영화라서 두바이에서는 음식이라곤
딱 한 번 호텔 스위트에서 룸서비스로 시킨 커피가 나오고, 뭄바
이에서는 딱 한 번 술이 나온다. 람보르기니나 페라리 같은 비싼
차, 호화로운 파티, 형형색색 하렘 같이 꾸며놓은 곳에서 펼쳐지
는 아름다운 여인들의 군무. 이런 스테레오 타입이 아시아의 부자
를 묘사하는 방법 같아 많이 아쉽다. 영화에서 전 세계의 위성 통
신을 장악하고 있는 재벌은 미인계를 쓰는 여성 스파이를 유혹하
려고 "지금부터 20분 안에 모든 손님이 퀴베 루이 샴페인을 한 잔
씩 마실 수 있게 서빙하고 돌아가실 때 한 병씩 챙겨가도록 준비
해"라며 큰소리를 치지만, 막상 그녀는 "난 버번이 더 좋은데"라
며 무안하게 만들어 버린다. 일일이 예를 들지 않더라도 중국계나
일본계의 재벌 또는 기업의 총수들을 교양 없이 돈이나 펑펑 써대
고 여자나 밝히는 캐릭터로 그린 할리우드 영화는 정말 많다. 이
런 상황에서 중동의 음식 이야기를 하려고 역으로 고른 게 〈아라
비아의 로렌스〉다. 할리우드 영화 중에는 그나마 중동 지역을 잘
묘사한 편에 속하는 영화이기 때문이다.

　이 작품은 1960년대 초에 할리우드가 묘사한 1910년대의 중동
이야기다. 중동 사람들의 시각에서 보자면 주인공 로렌스는 자기
네 국익을 위해서 이슬람 교도를 이간질해 전쟁에 참여시키는 침
략자 영국의 정보국 장교일 뿐이다. 아랍인들이 영국 사람들의 독
립 약속을 믿고 싸우는 상대는 오스만 제국, 오늘날의 터키다. 같

은 이슬람 교도이고 또 역사적으로 많은 면에서 문화를 공유하는 사이다. 그러면 정치적인 판단은 배제하고 풍운아적 삶을 살다간 로렌스의 행적을 따라가며 중동의 음식 이야기를 간단하게 살펴보기로 하자.

——— 레바논과 이스라엘의 자존심을 건후무스 원조 논쟁

당시 영국은 이집트를 보호국이라는 이름 아래 실제로는 식민지로 삼은 상태였다. 수도 카이로에는 영국군이 대규모로 주둔하고 있었다. 아랍 지역에 묻혀있는 석유를 탐낸 영국은 그곳을 지배하고 있던 오스만튀르크 제국을 몰아내고 싶어 했다. 이런 상황에서 로렌스는 상부의 명령을 받아 아랍인들을 동원하여 오스만 제국과 여러 차례 전투를 벌여 큰 승리를 거둔다. 그리고 그는 상관과 함께 다마스쿠스로 입성한다. 다마스쿠스는 시리아의 수도다. 옆에는 레바논이 있고 그 옆으로는 현재의 이스라엘이 있지만 당시엔 이스라엘이라는 국가가 존재하지 않았다. 그쪽 지방에서 유명한 음식으로 세계적으로 인기를 끄는 건 뭐니 뭐니 해도 후무스다.

병아리콩을 불리고 익혀 간 것과 참깨를 간 타히니를 섞고 여기에 적당량의 레몬즙과 마늘, 그리고 올리브유를 넣어 일종의 죽

상태로 만든 것이 후무스인데 대단히 맛이 좋다. 세계적으로 인기가 상승 중인데 요새는 미국의 웬만한 슈퍼에서는 다 판다. 피타브레드라고 불리는 밀가루빵 사이에 넣어 먹기도 하고 미국 사람들은 나초 같은 옥수수 칩이나 포테이토 칩으로 찍어 먹는다. 미국의 문화 수용력은 대단해서 몇 년 전만 해도 미국 사람들에게 낯설던 이 음식이 이제는 간단한 파티에서 치즈 조각이나 크래커와 함께 등장하는 경우가 흔하다. 아직 먹어볼 기회가 없었던 분들을 위해서 간단히 설명하자면 보기에는 삶은 감자를 으깨 놓은 매쉬드 포테이토 비슷하지만 식감은 입자가 조금 더 거칠고 맛은 참깨가 들어가서 대단히 고소하다. 이태원, 홍대 등지의 지중해 요리나 터키 요리, 중동 음식을 파는 식당에 가면 있으니 한번 드셔볼 것을 권한다.

어쨌거나 이 후무스에 대한 찬사가 이어지니 당연히 따르는 게 원조 논쟁이다. 그리 오래 되지 않았는데 레바논과 이스라엘이 한바탕 전쟁을 치렀다. 총과 대포로 싸웠다는 게 아니라 후무스를 놓고 누가 '원조'냐 싸움이 붙었다는 이야기다. 영화와 연결을 짓자면 레바논은 로렌스가 옥스퍼드를 졸업한 뒤 아랍어를 공부하러 간 곳이다. 아무튼 2009년 10월 24일, 레바논의 수도 베이루트에서 2톤짜리 후무스를 만들면서 기네스북에 세계 최대의 후무스로 공식 기록이 인정되었다. 레바논이 진정한 후무스의 고향이라는 것을 만방에 과시하기 위한 행사였다고 한다. 그러자 2010년 1월 8일, 이스라엘이 예루살렘 교외에서 4톤짜리 후무스를 만들어서 종전 기록을 깨고 기네스에 신기록을 등재한다. 그냥 앉아 당할 수 없는 레바논은 2010년 5월 8일, 레바논의 베이루트 근교에서 10톤짜리 후무스를 만들어 기네스 기록을 새로 쓴다. 300명의 요리사가 동원되었고, 삶은 병아리콩 8톤, 참깨 페이스트인 타히니 2톤, 레몬즙 2톤이 들어갔다고 하는데 이는 CNN 등을 통해 여러 나라에 보도되었고, 각국의 신문에서도 많이 다루었다. 레바논은 후무스가 '레바논의 내셔널 푸드'라고 주장한다.

이런 싸움 뒤에는 단지 상대방에 대한 문화적 우월성을 확인하려는 자존심만 있는 것이 아니다. 돈이 결부되어 있는 것이다. 레바논과 이스라엘은 미국을 비롯해서 유럽 여러 나라로 후무스 제품을 수출한다. 어디가 원조냐에 따라 브랜드의 이미지가 올라가고 이는 곧 판매 확대와 가격 상승으로 연결된다. 실제로 레바논에서는 경제 단체가 정부에 EU가 후무스를 레바논 고유의 음식으로 공인해 원산지 보호를 받을 수 있게 해달라고 청원을 했다. '원산지 명칭 보호 제도Appellation d'origine protégée'란 주로 농산물을 보호하기 위해 EU의 여러 국가가 시행하고 있는 제도로, 수백 가지 품목이 있다. 예를 들어, 코냑, 고르곤졸라 치즈, 카망베르 치즈, 파르미지아노 치즈 등이 그것이고 샴페인은 오직 샹파뉴Champagne 지방에서 만든 발포성 와인에 붙일 수 있다.

이스라엘은 이런 레바논의 원조 주장에 대해 중동 지방의 공유 음식인 후무스를 레바논이 자기네 고유의 것이라고 하는 것은 어느 특정 국가가 빵이나 와인에 대해 지식재산권을 행사하는 거나 마찬가지라고 반박한다. 이에 대하여 레바논 사람들은 만약 이스라엘이 자기네 입장이라면 훨씬 강경하게 자신들 고유의 것이라 우겼을 거라고 대꾸한다. 틀림없는 사실은 이스라엘 사람들도 인정하는 것으로, 유대인보다는 아랍인이 만드는 후무스가 더 맛있다는 사실이다. 서방 강대국의 횡포에 가까운 일방적인 조치로 중동 지방 한가운데에 이스라엘이라는 나라가 생겨났고 이로 인해 그 지역은 '세계의 화약고'로 불리며 지난 70년 이상 숱한 비극의 발생지가 되었다. 영화에서도 보이듯이, 〈아라비아의 로렌스〉 시절에 이미 이런 비극의 씨앗은 싹트기 시작했다. 음식 이야기로 돌아오면, 이스라엘은 건국 이래 국제 사회의 비난에도 불구하고 많은 무리수를 뒀는데 앞에 적었듯이 후무스에 대해서만큼은 일리가 있는 논평을 낸 것 같다.

────────── 중동 어디서나 볼 수 있는 팔라펠과 쿠스쿠스

이렇게 후무스와 비슷하게 어떤 나라를 특정하지 않고 중동 지역에 널리 퍼진 음식 가운데 하나가 또 있으니 팔라펠이 그것이다. 팔라펠은 병아리콩을 불려 익힌 뒤 갈아서 경단같이 만들어 튀긴 것으로, 고로케 비슷한 음식이라고 할 수 있다. 경단같이 동그랗게 빚기 위한 반죽을 만들 때 양파, 마늘, 셀러리, 쿠민 등 각종 채소와 허브, 스파이스를 만드는 사람의 레

시피에 따라 더하고 간을 하여 고유의 맛을 낸다. 게다가 기름에 튀긴 음식이니 맛이 없기도 힘들다. 한알 한알 손으로 집어 먹기도 간편해서 인기가 있다. 양도 많지 않게 조절할 수 있어 간식으로도 안성맞춤이다. 뉴욕에 가면 거리마다 팔라펠을 파는 수레나 트럭이 있는데 잘하는 가게는 사람들이 줄지어 서 있는 풍경도 흔하다. 나도 그동안 먹었던 팔라펠은 대부분이 미국에서였고, 중동 지역에서 먹어본 건 몇 번 안 된다. 팔라펠 역시 원조를 내세우는 나라들이 많은 것 같은데 현재로서는 이집트가 원조라는 설이 가장 많이 받아들여지고 있다.

아무래도 우리가 아랍권의 문화나 음식에 대해서 익숙하지 않다 보니 자세하게 다루기도 쉽지 않다. 나 역시 수백 번 먹어본 음식도 아니고 어쩌다 몇 번 먹어본 것들이라 수박 겉핥기식으로 이야기할 수밖에 없음을 고백한다. 벌써 십 년이 훌쩍 넘었는데 영화 로케이션 건으로 제3국에서 튀니지 대사의 초대를 받아 만찬에 간 적이 있었다. 그때 나온 음식에 웬 좁쌀 같은 걸로 만든 게 있었는데 처음 먹어보는 맛이었다. 식감도 모양도 모두 낯설었는데 맛은 상당히 좋았다. 알고 보니 그게 '쿠스쿠스'였다. 우리가 먹는 밀 종류와 달리 단백질과 글루텐 함량이 많아 더 단단하고 찰진 반죽이 되는 게 듀럼밀이다. 스파게티 같은 파스타를 만드는 원료다. 이걸 가루로 낸 걸 세몰리나라고 한다. 쿠스쿠스는 세몰리나로 만든 작은 알갱이 파스타라고 하면 알맞은 설명이 되겠다.

그리고 인상에 남았던 게 원뿔 모양의 뚜껑을 한 요리가 나왔는데 얼핏 보기에 우리나라의 매운닭조림 비슷한 모습이었다. 중동에도 있지만 마그레브 지역, 그러니까 북아프리카의 모로코, 튀니지, 알제리, 리비아 등의 아랍권에서 유명한 음식으로 쿠스쿠스와 함께 유명한 '타진 요리'가 그것이다. 타진이란 도기로 만든 뾰족한 뚜껑이 있는 용기를 말하는데 한국식으로 하자면 신선로나 뚝배기 등의 이름이 붙은 요리라고 하면 비슷하다고 하겠다. 질그릇에 각종 재료를 넣고 익히면 원적외선 효과인지는 몰라도 그 고유의 맛이 좋다. 우리나라의 신선로처럼 특이한 모양에 질그릇으로 만들어 왠지 소박하고 친근감이 가서 나는 그 뒤에 기회가 있으면 타진 요리를 시켜서 먹곤 했다.

앞서 언급했듯이 영화 〈아라비아의 로렌스〉에서 가장 인상적인 음식은 물이었고, 그 다음이 목숨 걸고 사막을 건너와 영국군 장교 클럽에 도착한 로렌스가 함께 온 아랍인 부하에게 시원한 얼음이 든 레모네이드를 주문해 주는 장면이었다. 그리고 몇 번 나오는 음식 장면은 대개 죽 같은 음식을 정말로 '끼니로 때우기 위해' 먹는 모습뿐이다. 그럼에도 이 영화를 선택한 것은 아랍인들이 국경 없이 각 부족별로 먹고 살면서 국가라는 개념조차 희미하던 시절의 모습을 엿볼 수 있기 때문이다. 이 지역 전체에서 즐겨 먹는 슈와르마, 후무스, 팔라펠, 쿠스쿠스 등이 서로 원조를 주장해봐야 승부가 나지 않을 정도로 많은 민족이 공유하는 문화 자산인 것처럼 이들은 원래가 갈라져 살던 사람들이 아니었던 것이다.

"엄마가 더 좋니, 아빠가 더 좋니?" 누구나 어릴 적에 몇 번은 대답하느라 쩔쩔맸을 짓궂은 어른들의 질문이다. 인생을 살면서 나는 누가 묻지도 않았는데 혼자서 숱하게 이런 질문을 만들어 내 고민을 했던 것 같다. 짜장면과 짬뽕, 프랑스와 이탈리아, 〈닥터 지바고〉와 〈사운드 오브 뮤직〉. 불과 몇 분 만에 답을 내린 것도 있지만 판정을 유예한 질문도 많았다. 그 가운데 무엇보다도 심각하게 고민하며 아직도 답을 못 찾은 게 영화와 음식이다. 둘 다 워낙 좋아하니까.

영화 좋아하기로 말하자면 누구에게도 지고 싶지 않은 사람이 참으로 많을 것이다. 그 가운데에는 영화를 좋아하다 못해 영화를 업으로 삼게 된 배우, 감독, 작가, 촬영 스태프, 제작자도 있겠지만 다른 직업을 가지고 살면서도 영화에 대한 애정은 누구보다도 깊고 열렬한 사람들이 참 많다는 걸 안다. 내가 살아오면서 만난 숱한 사람들과 이야기를 나누며 느낀 바가 그러하다. 그런데 나는 이에 더해 영화가 참으로 고맙다. 내가 생각해 봐도 영화를 생업으로 결정하기 전부터 영화에 참으로 신세를 많이 진 인생이다. 그래서 영화에 진 빚을 갚아야 한다는 심정으로 좋은 영화를 많이 만들어야지 하고 늘 마음먹고 있다.

나라가 보유한 외화가 워낙 적어서 17달러인가 내고 치르는 토플 시험도 외환 사용 승인을 받아야 하던 시절에 학교를 다녔다. 외화 사용에 극도로 제한이 있어서 한국에 수입되는 외국 영화는 일 년에 몇 편 안 되었고 그래서 외화 수입권은 엄청난 이권이기도 했던 시절이었다. 몇 편 안 되는 수입 영화도 내용상 많은 제약이 따랐다. 뛰어난 작품성을 인정받은 숱한 영화들이 반전이나 반독재 등 한국 정서에 맞지 않는다는 이유로, 남녀 간의 사랑을 잘 묘사한 영화도 성애 묘사가 선정적이라거나 노출 수위가 높아 미풍양속을 해친다는 이유로 들어오지 못했다. 비디오라는 기계가 발명되기 전이어서 좋아하는 영화를 다시 보려면 극장에 그만큼 반복해서 가야 했다. 〈바람과 함께 사라지다〉나 〈닥터 지바고〉, 〈벤허〉 같은 영화는 '앵콜 로드쇼'라는 이름으로 십 년 단위로 재개봉을 하였다. 내겐 운명과도 같은 영화인 〈대부〉는 극장에서만 열 번 이상을 보았는데 한 번은 재개봉관에 도시락을 싸가지고 가서 앉은 자리에서 세 번을 본 날도 있었다.

영화제에서 수상한 외국 영화를 해외 뉴스를 통해 접하고 더 알고 싶어 명동에 있는 외국 서적 센터에서 영어 잡지, 일본 잡지를 사서 읽었고 영화를 못 보니 소설이라도 읽어야겠다고 원작 소설을 영어판으로 닥치는 대로 사서 읽었다. 그래서 영어와 일본어가 독학으로 늘었다. 대학 입학시험에서 일차에 실패하고 이차에 지원할 때 이소룡이 나오는 영화를 원어로 듣고 싶다는 충동에 외대 중어과를 택했다. 매달 프랑스 문화원에 들어오는 영화는 깡그리 보았다. 결국 외대에서 대학원까지 마치면서 그 인연으로 중국어, 영어, 일본어를 편하게 하게 되었고 다른 언어도 몇 개 더 배울 수 있었다. 그 덕에 9년 동안 유학 생활을 하게 되었으니 지금도 모든 시작은 영화였다고 여기고 있다.

그런데 내 인생에 영화만큼 중요한 게 하나 더 있으니 바로 음식이다. 맛있는 음식을 싫어하는 사람은 없을 것이다. 먹는 걸 좋아하는 사람들이 전 세계적으로 엄청나게 늘어났다. 우리나라도 언제부터인가 수천만 인구가 다 미식가고 음식 평론가가 된 것 같은 분위기다. 맛있는 음식에 관한 사진과 정보가 인터넷에 홍수난 것처럼 흘러 다니고 TV에도 먹는 것에 관한 프로그램이 넘쳐난다. 그런데 나는 이에 더해서 음식이 참으로 고맙다. 맛있는 음식을 즐긴다는 걸 넘어서 음식에 신세를 많이 진 인생이다. 그래서 맛있는 음식, 그리고 나름 터득한 제대로 된 식생활을 보다 많은 사람과 공유해야지 하고 마음먹은 지 꽤 오래되었다. 돌아가신 어머니께선 음식 솜씨가 참 좋았다. 많은 사람들에게 최고의 셰프는 자기 어머니인 경우가 적지 않겠지만, 내 어머니의 경우는 주변의 여러 사람들에게도 인정을 받았으니 조금은 더 객관적이라고 나는 지금도 고집을 쓴다.

스물다섯에 외국에 처음 나가서 수십 년을 해외에서 생활하며 숱한 음식을 먹었는데 늘 흔들리지 않았던 기준은 어려서 먹던 어머니의 음식이었다. 성장기에 어머니의 변치 않는 김장김치, 오이소박이, 명란젓, 된장찌개, 불고기, 생선구이의 맛을 반복해서 익혔기에 도리어 외국의 새로운 음식을 포용하고 받아들이기가 수월했다. 광둥 음식인 차시우, 딤섬, 완탄면, 볶음국수도 정점에 달하면 어떻게 된다는 것을 몸에 밴 한국의 맛과 비교하며 깨달았다. 싱가포르에서는 말레이 음식과 인도 음식을 알아가며 문화가 환경의 산물이지만 인류 문명의 발전에는 어디나 공통점이 있다는 걸 알았다. 일본에서 먹은 스시, 덴푸라, 돈가스, 소바, 우동을 다 합치면 수천 그릇이 넘을 것이다. 미국 다이너에서 먹은 아침식사, 샌드위치, 햄버거도 참 많았다.

그런데 여기에 더해서 영화가 가져다준 보너스가 있으니 '허영'의 세계가 그것이다. 영화 산업에서 일을 하다 보면 가끔씩 자신의 경제 수준에 어울리지 않는 경험을 하게 된다. 스타들과 식사를 하게 되는 자리도 많고 영화제 같은 행사에 초청받으면 고급 음식과 좋은 술을 접하게 되는 경우도 적지 않다. 허영이란 단어는 영어의 'vanity'라는 단어를 옮기느라 선택한 말인데 나는 그다지 부정적으로 생각하지 않는다. 영어에 'been there, done that'이란 말이 있듯이 우리 같은 보통 사람은 뭐든 겪어봐야 열등감에서 쉽게 빠져나올 수 있다고 생각하기 때문이다. 영화 제작을 하게 된 덕에 미슐랭에서 별 셋을 받았다는 식당도 열몇 군데나 가 볼 기회가 있었고, 엄청나게 비싸다는 와인도 여러 번 마셔볼 기회가 있었다.

영화 〈만추〉를 시애틀에서 찍을 때였다. 중국 출연진과는 중국 음식점에 자주 갔었고 한국 스태프와는 한국 음식점에 자주 갔었다. 여자 주인공 탕웨이는 뭐든 맛있게 잘 먹었는데 한국 음식도 아주 좋아했고 특히 김치찌개에 들어간 떡을 맛있게 먹었다. 나중에 음식점에선 탕웨이가 오면 알아서 김치찌개에 떡을 듬뿍 넣어 내곤 했다. 한국 동동주도 아주 좋아했으니 이게 다 한국으로 시집올 전조였나 싶기도 하다. 영화를 다 찍어갈 무렵 SM엔터테인먼트의 이수만 선배가 응원차 시애틀에 들러 전 출연진과 스태프들에게 파티를 열어주었다. 탕웨이가 좋아하는 샤토 마고를 매그넘으로 한 병, 좋은 와인과 샴페인을 여러 병 가지고 와서 파티에 풀어놓았다. 고급 와인이라서가 아니라 출연진뿐 아니라 미국 측 스태프 전원과 함께 모든 술을 골고루 한 모금씩 나눠마시는 마음 씀씀이에 미국 스태프들도 진심으로 즐거워하였다. 나중에 "한국 사람들은 정말 파티를 어떻게 하는지 아는구나"라는 칭찬을 들었을 때 한국 영화인의 한 사람으로 대단히 기뻤다.

영화를 찍을 때 좋은 점 하나는 아주 특별한 경우가 아니면 스타 배우들도 모든 스태프들과 같이 식사를 한다는 것이다. 세상에 알려진 인기와는 달리 영화 한 편을 완성하는 데 들어가는 모든 이의 노력은 공평하다는 점을 함께 인식하는 것 같아서 늘 흐뭇하다. 영하 20도를 밑도는 신장의 톈산에서 〈칠검〉을 찍을 때 스태프들은 두툼한 외투나 패딩이라도 입지만 배우들은 얇은 비단옷만 걸치고 살을 에는 칼바람을 맞아야 했다. 그럴 때 식사 시간에 나오는 따스한 수프와 틈틈이 마시는 뜨거운 차는 큰 위안이 되었다. 견자단, 여명, 김소연, 손홍뢰 등 출연 배우 모두가 식사를 불평 없이 잘 먹었다. 〈묵공〉을 찍을 때 유덕화는 늘 겸손하게 현장 분위기에 잘 맞춰주었는데 홍콩 출신의 미식가답게 가끔씩 개인 셰프가 만드는 별식을 즐기기도 하였다. 함께 공연한 안성기 선배와 최시원은 중국 스태프를 위해 마련한 식사도 언제나 맛있게 먹어 줘서 고마웠다. 안성기 선배는 인품으로 모든 스태프를 감복하게 만들었고 최시원은 유쾌하고 센스 있는 유머 감각으로 스태프들의 인기를 한몸에 받았던 기억이 난다. 〈워리어스 웨이〉를 뉴질랜드에서 촬영하는 동안 장동건과 자주 식사를 함께 하며 삼겹살에 밥을 아주 아주 조금 떠서 쌈 싸 먹는 법을 배웠다. 탄수화물 섭취를 줄이는 방법인데 지금은 다시 느슨해져서 그냥 옛날처럼 싸 먹는다.

개인적으로 영화에 덕을 많이 입은 것이, 영화를 제작하게 되면 촬영 기간에는 늘 모두가 함께 케이터링 서비스에서 내주는 메뉴를 먹지만 기획 단계나 완성 후에는 맛있는 음식을 먹을 기회가 많다. 기획 단계는 늘 즐겁다. 촬영에 들어가면 겪게 될 지옥 같은 현실을 잊고 맛있는 술과 음식을 즐기는 건 마치 겨울이 다가오는 걸 알면서도 여름을 즐기는 베짱이와도 같다. 영화가 완성되면 산고를 겪고 난 뒤에 스스로에 대한 보상으로 감독이나 제작자 모두 숨을 고른다. 영화제에 영화를 가지고 참가하거나 심사위원으로 초청을 받아 많은 나라를 여행하고 맛있는 음식을 즐기는 때가 이때다. 쓰다 보니 지금의 나도 즐거움만 회상하는 베짱이 모드인 것 같다. 빨리 괴로움의 연속인 촬영 현장으로 돌아가고 싶다.

사실 감독, 배우, 스태프들 모두 촬영 현장에서는 구체적인 업무로 바쁘지만 나 같은 제작자는 걱정은 많지만 딱히 몸이 바쁜 것은 아니다. 그래서 나는 늘 책을 읽었다. 그게 대개 음식 관련 책인 경우가 많았다. 내몽골의 외진 사막에서, 베이징의 숙소에서, 애리조나 투손에서, 보스포루스 해협이 내려다보이는 이스탄불의 호텔 방에서, 사할린의 별장 지대에서, 페루 쿠스코의 빌라에서 먹고 마시며 읽은 책들이 집에서 읽은 책보다 더 생생하게 기억난다. 이제 읽기만 하던 독자에서 이번을 계기로 저자로 책을 대하게 되었다.

나는 지금까지 살아오면서 작은 일이나 큰일이나 예외 없이 숱하게 많은 분들의 도움을 받았다. 앞으로 뭔가 보람 있는 일을 이루어서 기대해 주시는 분들에게 보답해야겠다는 마음을 밝히려니 앞으로 더욱 시간을 아껴 써야겠다는 생각이 든다. 떠오르는 얼굴이 너무 많아 일일이 열거하자면 끝이 없기에 이 책에 한정해서 고마운 이들 몇 분만 밝힌다. 우선 내가 영화를 업으로 삼고 활동하는 것을 가능케 해주신 홍봉철 회장님과 몇 년씩이나 연재하도록 기회를 주신 교보생명 관계자 모든 분들에게 감사드린다. 출판사 계단의 서영준 대표에게도 심심한 사의를 표한다. 추천사를 써주신 SM엔터테인먼트의 이수만 선배와 김태용 감독에게도 고마움을 전한다. 내 행복의 근원인 이윤영, 이윤아 두 미녀와 늘 믿어주며 부족한 내게 큰 힘이 되어주는 미녀 이희경 여사에게 이 책을 바치고 싶다.

무더운 여름 어느 휴일
돌아가신 어머니 아버지 꿈을 간밤에 꾸고 나서
이 주 익

불현듯, 영화의 맛

새벽 국밥집에서 옛날 영화를 떠올리다

지은이 | 이주익

1판 1쇄 발행 2020년 7월 24일

펴낸곳 | 계단
출판등록 | 제 25100-2011-283호
주소 | (04085) 서울시 마포구 토정로4길 40-10, 2층
전화 | 02-712-7373
팩스 | 02-6280-7342
이메일 | paper.stairs1@gmail.com

값은 뒤표지에 있습니다.

ISBN 978-89-98243-13-5 03680

이 도서의 국립중앙도서관 출판시도서목록(CIP)은 e-CIP홈페이지(http://www.nl.go.kr/ecip)와
국가 자료공동목록시스템(http://www.nl.go.kr/kolisnet)에서 이용하실 수 있습니다.
(CIP제어번호: CIP2020027906)